城市文明论

On Urban Civilization

吴定海 等 著

商务印书馆
The Commercial Press

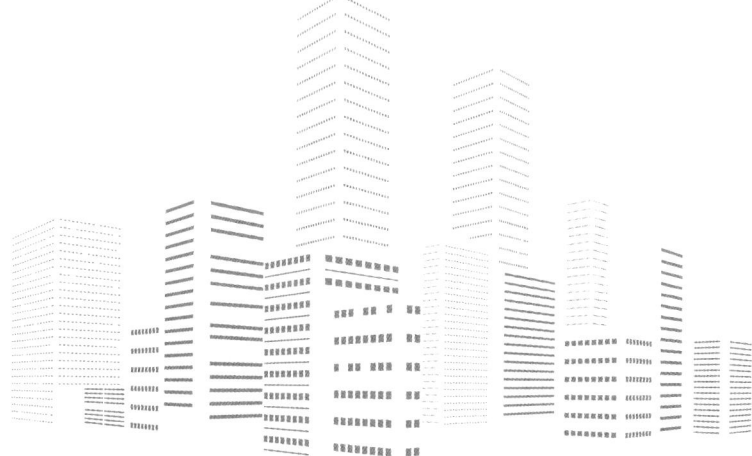

目 录

绪 论 ………………………………………………………… 1

第一章　城市与文明 …………………………………… 18
第一节　城市的起源和演进 ……………………………… 19
第二节　城市是文明发展的宝贵结晶 …………………… 33
第三节　城市对文明进步的促进 ………………………… 37
第四节　现代城市的显著特征及其文明的核心要素 …… 50

第二章　以人为本的城市治理 ………………………… 66
第一节　城市治理及其"人本"传统 …………………… 66
第二节　超大型城市治理的"人本化" ………………… 77
第三节　城市治理"人本化"目标的实现路径 ………… 85

第三章　可持续发展的城市经济 ……………………… 111
第一节　城市经济是城市文明的基础 …………………… 111
第二节　城市经济可持续发展的理论思考 ……………… 117
第三节　可持续发展城市经济指标体系构建 …………… 126
第四节　当今城市经济可持续发展的关键措施 ………… 138

第四章　开放包容的城市文化 144

第一节　城市文化是件"百衲衣" 146
第二节　文化在现代城市文明中的功能地位 160
第三节　形塑开放包容的城市文化 172

第五章　全面发展的现代市民 189

第一节　现代化与全面发展的现代市民 190
第二节　城市化与全面发展的现代市民 197
第三节　全面发展的现代市民指标体系 210
第四节　实现人的全面发展的途径和策略 216

第六章　人与自然和谐共生的城市家园 222

第一节　我们的生活就是城市生活 223
第二节　生态城市：美好城市就是美好生活 237
第三节　探索人与自然和谐共生的城市家园 253

第七章　韧性可靠的城市安全 275

第一节　城市安全与城市文明的关系 275
第二节　城市安全的影响因素 279
第三节　城市安全的保障途径 297

第八章　未来城市与文明发展 315

第一节　全球化变革下的城市 315
第二节　"大变局"下的城市文明 331
第三节　未来城市及其文明领导力 339

后　记 352

绪 论

讨论城市文明，首先必须对文明概念有一个基本的认识，而文明的内涵又是随着人类的社会实践不断丰富和演进的。古今中外学术界关于"文明"的研究可谓汗牛充栋，见解千差万别，大致可归纳为如下几个主要维度：一是词源学，探究文明一词的由来和内涵演化，包括汉语和西语（英法德等语言），以及中西词义比较、互鉴；二是将文明作为有机体，探究人类文明的历史，文明生成和发展的条件和机理、阶段特征、共性和个性（多样性）；三是文明的表现形式，如文明与文化的关系，精神文明与物质文明；四是文明比较研究，如传统文明与现代文明，东西方文明比较等；五是文明意识形态化倾向，如文明优劣论、文明冲突论等。现实生活中又存在对"文明"概念进行片面化、世俗化解读和随意滥用等现象，不一而足。在多维度、多视角的研究成果中，笔者试图梳理出一个认识"文明"的角度和线索，以便更准确地理解中华文明正在开启的伟大复兴之路，更准确地把握中国现代化进程中城市文明建设的目标和路径。

一、人类的家园和文明的摇篮

科学家们通过化石考证研究证明，地球上曾经存在的人类物种至少有21种，如今我们这种直立人成了地球上仅存的人类物种，已经在这个星球上生活了几百万年。[①] 在漫长的时光隧道里，人与其他动物一样生活在荒野森林之中，不辨彼此。当人类开启自我意识，把自己与其他动物区别开来的时候，就逐步脱离蒙昧与野蛮阶段。人类脱离蒙昧状态，开始定居和社群生活，能够制造劳动工具和生活工具，并利用工具提高生产效率、改善生活条件，从而摆脱求生存状态，逐步达到比较稳定的温饱乃至富足阶段，就意味着开启了文明时代。

考古学家还证明，现存的人类物种具有共同的祖先，都源自于非洲大陆。因为地球气候周期性大变化，在漫长的时间长河里，人类不同的分支不得不时常离开生活的区域，以追逐迁徙的猎物群和适应气候环境的变化。[②] 当不同的人群寻找到地势平坦、土壤肥沃、水源便利的大河流域，就开启了人类的农耕时代。大河流域这些理想条件推动了农业发展和人口增长，复杂而稳定的社会逐步孕育形成。人类最为突出的古文明发源地无一例外都是处于大河流域，如底格里斯河流域和幼发拉底河流域的苏美尔文明、尼罗河沿岸的古埃及文明、黄河流域和长江流域的中华文明、印度河流域的古印度文明等。一种文明存在的先决条件是农业的兴起和发展，因为必须以打猎为生的人，无法长期定居并获得稳定的公共生活，而农业则使人们有条件和可能开始驯养动植物、耕作田地、取得生活物资、储存和积累财富，继而学会经商贸易等，最终导致集镇的形成和城市的兴起，这是文明发展的必要条件。

大河流域稳定的农耕生活，除了良好的地理条件还要得益于温暖的气候。地质学家基于严谨的地质考证认为，过去五千年来地球经历了四次寒冷和温暖交替的气候循环，每次变化的周期为一千二百年或一千三百年。气候周期性变化对人类文明史的影响

[①]《到底有多少种早期人类？》，《参考消息》2021年2月3日第10版。
[②]《早期人类为何"走出非洲"》，《参考消息》2021年2月3日第10版。

也是显而易见的,由此带来的饥荒、战争、疾病和大规模族群迁徙,在地中海、欧洲中部和北部、中国乃至美洲的历史上周期性出现。即使像美索不达米亚这样流着牛奶与蜜的富饶之地,由于气候最适宜期结束,人类也不得不放弃农耕居住地长达三百年,早期青铜时代文明于公元前2200年左右开始消失,农耕民族一直到公元前1900年才回到此地。印度的印度河河谷民族同样因寒冷干燥的气候不得不离开,向东迁徙到季风降雨较多的地区。四千年前的小冰川期对撒哈拉地区的游牧民族也是一场大灾难,他们必须向南迁徙到非洲西部的草原地带,或是向东迁徙到尼罗河河谷,撒哈拉湖泊也于公元前2000年左右干涸。[①]历史上欧洲北部各部族向欧洲中部和南部的迁徙和入侵、中国北部游牧民族对中原地区的入侵,甚至导致朝代更替,几乎都与周期性寒冷气候有关。

地球是人类的家园,大地是孕育文明的摇篮,人类的生存发展从被动受制于地理气候等自然环境,到逐步依靠技术进步和生产力水平的提高,克服乃至摆脱自然环境的束缚,过上稳定富足的生活,这个进程就是人类文明进步的轨迹。

二、早期"文明"观念的形成及其演进

"文明"一词(包括中文、英文及其他语言)在创造并使用的早期,不同民族的人们使用"文明"或者赋予"文明"的含义时,所指代的是较先进步的族群相对于较落后或未开化族群的优越感。几千年前,在东西方出现"文明"概念或词语之初,其所指代的寓意都是与"野蛮"相对立的状态。

在中国,汉字"文明"一词最早见诸《尚书》,有"经天纬地,照临四方"之意,意为改造自然,驱走愚昧。后赋予启蒙、教化之

[①]〔瑞士〕许靖华:《气候创造历史》,甘锡安译,生活·读书·新知三联书店2014年版,第204—207页。

意,如严复《天演论》所讲:"大抵未有文字之先,草昧敦庞,多为游猎之世。游,故散而无大群;猎,则戕杀而鲜食,凡此皆无化之民也。迨文字既兴,斯为文明之世。文者言其条理也,明者异于草昧也。出草昧,入条理,非有化者不能。"①

考古学界认为,夏王朝是中国第一个有历史记载的朝代,它标志着中华民族的祖先开启了文明的进程。夏即夏族,又称华夏族,是以上古的炎黄部落联盟为核心,逐渐融汇许多不同来源的氏族部落集团而形成的、具有共同经济和文化生活的族体。华夏之名在西周已经出现,成为中原主体居民的总称,以别于四邻较为落后的民族。华夏族将周边少数民族概称为"夷",从形意字来看,"大、弓"为"夷",字面含义为背着弓箭的健壮之人,引申为"野蛮的、未开化的"民族。"夷夏之辨"(或"华夷之辨")在春秋时期曾经是诸侯国相互攻击或联合的舆论武器。齐、晋两国提出"尊王攘夷"以号召诸侯,齐桓公采纳管仲的建议创建霸业,即基于"戎狄豺狼,不可厌也,诸夏亲昵,不可弃也"(《左传·闵公元年》)。《春秋》以"礼"作为判别夷狄与中国的标准,所谓礼,就是以"周礼"为核心的道德规范。夷夏之辨既是一种民族身份认同,也是文明野蛮之辨,它内中国外夷狄,贵中国贱夷狄。这个中华世界体系的核心观念的基础是强大的物质与军事力量,对周边族群用华夏礼仪来实现同化和管制。当然,历经数千年的征伐与交融,如今的中华民族已经是多民族融合的总称,甚至包括了当时所谓的"四夷"。

方维规指出,从概念史的角度看,中国的夷夏之分,其思维框架就是文明与野蛮的区分,即如康有为所言:"夷夏之分,即文明野蛮之别。"②夷夏之辨影响甚远,随着数千年朝代更替和民族交融,所谓"夷"的所指也发生了悄然变化。如 16 世纪晚期,在华传教达

---

① 严复:《天演论》,载《严复集》(第五册),中华书局 1986 年版,第 1364 页。
② 方维规:《概念的历史分量》,北京大学出版社 2018 年版,第 55 页。

28年（1582—1610）的意大利传教士利玛窦，其中国札记就记述道："中国人认为所有各国中只有中国值得称羡……他们不仅把所有别的民族都看成野蛮人，而且看成没有理性的动物。"[①]直至1895年，谭嗣同在寻求变法以图拯救衰落的清王朝时，仍在哀叹："今中国之人心风俗政治法度，无一可比数于夷狄，何尝有一毫所谓夏者！"[②]他所说的"夷狄"显然是指欧洲资本主义国家。

考察西方文明或文化观念的演化，与东方有着极为相似之处。早在公元前5世纪，作为古代欧洲文明最高成就的希腊，同样把不能用希腊语交谈、无法融入希腊社会的外国人，如波斯人、埃及人等非希腊人称作野蛮人、蛮族，"亚细亚"一词就带有贬义，带有独裁和野蛮的色彩。英语中的词根 barbar- 即源自希腊语，为拟声词，模拟外国人讲话含糊不清，后引申为"不会讲希腊语的，外国的，其他民族的"。现代英语词汇 Barbarous、barbarian 意即野蛮的、未开化的，作为名词则指野蛮人、蛮族。18世纪中晚期，欧洲就极为盛行文明或文化等级观念，这源于欧洲中心主义思维模式，欧洲人将世界分为"进步的文明国家"和"落后的野蛮国家"。基佐的《欧洲文明史》和达尔文的《人类的由来》都把欧洲文明看作世界所有民族的发展方向和目标，用文明、半开化和野蛮来描述世界各地的差异。达尔文认为，任何民族都有经历从野蛮走向文明的过程。美国民族学家、原始社会史学家摩尔根（1818—1881）也在其著名的《古代社会》中，以进化论观点将人类发展过程划分为蒙昧时代、野蛮时代和文明时代三个递进阶段。

早期"文明"的含义虽然是一个与"野蛮"相对的概念，其隐

---

① 〔意〕利玛窦、金尼阁：《利玛窦中国札记》，何高济等译，中华书局1983年版，第181页。
② 谭嗣同：《报贝元征》，载《谭嗣同全集》（上），蔡尚思、方行同编，中华书局1981年版，第225页。

含的内容也是丰富的,包括文字的发明和使用、生产技术的进步、相对富裕的生活、城邦出现或城郭的建造、明确的法律制度、特色文化艺术和礼仪的形成,等等。在人类历史演进过程中,文明和野蛮不是静态对立的,而是动态转化的,文明的"教化"之意,就是"未开化"的野蛮民族被"有教养"的文明民族征服,继而归化纳入文明的过程。总之,"文明"绵延的原因,在于人类智识的不断进化。

三、现代文明观

脱离"野蛮"以后,"文明"逐步成为一个独立概念范畴被构建,文明的含义也随着历史时代演进而不断丰富完善。弗朗索瓦·基佐在其《欧洲文明史》(1828年)开篇讲到"文明"的含义时认为,词语的含义不是一成不变的,也不是所谓科学定义所能准确、真实描述的,"词语的含义不断扩充、延展,直到那些本质上应该归属于该词语的各种事实、想法已经被归入该词语中"。基佐认为,"文明"是"以特定年代和地理为边界"的客观事实,包括诸民族的生活之所有表现形式。因此,"文明"不仅包含制度、商业、工业、治理形式和战争,还涉及宗教信仰、哲学观念、科学文学和艺术等,也就是说,"文明"是社会和个人的全面进化。[①]"文明"的内涵具有多样性。

根据西方学术界的考证,现代文明即西语"civilisation"一词起源于18世纪的法国,之后由法、英、德等国学术界经过一个多世纪的共同努力,至19世纪初期,其内涵才逐渐清晰、定型。1798年的《法兰西学术词典》将"civilisation"定义为"文明化的行为或文明人的状态",一方面是指人们脱离蒙昧、野蛮状态,进化为高级生

---

① 〔法〕弗朗索瓦·基佐:《法国文明史》(第一卷),沅芷、伊信译,商务印书馆1993年版,第9页。

存状态的过程；另一方面是指经过上述过程所达致的生活状态。近代以后西方的文明观念开始传入东方，日本启蒙思想家福泽谕吉的《文明论概略》（1875年），是研究和介绍西方文明概念最早、影响最大的著作。福泽谕吉明确表示"文明一词英语叫作civilization"，他运用"文明""文明开化""教化"和"莽昧""草昧""野蛮"等词，分别对应西洋的civilization和barbarous概念。①

古往今来，在各学派构建文明范畴的努力中，马克思历史唯物论和辩证唯物论对文明的阐述更系统、更贴近人类社会发展的实际。马克思认为，对于文明的理解，必须把它同人类的物质生产和精神生产联系起来，把文明看作是一个反映物质生产成果和精神生产成果的总和，是标示人类社会开化状态和进步状态的范畴。马克思认为文明是实践的、发展的、进步的。首先，文明是人类实践活动的产物，是处于社会关系中的人的实践成果或创造物，不能离开人以及他们的活动来理解文明。实践是社会文明发展的根本动力。其次，文明是发展进步的。社会基本矛盾是历史发展的根本动力，生产力和生产关系的矛盾运动推动社会发展进步，生产力的高度发展为社会文明的进步提供坚实的物质基础，是社会文明发展进步的最终决定力量。《共产党宣言》将代表当时先进生产力的资产阶级文明视为一种新的文明象征，同以往一切文明区分开来。欧洲资产阶级利用先进技术消灭了以往自然形成的闭关自守状态，客观上推进了人类文明的发展。但是资产阶级"文明时代"是"在'恶性循环'中运动，是在它不断地重新制造出来而又无法克服的矛盾中运动"。②因此，资本主义开拓过程中必然催生对共产主义的新文明的追求。马克思把建立一种合乎人性的新型社会关系作为理解"新"文明实质

---

① 何勤华:《"文明"考》,《政法论坛》2019年第1期。
② 马克思、恩格斯:《神圣家族》,载《马克思恩格斯全集》第二卷,人民出版社2001版。

内涵的关键,把人的解放作为构建文明新形态的价值关怀,要求建立符合人性的新型社会关系和追求人的解放的进步观。

文明的多元性和互鉴性虽然是客观存在的事实,但实际上直到19世纪中后期,东西方学术界才真正达成共识。在近代考古学诞生以后,欧洲人知道了他们引以为傲的古代希腊和罗马文明,实际上是在传承了古代埃及和美索不达米亚文明的基础上发展起来的,这使得欧洲(或西方)中心主义者认识到人类文明是多样性的和交融互鉴的。德国历史学家斯宾格勒(1880—1936)在其《西方的没落》(1918年)中把世界文化分为八种[①],认为这八种文化在价值上是等同的,西方文化相对于其他文化并没有特别重要的地位和优势。这种多元文化史观打破了当时占据主流的"西欧中心论"。汤因比继承和发展了斯宾格勒的学说,把人类的文明分为21种。[②] 他认为相对于人类数十万年的历史,这21个文明都不过是几千年内同一个时代的,没有先后之分,如果和原始社会相比,都可以说是有很大成就的。关于文明的起源和演进,汤因比认为文明的起源是生物因素或地理环境交互作用的结果,人类第一代文明的兴起就源自于对自然环境挑战的应战,第二、三代的人类文明则是在应战人类自身环境挑战中产生。在斯宾格勒和汤因比文明多元观基础上,亨廷顿也认为文明是相互联系、相互促进、共同发展的,任何文明的产生和发展都吸收借鉴和借助了其他文明的成果和力量,具体到西方文明也是这样,它在发展过程中吸收了希腊文明的精华,也借鉴了东方文明的长处,它并不是在自我封闭中自给自足发展起来的。

19世纪中期以前,中国人的主流世界观认为世界如同一个大圆

---

① 斯宾格勒所谓的八种文化,即巴比伦文化、埃及文化、印度文化、中国文化、古希腊罗马文化、伊斯兰文化、墨西哥文化,以及西方文化。

② 汤因比所谓的人类21种文明,指的是古埃及、苏美尔、米诺斯、古中国、玛雅、安第斯以及西方、拜占庭东正教、伊朗、阿拉伯、印度、中国、希腊、叙利亚、古印度、赫梯、巴比伦、墨西哥、育加丹、俄罗斯、朝鲜。

盘，中国居于圆盘之中心，或曰"东方一隅为中国，余皆蛮夷也"。历朝天子乃天下主宰，中国乃天朝上国。1840年第一次鸦片战争打碎了中国人千百年"天朝帝国"闭关自守的昏昏沉梦，惊醒了一批最敏锐的士大夫，魏源、梁启超、严复、谭嗣同、林则徐、龚自珍、郭嵩焘等，就是中国历史上最早睁眼看世界的一批人。尽管这些先识时务的士大夫们已经认识到九州之外还有九州，面对西方列强的坚船利炮，提出"师夷长技以制夷"等主张，但在很长一段时间内大部分国人并不以为然。1868年至1870年，清朝派出的第一个外交使团乘船横跨太平洋、大西洋历访日本、美国及欧洲，才亲身体验到世界是圆的，从上海出发一直向东航行可以到达西洋各国。清光绪二年（1876），李圭奉差到美国费城参加世界博览会后形容其见闻："地形如球，环日而行，日不动而地动。我中华明此理者固不乏人，而不信此说者十常八九，今奉差出洋，得环球而游焉，乃信。"[①] 鸦片战争以后，面对西方列强和日甚一日的民族危机，在被迫的中西接触中，中国发生了前所未有的首先涉及"文明"观念的文化价值大转换，最后在五四运动时期达到高潮。

现代意义的"文明"概念在清末民初的形成及实际运用，无疑是中国近现代思想史上的重大事件。此前从未受到真正挑战的东方文明观念，在近现代逐渐陷入被取代的困境。鸦片战争之后，大清帝国在外交和军事上的失败及其给内政所带来的影响，大大动摇了千百年来确立的儒家精英统治地位，以及反映中国在东亚统治地位的那种文化自我意识。动摇中国人理所当然的文化优越感和"天朝荣耀"的原动力首先来自外部，对改变晚清士大夫的世界观和文明观产生重大影响的，还有西方传教士的著述和译作，它们以中西比较的形式，揭示以儒家伦理为核心的中国文明的积弊，在很大程度

[①] 李圭：《环游地球新录》，载钟叔河编《走向世界丛书》，岳麓书社2008年版，第312页。

上拓展了中国知识者的视野，不再视中国文明为具有普遍意义、至高无上的文明。

洋务运动和维新变法运动，特别是五四新文化运动，是中国从古老封建帝国开启现代化历程的思想启蒙运动。冯桂芬、康有为、梁启超等维新志士倡导彻底变革的思想，无疑来源于对西方近现代文明的认识，并且几乎以西方近世文明为"坐标"。

西方文明把自己视作人类现代文明的样板，其实质是资本主义文明，因此可以说资本主义开启了人类现代文明的进程，但资本主义文明只是人类现代文明的一种实践或一个阶段。在此基础上，社会主义文明也是人类现代文明的重大实践和重要形态。文明多样性的事实，以及多元文明观的形成，对于促进人类文明平等交流、相互借鉴、共同进步具有重要意义。

中华民族的复兴也是中华文明的复兴，具有鲜明的历史时代特征，正如习近平总书记指出的，当代中国的伟大社会变革，不是简单延续我国历史文化的母版，不是简单套用马克思主义经典作家设想的模板，不是其他国家社会主义实践的再版，也不是国外现代化发展的翻版。中华文明的复兴是现代社会主义新型文明的伟大实践，是中国人民在中国共产党领导下，借鉴人类优秀文明成果，努力走出一条适合中国国情的文明发展新道路。

四、文明的本质探析

如果说东、西方早期文明观念形成过程中，出现的"夷夏之辨"与"文野之分"，主要区分了文明与非文明，强调了"文明不是什么"，那么现代学者对文明的研究则着重在回答"文明是什么"。

关于文明的定义，现代西方学者也有多种认识和解释，可以举出许多例子。比如：第一，"使一个国家和民族开化、改善国民的物质和文化生活条件的行为"（法国《拉鲁斯词典》）；第二，"文明是关于城市的文化,而城市则可以被定义为很多不从事食物生产的居民的住宅聚集区"(菲利普·巴格比);第三,"文明是一个具有扩张工具的生产性社会"(卡罗尔·奎格利);第四,"几千名以上的有共同文化的人组成的群体,通常使用共同的语言,通常在一个地理区域,有一些显著的建筑物以及政治体制,该政治体制不一定要统一"(斯蒂芬·布莱哈);第五,"一种通过技术和科学的进步而实现的生活条件"(维基百科);第六,"一个民族生活方式之精神或技术先进形态的总和;通过教育和知识所影响的有教养的行为和体面的举止"(德国《瓦西里德语词典》);第七,"文明是最崇高的联系纽带……文明代表了整个人类的社会存在理想"①。总之,关于文明内涵的讨论不仅没有终止,而且更加热烈,说法也越来越多。国际比较文明研究会会员"对于构成文明的内容是什么,除了宽泛的论述之外,也没有能够达成一致意见"②。无论从何种立场、何种角度,古往今来人们对文明的概括、描述,基本都是对文明属性、特征、表现形式的理解和阐发。文明的本质到底是什么,仍然是一个需要进一步探索的问题。

本书认为,文明作为一个观念范畴,必定有其现实对应物,文明的形态多样性、发展的阶段性、表现形式的复杂性,以及广泛的实践性,决定了目前学术界对文明概念的解释和讨论纷繁复杂、莫衷一是,但文明的本质是确定的。探寻文明的本质应当坚持历史唯物主义的观点和方法,从人的生产生活实践中寻找答案。

马克思认为文明是人类实践活动的产物,人类最基础、最广泛、最根本的实践活动就是生产实践和生活实践。他指出,物质生活资料的生产方式制约着整个社会生活、政治生活和精神生活的过程,

---

① 〔美〕布鲁斯·马兹利什:《文明及其内涵》,汪辉译,刘文明校,商务印书馆2017年版,第145页。

② 何勤华:《"文明"考》,《政法论坛》2019年第1期。

生产方式是划分社会形态的基本标志。恩格斯指出："人们首先必须吃、喝、住、穿，然后才能从事政治、科学、艺术、宗教等活动；所以，直接的物质生活资料的生产便构成基础。"

"作为历史唯物主义的基本范畴，生产方式包括生产力和生产关系两个方面，是二者的统一"，"生产力是生产方式的物质内容，生产关系是生产方式的社会形式。生产关系直接规定了生产方式的性质，生产力最终决定着生产方式的存在、发展和变革"，"生产方式与地理环境、人口因素一起构成社会物质生活条件"，"生产方式是人类社会发展的决定力量。人类社会的一切活动都是建立在生产活动的基础之上的。有什么样的生产方式，就有什么样的社会结构。马克思指出，整个人类社会的历史，归根到底是物质资料生产发展的历史，是物质资料的生产方式更替的历史"。[1]

马克思十分强调生产力、生产方式对生活方式产生和变革的革命性作用，他认为人类社会生活的需要是物质生产、精神生产的前提，一定社会、一定时代的生产方式决定着人们的生活方式，伴随着生产力的发展，生活方式必然发生相应的变化。简言之，人们怎样生产，他们便怎样生活。与人类的生产方式密切联系的就是生活方式，"是人的生存方式和人自身需要的满足与实现方式，也是人们把握社会和人自身的基本方式"。生活方式不仅涉及经济生活领域，也涉及社会生活、政治生活、文化生活等各个领域。[2] 人类不同族群或民族、不同区域、不同历史阶段的生产力水平决定其物质资料生产方式，进而决定相应的生活方式，从而形成不同类型的文明。因此，从本质上来看，文明是人类生产方式与生活方式呈现的状态及其形成的物质和精神成果。中外学者关于文明多样性的共识，恰如

---

[1] 徐光春主编：《马克思主义大辞典》，长江出版传媒集团崇文书局2017年版，第57—58页。

[2] 同上书，第62—63页。

其分地印证了这个文明形成的逻辑。

文明作为一个有机系统，其内在的生成、运行过程可以形象描绘为一棵"文明之树"，图示如下：

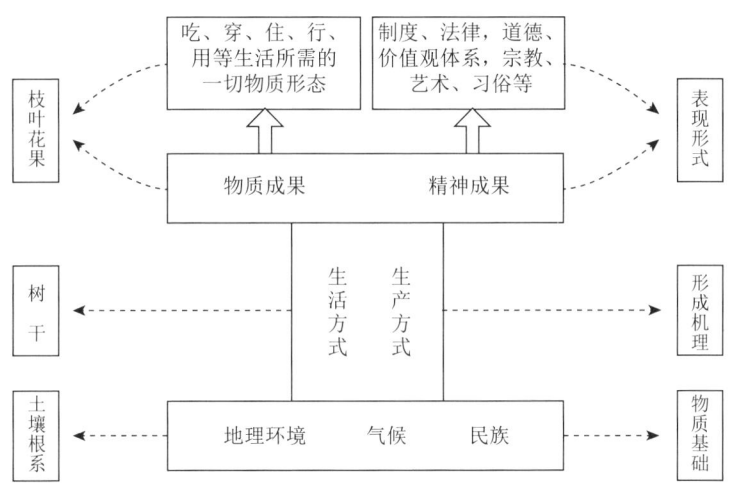

图示说明：

（1）文明生成的物质基础是特定的地理环境、气候特征，以及特定的人类族群，也就是说特定民族在特定的地理环境、气候条件下形成的相对稳定成熟的生产生活方式，构成了特定种类的文明，这就是世界文明体多样性的根源。

（2）一种文明作为一个有机体，其形成的机理是生产方式和生活方式相互作用、矛盾运动。技术进步是推动生产力提高的最重要因素，来源于人们在生产实践中对自然规律认识水平的提升，并运用于生产工具的不断改进，推动生产方式的进步。生产方式的进步和革命带来物质财富的极大丰富，人们可以摆脱有限自然资源的束缚，越来越有条件按照自己的意愿和理想设计安排生活，人类生活方式必然相应发生变化。简而言之，在文明形成的过程中，生产方式特别是生产力是直接的推动力量，生活方式特别是人们对美好生活的向往是积极的牵引力量。

（3）在生产方式和生活方式相互作用、矛盾运动过程中形成的物质和精神成果，就是文明的表现形态。物质成果包括人们吃、穿、住、行、用等生活所需的一切物质形态，是生产智慧的体现；精神成果包括规范人们社会关系的政治经济制度、法律体系、道德和价值观体系，以及满足人们精神生活、理想追求和沟通交流的宗教、艺术、语言文字、习俗等，是生活智慧的体现。

静态地看，文明是人类在生产实践和生活实践中创造的物质和精神成果的总和；动态地看，文明是人类生产方式进步以及由此带来的生活方式的变化状态。总结来说，文明本质上就是人类的某种生产方式及与其相适应的生活方式，文明的表现形式就是人类在生产和生活实践中创造或形成的物质和精神成果，文明的目标是人类对美好生活和理想未来的向往和不断追求，文明进步的动力来自技术的进步以及由此带来的生产力的提升，技术进步是人类探索和掌握自然规律并应用于生产生活实践的结果。

一种文明存在和延续的前提条件，是这个族群在长期共同生活中形成其独特而稳定的生产方式和生活方式。文明的多样性是由生成该文明的物质基础的独特性决定的，文明的交融互鉴特性，则是由文明的差异性决定的，因为不同文明（或民族）的生产方式和生活方式，在一定条件下是可以相互学习、模仿和适应的。因此，任何文明相对于另一种或其他文明而言，都没有本体论的、历史的或道德的优越性。

五、作为发展战略的城市文明

城市是生产力发展到一定阶段的产物，也是人类进入文明时代的重要标志。从人类文明形成的空间形态来看，城市文明是相对于农业文明而言的，是人类文明发展的阶段性形态。城市文明就是人类在城市这种空间形态中的生产方式和生活方式总和，以及在生产生活中形成的物质和精神成果。在漫长的农业文明时代，城市与广阔的乡村并存但发展缓慢，工业革命以后特别是进入现代社会以来，全球城市快速发展，城市化进程明显加快，先发展国家和地区无一不是以城市为主导，城市经济和人口已大大超过农村，世界进入城市化时代。

现代化意味着从传统社会即农业生产方式和农村生活方式为主要特征，向现代社会即工业生产方式和城市生活方式为主要特征的转型。从生产方式来看，数据显示，1970年，中国第二产业开始占据主导地位；2013年，第三产业超越第二产业；截至2020年，中国第一、二、三产业占GDP比重分别为7.7∶37.8∶54.5。从生活方式来看，2011年中国城镇化率达到了51.27%，城镇人口首次超过农村人口，表明中国已经结束了以乡村型社会为主体的时代，开始进入以城市型社会为主体的城市时代；第七次全国人口普查结果显示，截至2020年，居住在城镇的人口为90 199万人，占比63.89%；居住在乡村的人口为50 979万人，占比36.11%。目前我国有17个城市GDP总量超过万亿元，还有7个准万亿城市，这24个城市GDP之和占全国经济比重达到38.3%，未来随着区域协同发展，城市对于我国经济的拉动作用将越发显现。

改革开放以来，快速城市化对我国现代化进程发挥了全方位的推动作用，技术革新、产业升级、人才培养、金融市场、对外开放、深化改革，等等，几乎都是以各大城市为主要依托和引领。与此同时，产业结构调整、治理难题积累、城市生态恶化、世俗文化泛起、市民素质滞后、新型安全威胁等问题，也日益突显。因此，中国在快速城市化过程中，对城市发展的目标、方向和定位的认识也在逐步深化。从以经济建设为中心，突出城市经济功能和经济贡献，到五位一体全面发展的城市治理理念，城市作为现代文明社会建设的目标越来越清晰。

2019年8月18日，中共中央、国务院发布《关于支持深圳建设中国特色社会主义先行示范区的意见》，对深圳提出五项战略定位，即：高质量发展高地，法治城市示范，城市文明典范，民生幸福标杆，可持续发展先锋。显然，中央在对未来现代化的顶层设计上，已经把城市文明作为城市发展的战略目标进行规划。城市文明作为发展战略，其终极目标是建设一个新型现代文明社会，这体现了执政的中国共产党高度的政治自觉和宏大的政治抱负，是实现中华民族伟大复兴的重要途径，是中国人民追求美好生活的生动画卷。

城市是人类文明最高成就的集中体现。马克思主义城市文明观认为，现代城市作为一个新的文明时代和新的生活环境，为现代人的全面发展提供了更高的要求，也提供了可能。城市是一个有机生命体，现代城市发展的终极目标是文明社会，即在生产方式上实现高质量发展，在生活方式上成就高品质生活。现代城市文明社会的核心内涵或理想特征为：在物质生活上实现共同富裕、安居乐业，在精神生活上实现多元包容、共同价值，在城市建设和社会治理上实现以人为本、良法善治、公平正义，在城市存在目的和意义上实现人的全面发展，在城市生态建设上实现人与自然和谐共生，在城市可持续发展上筑牢安全底盘。

人类选择城市这种空间形态作为自己新的家园，就必然需要共同探索城市生存发展的基本规律。本书认为，城市文明作为一种文明形态，它是一个学术问题，应从认识论层面研究其内涵特征；作为城市发展战略，它又是一个实践问题，应从方法论角度研究其实现路径。从城市生命体逻辑出发，从城市文明作为现代城市发展战略目标来看，其实现路径必然是经济、社会、政治、文化、生态、安全六个相互联系的要素协调发展，因此，可持续发展的城市经济、以人为本的城市治理、开放包容的城市文化、全面发展的现代市民、人与自然和谐共生的城市家园、富有韧性的城市安全，是充满生机活力的城市文明社会必不可少的前提和基础。图示如下：

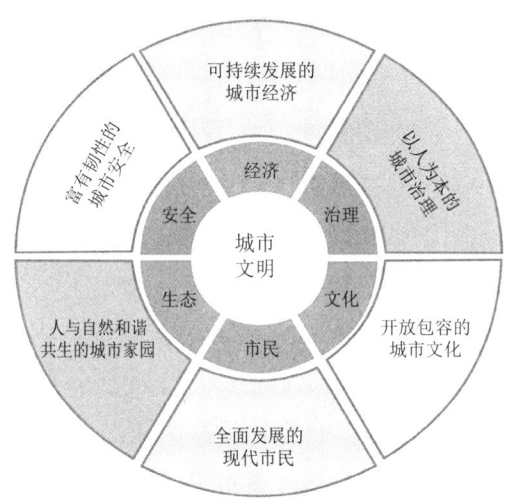

本书用六章的篇幅分别回答城市文明六大组成要素是什么、为什么和怎么办（实现目标或路径）。此外，本书开篇第一章主要从理论上阐述城市与文明的关系，包括文明的概念要义，城市的发展历史及其对人类文明进步的推动作用等。最后一章展望未来城市及其对文明发展的引领作用。

现代城市是现代文明的生成土壤，也是现代文明的突出成就和最显著的特征。城市文明的六大要素，也是城市文明社会的基础。我们冀望对城市文明内涵的探索研究，有益于我国即将开启的城市文明建设伟大实践。更希望引起越来越多的学界同仁关注和研究城市文明课题，从而丰富和完善中国式现代化和城市化理论，使我们的城市建设与发展行稳致远，我们的城市家园越来越美好。

第一章

城市与文明

城市在人类文明起源与演进过程中起到了至关重要的作用,它是人类从部落时代迈入青铜时代的关键佐证,是人类创造的最古老的一种文明聚落形式。城市是人类文明的结晶,也是人类文明的塑造者,历经数千年发展,需要对它进行深入研究,正如刘易斯·芒福德所说:"人类花了5000多年的时间,才对城市的本质和演变过程有了一个局部的认识,也许要用更长的时间才能完全弄清它那些尚未被认识的潜在特性。"[①] 现代城市的特性形成于历史长河中,暗含在城市文明和人类文明之间交织出的紧密而复杂的关系里。因此,我们有必要梳理城市的发展历程,剖析城市文明和人类文明之间的辩证关系,为现代城市之特征如何形成构建历史和文明的视角。

---

① 〔美〕刘易斯·芒福德:《城市发展史——起源、演变和前景》,倪文彦等译,中国建筑工业出版社1989年版,第1页。

第一节 城市的起源和演进

一、城市的起源

（一）城市的概念

城市，如今已成为人类最主要的活动场所，承载着绝大多数的经济活动、文化活动和社会活动，并在政治生活中起着关键的作用。然而，正因为城市既是个历史概念和空间概念，又涉及经济、文化、社会、政治等诸多领域，因而长期以来成为多种学科的研究对象。对城市每一方面的研究都需要学科之间的交叉视角，但每个学科对城市不同理解的不断汇集又都增加了统一"城市"概念的难度。因此，需要跳出每个学科的既有边界和既定思维逻辑，回归到生产力与生产关系等探讨人类历史发展规律的视角看待城市，才能勾勒出城市的画像。

生产力的发展推动了生产关系的变动，是城市出现的根本原因。从城市最基础的空间结构特征来看，城市首先是聚落，其次是固定场所下的聚落。当人类的生产力水平尚处于狩猎与采集阶段时，人类群体只有非定居和非定居聚落这两种空间结构。一方面，为了应对生物群体变迁和气候变迁下自然资源分布的变化，人类群体长期处于不停的迁徙中；另一方面，在自然资源允许的情况下，人类群体在某一时期的某一地点建立了临时的聚落，并在外部环境出现变化后废弃离去。这一阶段的生产力所塑造的是一种平等化、分散化的生产关系，无法形成城市。当生产力水平逐渐由狩猎与采集阶段向农业社会过渡时，固定场所下的聚落开始出现，这缘于农业生产必须建立在一定规模的人力在固定土地上集聚劳作的基础之上。因此，新的生产关系要求定居生活，从而出现农业社会结构，而这是城市历史的开端。

但并非所有定居聚落都可被称为城市，人类最初的定居聚落是乡村聚落，是从事农业生产的人们的聚居地。城市是相对于乡村而言的概念，是具有更高级形态的聚落。对于如何定义这种高级聚落，学术界存在着多种声音。从中文的"城市"来看，它由"城"和"市"二字组成，"城"一般指城墙，"市"一般指市集，因而很多国内学者认为拥有市集且有城墙的聚落才能被称为城市。比如有人指出可考的最早拥有集市的城市是春秋战国时期的秦国雍城[1]，这可能是有争议的。相比之下，国外学者更多地从功能上界定城市，包括人口、宗教、财富、文字、艺术、贸易、建筑等，如马克思就认为，城市是生产力变革的产物，其最大特征是功能的集中和需求的集中。

综合来看，只有当聚落包含以下几个基本特征时，才可被称为城市。第一是集中，指人口、生产工具和生产资料在空间上形成了一定密度的集中。全世界人口密度本身差异较大，为城市设置一个通用集中度标准并不现实。但正如城市概念是相对乡村而言，乡村不会允许人口过度集中以危害其农业供应能力或自给自足状态，城市的人口集中度则不会考虑城市居民能否实现自给自足，城市规模的扩大更多是源于非农因素。第二是中心，城市社会需要具有层次性，形成一定的"中心—外围"结构。城市里的居民分化为维生人群和专业人群，前者通过从事生产实现族群和个人生命延续，后者则从事超脱于生产的其他工作，如宗教活动、祭祀活动、治理活动、军事活动等。这些活动所依附的不是基本生存需求，而是精神需求和保护需求。同时城市建设也存在区域上的差异化，承担不同功能的各个区域的空间构成都有所不同。统治者居住在城市中心，而一

---

[1] 罗丽：《中国古代城市起源动力及类型》，《延边大学学报》（社会科学版）2007年第2期。

般居民则散落在城市的外围。第三是建筑，城市应形成高于生存功能的建筑，包括大型公共建筑、祭祀场所、宗教场所、统治者的宫殿庙宇和象征权力的奇观，等等。[①] 这些建筑昭示着城市形成了成熟的多层社会，城市居民笼聚了农业生产者无法获得的巨大财富，城市管理者具有组织化的社会动员能力。建筑特征是考古学家勘探确定古老城市存在的重要依据。

（二）城市的起源及其基础

城市出现的根源性需求是安全需求，根源性物质基础是剩余资料。安全需求自人类诞生以来就产生了，因为人类族群一直以来遭受自然威胁，之后又开始面对非自然威胁。自然威胁来自气候、自然灾难和自然资源枯竭，非自然威胁来自原始部落之间对有限资源的抢夺。为了抵抗以上威胁，人类部族开始聚居，建立诸如洞穴、草屋、栅栏等简陋的居住场所和防御设施，形成了聚落。剩余资料则来自于农业生产对生产力的极大推进。一方面，农业的效率远高于狩猎和采集，能够显著增加可供养人口，从而促进部落规模的扩大；另一方面，农业要求人类部族必须采取长期定居方式，从而促进了大规模定居形态的产生。随着各部族规模的扩张，部落之间的冲突也随之加剧，为了争夺双方定居区域之间的土地资源，部落战争出现了，人类的安全需求变得更加迫切。就这样，城市诞生的根源性需求和物质基础都成熟了，而推动城市最终出现的是来自于社会分工细化所衍生出的统治者。

社会分工细化首先出自人类族群内经济职能多元化而形成的农业、手工业与贸易部门的分野，城市通过建立专业化、职业性、集体性的社会分工来解决人类的各种细化需求，从而成为一个综合功能体。但是，对于城市来说，最关键的社会分工细化是统治者的出

---

① 李月：《城市起源新探》，《史林》2014年第6期。

现。统治者最早可被视为管理者，其诞生是用以满足来自剩余资料和剩余人口膨胀所带来的管理需求，支撑复杂的资源和人力调配。后来，掌握物权的管理者自然成了族群的权力核心，可以向全族群施加个人影响，集众力建造规模空前的大型设施，于是城市成为可能。在英语中，统治（governance）一词和政府（government）一词共用词根，而政治性社会（civitas）一词和公民（civilian）一词同根，说明了统治者和城市在根源上的关系。刘易斯·芒福德认为城市来源于人类的政治需求。中国学者俞金尧和刘健也提出，政治所塑造的权势才是城市创造的根本动力。[①]

和统治者共同成长的是宗教阶层。宗教是政治和文化共同融合的产物，一方面来自于人类对宗教文化的诉求，另一方面来自于统治者对宗教权威的重视。宗教文化上的诉求来自于普通人类的一种礼仪性的排解，植根于人类对大自然威力和未知现象的恐惧。人类将难以解释的现象归结为想象中的神秘力量，并希望通过礼仪来展现对神秘力量的崇拜，以祈求多福和安抚情绪。为了满足这一文化需求，专职于这类礼仪活动的人超脱于生产之外，形成了独特的宗教阶层。很难确定统治者和宗教阶层到底谁先出现，但是两者是难以分割的，甚至最初的统治者可能就脱胎于宗教阶层，因为宗教阶层往往能够通过宗教表达实现统治目的。统治者也非常重视和宗教阶层合作，以达到巩固统治和维系族群团结的效果。

于是，军事防御、宗教建设、统治需要的结合，共同形成了城市得以建立的基础。在这个生产显著发展、人类族群间安全危机严重恶化、统治阶层和宗教阶层能统一调配族群资源的时代，人类社会出现了第一批城市。随着人类文明的发展，城市政治权力的构筑方式、需求都有所变化，推动不同形态城市的出现和演变。

---

① 俞金尧、刘建：《权势创造城市——论农业时代的城市起源》，《城市学研究》2012年第5期。

二、古代城市形态的演进

（一）城邦

第一批城市兴起的大致时段为前国家时期，是新石器时代和旧石器时代的过渡阶段，囊括了平等分散的原始部落组织向权力集中的国家组织演变的全过程。[①]诞生的地点高度集中在世界几大古文明范围内的少数自然资源得天独厚的富饶地区。这些地区积累了大量剩余资料和剩余人口，在统治者的调配下，人类建立起了能够满足防御、宗教需求和统治功能的高级大型聚落，这就是城市。第一批城市是政治与军事共同体，城市本身是一个政权，被称为城邦城市国家。空间特征是城墙围绕四周，市中心设有神庙、祭祀广场等大型宗教设施和王宫、王室墓葬等大型统治阶层建筑，其典型代表是两河流域的乌鲁克和印度河的哈拉帕和摩亨佐达罗。它们都建有非常完善的城防体系、宗教设施和发挥统治功能的宫殿。[②]这些城邦不仅保护市民，还保护周围农业生产区。大量贸易活动依此兴盛起来，和其他落后地区进行物资交换，用来支撑城市的运行。在北非和叙利亚地区的一些城邦，以腓尼基为代表，开展了发达的海上贸易和商旅贸易。不过要注意的是，贸易大体上受控于城邦，获利也用于城邦建设，应被视为城市的附庸品。

城邦掠夺战争的出现推动了城邦型城市防御水平的突飞猛进。由于城市对生产资料消耗显著提升，城邦战争不再是仅仅为了争夺土地，还常常是为了掠夺财产和资源。两河流域的乌鲁克经常对外发动掠夺战争，获取战利品后就班师回朝。掠夺战争模式催生了掠夺经济，以固定的对外掠夺战争来滋养城市，两河流域北部的亚述

[①] 国家形态大致经历了由部落形态、酋邦形体向国家形态的转变，详见谢维扬、赵争《酋邦与国家接近程度及对国家起源研究的影响》，《学术月刊》2018 年第 8 期。

[②] 陈淳：《聚落考古与城市起源研究》，《城市学研究》2014 年第 1 期。

城邦就是其中典型。这种城市类型使城邦战争烈度空前提高,从而赋予了城市更强烈的军事功能。

古希腊是城邦时代的主要代表,不仅在政治、外交、贸易、战争上显现出城市的独立性,也在城市制度、市民认同、城市共同准则与文化方面获得了突破性发展,城市概念进一步完善。古希腊强调城市对城内民众的军事保护和价值观保护,正如亚里士多德所述,城市是基于人对他人的依赖性与伦理需求建立起来的,因此城市要对市民的权利负责,同时市民对城市需要履行相关义务。[①] 市民在古希腊城邦里具有了法律含义和价值观含义,以雅典为首的提洛同盟推崇古典民主制度,以斯巴达为首的伯罗奔尼撒同盟推崇军事专制制度,双方之间的伯罗奔尼撒战争不仅仅是争夺爱琴海霸权,也是城市价值观的冲撞。

(二)政治中心型城市

政治中心型城市是伴随着国家社会的形成而形成的。国家社会建立后,统治者根据地理位置选择建造承担统治中心功能的首都城市,这类城市建有大量宫殿和公共设施,规模通常较大。在黄河流域,政治中心型城市据记载起源于黄帝时期。中国黄帝击败蚩尤后,统治范围"东至于海,北逐荤粥","邑于涿鹿",在涿鹿建立政治中心统治四方。根据出土文物考古,西周的丰镐二京是中国可考的最早的被称为"京"的首都城市,是西周的政治中心。西周问鼎中原后,为控制广袤的河南之地,在现洛阳区域兴建新京洛邑。洛邑选址于西周国土之中央,寓意为天子居于天下中央治理万民。之后,周王室"分封建国,以固疆土",分封数百个诸侯国,每一个诸侯国都建立一座城市作为邦国统治的中心,推动了全国城市建设的高

[①] 黄显中:《伦理话语中的古希腊城邦——亚里士多德城邦理念的伦理解读》,《北方论丛》2006 年第 3 期。

峰①，为"诸夏"框定了大致边界。

罗马城是地中海世界具有代表性的政治中心型城市，它起源于城邦形态，随着军事扩张转型为国家首都。奥古斯都时期，罗马共和国转型成为环地中海帝制国家。为了支撑庞大帝国的统治，罗马历任皇帝对罗马城进行持续了改造，建起磅礴大气的政治场所宣扬帝国威严。除此之外，罗马帝国在各行省建立行省首府，作为地方政治中心城市。②文明相对落后的地区也借此拥有了中心城市，比如不列颠行省的伦敦、里昂高卢行省的里昂、下日耳曼行省的科隆等。公元3世纪危机爆发以后，君士坦丁一世将希腊城市拜占庭改造为君士坦丁堡作为帝国新都，它成为往后一千年里欧洲最重要的城市。

总的来说，政治中心城市贯穿了城市历史的始终，并随着各文明生活边界在近代前后逐渐固定，政治中心城市的数量和布局也趋于稳定，之后新兴的城市形态开始偏向于非政治类型。

（三）宗教中心型城市

宗教中心型城市出现于宗教高度控制或影响国家与社会的宗教文明世界，是和世界其他城市共同演进的一种城市类型。宗教中心型城市最早可能出现于苏美尔，这些城市的宗教设施在规模和地位上完全不逊色于宫殿。后来，最具代表性的宗教中心城市来自基督教和伊斯兰世界，其发展鼎盛期大致为公元7世纪到14世纪之间。

基督教世界的城市宗教力量依托于中世纪长期战乱下教会对城市社区的作用，之后来自于以教皇为核心的天主教廷统治秩序对城市的渗透。一些城市转变为主教制，大主教是城市的实际统治者。这些大主教里，最有名的是长期担任神圣罗马帝国选帝侯的三个主

---

① 段宏振：《中国古代早期城市化进程与最初的文明》，《华夏考古》2004年第1期。
② 杨俊明：《奥古斯都时期古罗马的城市管理与经济状况》，《湖南师范大学社会科学学报》2004年第4期。

教：科隆大主教、美因茨大主教和特里尔大主教，他们对神罗皇帝的选举起着举足轻重的作用。在沿袭自罗马时代的城市传统和教权王权之间的制衡下，基督教宗教城市依然是世俗化的，不过宗教势力掌握着庞大的宗教财产和特权，话语权举足轻重。

与基督教世界不同，伊斯兰世界的政治合法性来自宗教，最高统治者是宗教领袖，各级政府部门本质上是宗教机构，法律来自伊斯兰教律。他们利用先知穆罕默德所确立的律法与行为的基本关系改造中东城市为宗教中心城市[①]，城市治理体系脱胎于宗教法律或者宗教教义，尤其是城市法律体系和再分配体系。伊斯兰城市法律体系同时维护苏丹法律和伊斯兰教法的权威，执行人是法官，由伊斯兰贵族（埃米尔）任命。法官们的工作地点在清真寺，援引法律和伊斯兰教法为人民之间、人民和政府之间、城市服务做出司法判决。伊斯兰的再分配体系是根据《古兰经》中"保持你的财产不变、不卖、不当礼品或不继承，把它的税给穷人"教义所设立的，其执行机构被称为瓦克夫。瓦克夫按照教义原则对城市财富进行再分配，一方面为城市公共服务体系提供资金，另一方面负责供养宗教设施和宗教人员。伊斯兰城市的公共服务也是宗教生活下的公共服务，例如学校主要用于教授伊斯兰教法，卫生体系也是围绕教法要求设置。对于非穆斯林群体，奥斯曼治下的伊斯兰城市依照宗教和民族划分社团，每个社团首领被称为谢赫，负责管控社团不触犯伊斯兰教法和苏丹法律以及在独立空间内有序运行。[②]

---

① 伊斯兰教教义和宗教体系对中东城市改造的逻辑演变详见陶金、张杰、刘业成、阿不力克木·托合提《传统阿拉伯伊斯兰城市宗教习俗与建成环境的关系探析》，《规划师》2012年第10期；吕耀军《城市社会与伊斯兰文明关系探析》，《西北第二民族学院学报》（哲学社会科学版）2008年第2期。

② 车效梅：《中东中世纪伊斯兰城市行政体系》，《学海》2006年第2期。

（四）商贸型城市

商贸一直是城市的重要功能，在人类最古老的城市乌鲁克和中国商周的王都及各诸侯国的都城，商业和贸易活动就广泛存在了。[①]因为城市归根结底是一个消费场所，需要依靠交换维护运行。随着社会分工进一步细化和生产力的进一步提升，工商业等多种经济形式依托城市发展起来，赋予了城市以商贸属性。在中国的唐宋时期，全国贸易链、官营产业促进了城市经济的繁荣，城市商业、贸易、物流属性快速成型，城市社会结构和政府职能开始围绕经济功能重新布局，这一系列的变化被称为"唐宋城市变革"。[②]在伊斯兰世界，玉龙赤杰、撒马尔罕、伊斯法罕、巴格达、亚历山大等历史名城也都发展出了发达的商业贸易，是陆地丝绸之路和地中海贸易航线上的重要贸易节点。

以商贸活动作为城市根本的商贸型城市形态在12世纪以后在世俗国家陆续出现。中国的商贸型城市兴起于宋元时期，受益于海上丝绸之路和国家金融和市场体制改革，围绕生产贸易与水运服务的城市在长江流域和东南沿海地区兴起。明清时期，得益于大一统王朝下国家军事要塞专业化与边域化，中国大量城市开始只服务于经济职能，资本主义经济形态开始萌芽。一些中小城镇依靠沿河贸易和特色产业兴盛起来，发展规模在后期堪比府治。

欧洲商贸城市的出现伴随着商人阶层对封建关系的对抗。佛罗伦萨以新兴手工业工匠、商人为代表的市民阶层开展对城市旧贵族的斗争，1282年，一个由七大行会控制的新民众政府得以建立，成为商业利益位居主导的城市共和国，这可以被视为是欧洲商贸型城

[①] 毛曦：《论中国城市早期发展的阶段与特点》，《天津师范大学学报》（社会科学版）2006年第3期。

[②] 宁欣、陈涛：《"中世纪城市革命"论说的提出和意义——基于"唐宋变革论"的考察》，《史学理论和研究》2010年第1期。

市的开端。①汉萨城市同盟是欧洲商贸型城市的另一代表,它起源于10至12世纪西德意志地区商人依托兴盛的跨国转运贸易在波罗的海沿岸兴建的商业城市。商人在北德地区设立了行商和海外贸易代理处,推动了北欧地区商人行会组织形式在封建领主土地上的发展进程,进而促进了领主治下的村镇向城市的转变。黑死病后,北德商人发起了城市联盟运动,通过攫取市议会席位和利用新兴城市管理者之间的联合治理在各城市的权力转移,控制市政集团,构建起以服务家族商业利益为根本的城市联合体。②

三、近现代城市的兴起

一般认为,15世纪是近代的开端,也是现代文明的源起。近代和现代城市一脉相承,其发展脉络具有强烈的因果和顺承关系。

(一)近代城市

西方近代城市可以被分为近代早期、中期与晚期。近代早期是15至16世纪,欧洲城市大力发展转运贸易,承担世界各国之间的商品贸易,比如威尼斯和葡萄牙的里斯本借助国家强大的海军,掌握了欧洲与亚洲、欧洲与非洲之间的主要商品贸易路线,控制着欧洲商品外贸市场,建立起了富裕的转运城市。该类城市经济高度依赖港口经济,市民精英阶层主要由转运商人团组成,它们提供城市法律服务与贸易活动,负责裁决贸易纠纷。

近代中期是16至19世纪左右,以欧洲建立全球殖民经济网络

---

① 佛罗伦萨商业贵族通过选举等政治手段攫取城市权力,详见朱孝远、霍文利《权力的集中:城市显贵控制佛罗伦萨政治的方式》,《河南大学学报》(社会科学版)2007年第6期。

② 汉萨同盟由北欧商人团逐步成长为北海贸易网络控制者和全欧商品转运贸易网络垄断者,详见刘程《北欧区域贸易变迁与经济体兴衰探究——以汉萨同盟为例》,《贵州社会科学》2020年第1期;汉萨同盟以一方权力团体参与欧洲外交,参见刘程《西方汉萨同盟史研究述略》,《经济社会史评论》2019年第2期。

为标志，欧洲城市在殖民经济体系中占据中心地位，成为世界市场体系的工商业中心。这一阶段，西班牙巴塞罗那、英国伦敦、法国图卢兹、荷兰阿姆斯特丹等城市借助国家权力或者建立官办性质的殖民组织，从全世界的殖民地、边缘地带、臣服于欧洲权力威慑的半殖民地国家和地区掠夺廉价原材料、贵金属和劳动力，将生产要素转化为商品后又以倾销的方式占领世界市场，获得高额利润。这个过程中，欧洲城市的贸易类型由转运转向商品集散，主要港口城市为欧洲内陆提供殖民地而来的商品，香料、丝绸、毛皮等外域商品形成了奢侈品市场，推动了欧洲城市贵族式审美的发展。以华丽著称的巴洛克、哥特风格的建筑和艺术在欧洲城市兴盛起来，具化为以宗教和人文为主要表现内容的享乐主义、浪漫主义、人本主义审美潮流，体现在教堂设计、绘画艺术和家具风格上，创造了欧洲城市的独特美学。与此同时，欧洲贸易城市开始了工业化进程，以对殖民地原材料进行手工业加工的产业链为主，制造部门的重要性与日俱增，大量移民进入城市。城市规模迅猛扩大带动了日常生活消费市场的繁荣，以纺织业为核心的轻工业开始在城市和城郊发展起来。也是在这个阶段，欧洲城市实现了和王权的联盟，获得了广泛的自治权，并建立了具有公共政治属性的近代市政体系。

近代晚期以第一次产业革命为标志，欧洲城市进入了大工业化时代，大多数欧洲城市转型为工业城市这个新城市类型。城市核心功能完全转向经济，传统手工场被大型工厂取代，工业型城市规划和市政系统建立，城际大规模运输为主的铁路、公路系统和水、电、能源供应系统等大型基建设施成为这一阶段城市建设的主要内容，现代楼宇风格也在该阶段出现，钢筋水泥组成的摩天大楼拔地而起。在该阶段，工人阶级正式形成，工人成为城市居民的主要类型，城市构造遵循着工业化理性主义色彩，一切都服务于大规模生产功能，城市景观由厂房、烟囱、火车、大型货船、拥挤的工人住宅区组成。

随着西方的殖民战争和对外扩张，全世界在17到19世纪逐渐被拉入资本主义体系，世界各地城市被迫进入近代，带有浓厚的殖民色彩。中国城市近代化的起点是鸦片战争战败后西方租界的设立，之后延伸到上海、天津、汉口、广州等少数几个开埠城市。开埠城市被殖民者塑造成具有较为繁荣且高度向外的商业和贸易，但缺乏独立工业体系。多股外国势力或外国资本在中国建设新城区，建立起互不相干、碎片化的近代城区，形成了各种类型的城市形态，例如东正教风格的哈尔滨，德国城市风格的青岛，欧洲大都会风格的上海。在东南亚、南亚，雅加达、孟买、新加坡等大型殖民城市的发展轨迹和中国殖民城市颇有相似之处，殖民地性质还会更强烈一些。在拉丁美洲，大部分国家实现独立后形成了独特的拉丁城市风格，城市建筑和设计沿袭西班牙和葡萄牙文化母国风格，城市规模快速扩大，第三产业先于工业发展，多种文化交融；同时城市阶层对立尖锐，贫富差距悬殊，城市的主导者是欧洲白人后裔，与拉丁裔、黑人形成了阶层隔阂。

（二）现代城市

20世纪伊始，西方现代城市产业特征表现为重工业体系的完善，形成了能源开采、钢铁冶炼、交通运输机械、电气行业、军工制造为主的重工业部门。空间特征则表现为从事工业制造的劳动力规模达到历史最高水平，为了应对城市工业和城市规模的快速发展，西方城市积极探索公共物品供应体系、城市景观美化、城市劳动力社会保障体系、市政现代化改革等治理现代化措施。不过，第二次世界大战打断了西方城市徐徐渐进的发展道路，战火对城市的毁灭打击让城市文明学家刘易斯·芒福德胆战心惊，他认为战争是摧毁人类城市文明的最可能的因素。西方现代城市后来在战争废墟上重建。自20世纪中叶以来，西方城市出现了传统重工业技术和新兴的电子技术实现深度融合，整体业态向电子设备、航空航天、精密机械制造、现代交通运输、家用电器等新兴中高技术产业转型,传统工业部门开始向第三世界转移。中高技术产业推动生产性服务业兴起,在全球贸易和资金流动处于支点位置的西方城市开始发展现代金融服务业,"消费型社会"推动生活性服务业发展,城市居民就业结构和城市景观发生根本性变化。高能耗工厂和封闭性工人社区逐渐被中央商务区和高科技产业园区替代,娱乐休闲、教育医疗、文化场所等功能性街区快速发展。

20世纪后半叶,西方城市开始探索多元性、复杂性、网络性和不确定性的城市类型。城市区域经由多元组成要素及其相互关系复杂处理,形成了强烈的生物自发性特质,各种产业形态互相交织,由信息化网络和现代物流运输系统构织成一个有机体。制造业部门持续衰落,取而代之的是金融服务、文化娱乐、信息通讯、技术研发、咨询服务为主的产业结构高级化进程。与之相应的,是对各种领域、各个发展方向的语境自由表达,人文关怀、环保主义、历史主义等多元主张都会参与到城市发展中。市民就业形式多元化、去刚化,因而更能拥抱复杂的多元社会消费和相处方式,进而形成了西方后现代城市生活模式,影响了全世界城市生活范式的构建。近年来,西方城市进一步向多元、复合、和谐、宜居形态发展,城区降密度改造、社区历史风貌修缮、宜居型社区规划、"精明增长"模式、绿色城市、韧性城市等新发展模式开始出现。

战后,和平交流发展成为国际共识,各国积极推动多边经贸往来。借由各国贸易开放政策、贸易便利化和现代化交通运输网络和信息通讯技术,世界生产体系和消费市场通过全球产业价值链连接起来,世界大部分地区的城市日渐嵌入统一的合作体系。受惠于开放环境,非西方的新兴现代城市在20世纪末以来快速崛起,其容纳的城市人口已经超过西方城市,其发展范式将深远影响现代城市文明的未来发展。

第一，空间格局方面，新兴超大型城市已成为非西方城市的鲜明标志。大多数国家都建立了单座超大城市引领全国城市发展的单级格局，这座城市通常是国家首都，例如墨西哥的墨西哥城、土耳其的伊斯坦布尔、俄罗斯的莫斯科、韩国的首尔、马来西亚的吉隆坡，都是本国唯一的超大城市。不过中国和印度表现出多极化趋势，中国是以北京、上海、广州和深圳为核心形成了三大世界级城市群，并具有以武汉、成都、沈阳、西安为核心的全国性城市群。印度在国土各方向分布有新德里、孟买、班加罗尔、金奈和加尔各答等五个超大型城市。作为世界超大城市的主体，西方以外的新兴现代城市将成为探索超大城市治理现代化的主要地区，基于进城是广大第三世界人民脱离封闭贫困状态的有效路径，它们的崛起为世界农业人口向现代城市人口转型做出了杰出贡献。

第二，产业形态方面，非西方新兴城市大多承担西方跨国企业的分包订单，是其实行"归核化""模块化"产业战略的合作方，主要承担技术水平较低、附加值较低的工序和环节。根据不同的发展阶段，不同的城市所承担的订单类别有所不同，城市产业图谱则深受订单类别的塑造，形成了不同类型的工业城市。这些工业城市的特点是产业发展粗放、负面性显著，存在着严重的环境公害问题和劳工权益保障问题。

第三，城市治理方面，新兴城市大多经历了短暂时间内急速的城市化，城市人口、城市边界的生长由经济剧烈变革和外部环境变化所致，往往会导致城市发展和城市治理之间产生撕裂。一方面是公共物品供给及其相关的行业生态无法跟上城市的扩张速度，另一方面是被动输入型的现代化无法提供足够的现代化体制积淀和现代文化培养，各国城市无法提供足够的具有现代意义的治理，导致城市治理问题较为严峻。当治理手段不足时，城市管理者只能生搬传统理念，造成原生文化弊端在现代城市的放大，例如印度种姓制度在城市社区的另类演绎。城市管理者也无法在短期内解决城市快速扩大带来的"假城市化""半城市化"等问题。

第四，城市社会人文方面，城市的工业化前期特征、城市发展失衡和治理失位本身以及理性发展带来的对人性的漠视，导致城市资源分配问题加剧。富裕阶层、平民阶层和社会底层所消费的社会产品差异极大，不同阶层彼此间不存在人文共识，更勿论城市共同社会意识了。富裕阶层文化生活丰富，穷人社会一片文化沙漠的状况非常普遍。不过，新兴城市发展必然伴随着传统文化的复兴，各国优秀文化遗产通过现代化改造走向世界舞台，为世界城市人文多样化发展做出贡献。

第二节　城市是文明发展的宝贵结晶

城市的诞生和发展在世界各个文明发展道路上表现出了强大的共性。全世界主要的古文明，两河文明、埃及文明、恒河文明、黄河文明都在文明肇始阶段出现了城市形态。城市是判断一个文明是否出现的主要标志，是文明的宝贵结晶。相应地，城市文明的发展是人类文明演进的结果，反映、折射出人类社会的文明成就，而这些文明成就共同促进着、形塑着城市的发展。

一、文明与城市的起源

城市是文明的阶段性产物，在文明萌芽之时，城市尚未诞生。在文明茁壮成长的过程中，城市作为一个嗷嗷待哺的婴儿逐渐汲取文明的养分成长起来。在最初，城市的建筑体系和风格就深受文明的塑造，它本身也是文明的一部分。文明高度受地缘影响，人类在什么地方建立起文明，就会因地制宜发展出一套与当地地貌特征相匹配的技术和美学体系，再基于此建造城市。在广袤的沙漠里，苏美尔人由于缺乏木材和石料，建立的是泥砖堆砌、放行蓄水式结构建筑组成的城市；在湿润多雨、森林茂密的黄河流域，古中国人为了排热排水，建立起了东方式的夹角屋檐木制结构建筑组成的城市；在森林稀少、石沙遍地的尼罗河三角洲，古埃及人建立的是石料打造的城市；在森林茂密、寒冷多雨的北欧和欧洲中部平原，印欧游牧部落建立的是大型原木搭建的坡型结构建筑组成的城市。

文明发展的过程也是人们对抗自然和联系同类的过程，不同的文明对城市的要求是不同的，这就各自塑造了城市不同的功能展开、区域构架和社会结构。大河边兴起的大河文明长期应对水患，很早就总结出了河水灌溉技术，其城市主要功能是统御广大农业社会，形成政治型和宗教型城市类型。海岸兴起的海洋文明长期展开跨海航行和贸易活动，城市的功能是海外拓殖和贸易活动，城市向着商贸型的方向发展。比如，两河流域是东西方贸易和文化交流的必经之地，地形开放、无险可守，人们面对的是繁茂的商业贸易和残忍的部族战争，导致现实生活急剧动荡。于是两河流域文明编制法典惩治败类、维护商业秩序和世俗权力，这就使两河流域的城市是一种世俗商业性的城市类型[1]，巴比伦空中花园和高耸的城墙昭示着世俗的权威。古埃及则相反，古埃及地处欧亚大陆文明世界的边缘，单一文化贯穿土壤肥沃而河水泛滥多变的尼罗河流域，因此古埃及人面对的是农业治理和社会治理问题，这就使得宗教文化占据了至高无上的地位。古埃及统治者法老世俗权力至高无上，同时也是最高宗教领袖。古埃及人讲究往生和来世，也希望现实风调雨顺，祈求大自然给予沙漠里的尼罗河绿洲沿岸以丰收。这决定了古埃及城市的功能主要是宗教性的，宏伟工程都是围绕祈祷诸神的宗教场所

---

[1] 赵克仁：《两河文明与埃及文明的差异及原因探析》，《西亚非洲》2014年第1期。

和宗教领袖们的陵寝展开的。

随着早期文明的演进，城市发展跟随着文明的脚步。比如，在城市起初建立时，人们有着物与物的交换需求，这样"市"出现了，并一直是城市的核心功能。实际上在许多地方，"市"早于"城"出现——许多城市是由当地集市发展而来，当地的商业文明促成了城市的诞生。每当文明塑造出新的事物和形态，城市都必须对变化做出反应，它相较农村的特别之处才能不断积累生长。在人类文明的早期，文明边界一直是城市发展的关键要素，在几大地理板块内部的各文明激烈对抗下，统治阶层服务于文明扩张的战略部署根本上推动了城市发展格局的成熟。比如，中国周代天下政治中心城市网络初成，就来自于周天子分封万国的诏意。东周赵国诸侯赵武灵王决定向内蒙古河套地区进发，创立云上、雁门、代郡三郡，皆意义非凡——云上是内蒙古第一座封建城市，标志着华夏文明第一次进入内蒙古地区；雁门成为后来两千余年的河北西大门，很长时间是华夏和诸胡的分界点之一；代郡形成新的诸侯法理"代"，后来一直是爵位"代王"领地的核心城市，直至明代。希腊在伊比利亚和北非设置的殖民据点、罗马在各个野蛮地区设置的行省首府、宗教领袖在中东建立的宗教城市都展现了文明发展的内在意志。

二、城市作为文明容器

文明由人创造，人越多的地方，文明的交流和更替也就越快。城市是文明的容器，容纳、承载着人们创造的文明成果。这些文明成果在城市集聚，推动着城市的发展繁荣。早在旧石器时代，人们就开始雕刻壁画、创造音乐旋律、举办大型活动。在文明时代，人类创造出来了更多的语言、文化、艺术、习俗，这些文明产物在城市汇聚和交流，塑造着城市社会文化和风貌。比如，在南美洲的印加帝国，印加人传统的祭祀和祈福文化是印加城市的核心，城市结构服务于祭祀活动，城市的艺术设计来源于祭祀文化。而当不同文明形成交叠时，相较农村地区，城市作为冲突的中心往往最先受到影响。比如伦巴底人进入意大利城市建立了奴隶制和封建制共存的新制度，奥斯曼人在君士坦丁堡允许东正教和伊斯兰教并存形成了多宗教城市；中国南北朝时期鲜卑人在洛阳建立起了汉胡融合的新文化，两宋时期辽朝建立了"辽人之法治辽人，汉人之法治汉人"的新法制。

城市作为一个具有物理框架和多重载体的大型体系，成了传承文明的理想场所。城市发展每步入新的阶段，以往的文明符号和内涵会通过古迹、社会风俗、文物、书籍等方式流传下来，汇集融合后成为城市文明遗产的重要内容。对这些文明遗产的传承不仅构成城市知识分子的必修课，也是他们寻求灵感、进行新的创造的资源。他们通读史书或经典，将以往的事物汇入书籍、绘画、书法、声乐、服饰、建筑创造，使城市文化产品兼具古今，也使城市思维充满着历史的思辨。在文艺复兴的意大利城市，城市的建筑沿袭的是古希腊罗马的建筑美学，城市的绘画和雕塑风格沿袭的也是古希腊罗马的现实主义风格，甚至城市的语言依然是古罗马的拉丁语系，而正是这些由古文明成果铺就的城市里，孕育了石破天惊的人文主义思潮。

实际上，城市之所以承载那么多的文明遗产，也是缘于城市是一个非常脆弱的体系，它感受着并记录着每一个文明的兴衰。任何一次文明的大洗牌，基本都是从城市开始。从这个视角来看，文明给城市带来了波澜壮阔的兴衰往事。国家的每一次兴亡更迭，都会重创一批城市，成就一批城市。有些城市历经磨难迎来复兴，有一些则没有，甚至消失在历史的长河中。这些兴衰都给城市留下了深刻的历史遗产和集体记忆。

第三节　城市对文明进步的促进

城市是文明的结晶，也是文明的"放大器"和"加速器"。随着城市的茁壮成长，它在人类文明进步中扮演着越来越重要的角色。

一、城市异质性：推动文明进步的内在机理

城市是文明发展的结晶，同时城市对文明的塑造也起到了根源性的推动作用。在考古领域，是否出现城市是衡量一个地域是否进入文明阶段的标尺。汤因比将文明比作一种有机体，它会历经新生、繁荣及衰落。刘易斯·芒福德以文明有机体论研究城市，指出城市作为文明的容器，其文明发展和人的生命周期一样，具有出生、发展、壮大和衰亡的周期规律。

那么，城市是如何推动文明发展的，其脉络和逻辑是什么？这还要回到唯物辩证法的方法论上。城市是生产力和生产方式发展到一定阶段的产物，城市诞生后，城市生产方式和生活方式成为人类文明前进的核心动力，其演变因此也是城市推动文明发展的根本方式。从生产力和生产方式的发展来看，如前所述，社会分工的深化促使了城市的出现，同时城市之所以出现，来自于生产方式发生了农业向非农化的深刻变革。农业生产带来了剩余资料，剩余资料支持了非农人口，非农人口成为管理者，承担起基于农业生产方式的复杂社会管理和协调功能，这批人会聚在一起形成了城市。因此，城市诞生之初就是非农性质的，采取的是非农化的生产方式和生活方式。恰是这一异质性提供了远超农村所能提供的进步动力，是城市推动生产力和生产方式进一步变革的内在机理。

第一，城市服务于人类活动中的非生产职能，为非农活动发展

提供内源动力。在城市出现之前，人类建立了很多种聚落，比如狩猎时代的临时聚落，农业时代的农业聚落。但是临时聚落是人类在迁徙路途中所设立的资源采集临时储藏地，农业聚落是农业生产的活动场所，都是为延续族群而设立的资源供给组织和生产组织。但是城市不同于以往任何聚落，不服务于生产也不仅仅为了资源贮存，而是服务于社会化大分工后从生产中所分化出的新职能的履行。这样，它就具有了推动生产活动以外人类其他活动向前发展的内源动力。政治活动、经贸活动、文化活动、社会活动和外交活动等重要的文明活动主要发生、发展于城市，知识活动亦是如此。围绕着这些非农活动的深化，文化、艺术、哲学、科研、宗教、意识形态等成果自然会在城市出现，而非农村了。

第二，城市与农业生产之间存在着内在矛盾，要求城市必须不断革新生产方式。矛盾是事物发展的根本动力，城市正好促成了一个新的矛盾：城市消费需求日益扩大和农村生产能力有限之间的矛盾。如前所述，城市的非生产性几乎是与生俱来的，因为城市自诞生起就有着一个特殊属性：消费属性。在城市诞生后的相当长的时间里，城市生产方式是对生产获得品的再加工，比如将采石场开凿出的石料转化为建筑，将农田种植出的桑蚕转化为布匹，将矿场开采出的金属矿物转化为武器和货币，本质上都是一种消费。在城市需要外部生产链条来维持运转的客观约束下，城市内部演化和发展逻辑偏偏和农业生产活动关联度不大，工匠技术、城市管理水平、城市经济形态等推动城市发展的关键要素又都来自于城市自身系统，这不可避免地引发了城市发展与农村生产活动之间的严重矛盾：城市往往不顾及地区农业生产能力，出现自我膨胀。城市的自我膨胀带来了一系列危机，却也促使城市寻找维持自身运转的其他出路，或者说那些寻找到其他出路的城市，才能发展兴盛起来。这其中的佼佼者，找到了让城市转变为生产单位的方法，对城市生产方式进行了变革。基于城市的内在特性,城市生产方式的自我变革只会通过两种途径:一种是根据城市异质性能力建立有别于农业的新生产部门,另一种是通过城市异质性能力夺取农村生产资料的控制权,以城市为核心对生产资料进行统一调配。无论哪种都是对旧有农业生产方式的颠覆,这决定了城市成为人类步入工业时代的根源。而人类在步入工业时代后,不可能回到以往的农业生产阶段,其日后的生产方式变革也就只能由城市来孕育。

二、城市推动了文明的递进演化

城市提供的非农活动内源动力及其与农业之间的内在矛盾,推动着城市对文明的塑造,而在不同历史阶段、不同类型城市的非农活动内源动力和与农业之间内在矛盾内涵和具体表现形式的持续变化,则构成了城市推动文明递进的具体路径。

(一)城邦和政治城市对文明的推动:文明边界的持续扩张

在城市发展初期,城市推动文明进步的主要表现形式是城市推动了文明边界的扩张。在这一阶段,城市快速发展壮大,形成了对农产品和非农产品的高昂消耗,非农化内源动力和城市、农业之间的内在矛盾都促使国家为满足城市需求而扩张边界。城市推动文明扩张的模式主要有两种:第一种是以商贸手工活动为主的城邦通过商贸活动实现城市网络的扩张,进而实现文明边界的扩张;第二种是以权力确立的政治中心确定对区域的管辖体系,以城市孕育的政治和社会体系对文明域外的土地实现文明化扩张。

在地中海,城邦城市生产方式主要是商贸活动和手工业。商贸活动需要物品的广泛交换形成利益,手工业需要丰富的物质资源提供加工原料,本地的资源难以满足城市需要,这赋予了城市很强的对外扩张性。腓尼基人离开亚洲前往地中海沿岸设立城市和贸易据点,创建了迦太基文明;希腊人为了满足城邦的商贸需要在安纳托利亚、意大利和伊比利亚建立了许多殖民城邦,收集当地物资用于贸易。城市商贸推动了希腊、腓尼基等小区域文明转化为大区域的地中海文明,这些文明要素慢慢渗透了欧洲和非洲大地,为日后新文明的诞生撒下火种。商贸活动还赐予了城市一种世界性视野:城市追求一切美好的事物。这不啻是对居住在城市中的统治者们的一种物质层面的激励:他们对文明边界外的地区充满好奇。这种激励与农业文明本身所带来的渴望新土地的激励不同,城市文明所带来的激励是一种消费主义的激励,不是为了生产更多的粮食以供养更多的人口,而是为了满足城市的消费。在这一系列消费过程的复杂程度要远超农村生产过程,涉及物资集散、转运、交易、利益分配等纷繁复杂的多主体交流。因此,城市就在这一过程中创造出了更重视契约和法理的制度财产,其形成的理性主义价值观、法律体系、公民社会、古典民主制度、航海文化、商业传统是西方文明在近现代实现根本变革的基础。

在东亚,中国通过政治手段设立的区域政治中心城市是诸侯国或者封国的首府。与地中海不同,中国土地制度大体经过了从宗族所有制、贵族所有制到国家所有制的转变[①],城市并非依据商贸手工活动扩张而出现,而是作为对区域土地资源的管理核心而存在。中国城市推动文明扩张的方式主要是对所辖农村地区资源实现统筹集中,通过治理农耕生产秩序获得对外扩张的物质基础,再依此在更广泛的疆域中开展"教化"工作。教化的核心在周代是"制礼兴乐",在汉代以来是儒家道德体系与行为规范,无论是周代的封国首府还是汉代的州牧治所皆是如此。儒家形成自周代,主要关注农耕社会秩序治理,天生对农耕文化具有亲善性,其所推崇的是以周礼为样板的农业社会,对城市异质性所形成的工商文化具有本质的

---

① 谢伟峰:《从血缘到地缘:春秋战国制度大变革研究》,陕西师范大学2013年博士学位论文。

抵触，这促成了中国重农轻商思想的形成，极大程度影响了中国文明日后的发展趋势。直到唐代，中国城市也没有摆脱周代所确立的城市形态，更多的是在这一基础上形成了形制更为完整的城市规划体系，在城市规模和功能完备上有所突破。

（二）宗教城市对文明的推动：文明内涵的持续丰富

公元 3 世纪，基督教取代罗马多神教成为罗马帝国国教；公元 5 世纪，中国南梁皇帝萧衍沉迷佛教，中国进入信奉佛教的第一次高潮；公元 7 世纪，阿拉伯势力在中东崛起并建立了伊斯兰世界。几百年里，宗教在各大文明的城市中升温发酵。宗教在城市体系推动下发展壮大，形成了新的内源动力和内在矛盾。宗教本身是非农化思想体系，孕育、深化于城市中形成的哲学思辨，顺着城市组织脉络扩展成涵盖政治、社会、法律、经济、文化的综合系统。基于宗教形成的城市更强调形而上的构筑，在社会伦理、法律制度、治理体系、文化艺术等方面深入培育。宗教追求宗教意识形态放诸四海而皆准，激化了不同宗教文明国家之间的矛盾，也促成了文明之间的多元融合。大融合过程中新观念、新文化、新内容层出不穷，丰富了世界的文明格局。换句话说，宗教是城市异质性内部的进一步拓展，极大丰富了文明的内涵。

伊斯兰宗教城市推动文明内涵丰富的突出体现是文化和科技两大领域的大融合，并由此创造了多元混合的伊斯兰文明。伊斯兰文明多元特征的基础首先来自于阿拉伯帝国、塞尔柱帝国、奥斯曼帝国等伊斯兰国家均实现过横跨亚非欧的军事扩张。在制度上，伊斯兰城市根据《古兰经》教义建立与古典时期截然不同的法律制度、治理体系和伦理观念，形成了高度政教合一的治理体系，确立了伊斯兰教至高无上的地位；在教义的指导下，穆斯林高度推崇商业活动。《古兰经》中有这样的表述："商人犹如世界上的信使，是真主在大地上的可信赖的奴仆"，"谁为安拉而迁移，谁在大地上发现许多出路，和丰富的财源"。①在教义的肯定下，伊斯兰地区成为通过商业方式连接欧亚文明的桥梁，其中最灿烂的明珠就是分布在两河流域和河中地区的伊斯兰商业城市。伊斯兰城市在繁荣的商业往来中逐渐引入来自中国新疆、印度河流域、地中海文明的多元文化要素，以本土的古典波斯和两河流域文明为主核，在建筑形制、文字习惯和艺术风格上实现了多元文化大融合。在多元文化的伊斯兰城市的长期熏陶下，宗教领袖们对世界各地科学技术和文化财富非常热衷。公元754至816年间，几代哈里发专门成立了"智慧宫"等相关翻译机关，搜集来自希腊、罗马、印度、中国的大量文献。②巴格达、非斯城等伊斯兰城市是举世闻名的世界图书馆之城。欧洲文艺复兴前期所依仗的古希腊罗马著作，许多都是来自穆斯林手中所存的手抄本。正是基于对世界科学文化的广泛学习，伊斯兰文明在其鼎盛的公元7世纪到9世纪之间成了世界科技中心，尤其以阿拉伯数学成就最具代表性。可以看出，伊斯兰宗教城市使中西亚文明内涵获得了极大的丰富。

与伊斯兰相似，欧洲天主教城市同样参与了日耳曼基督教文明这一新文明类型的塑造。天主教世界建立了以罗马教皇为首的神权至上的宗教实权组织，具有加冕皇帝的特权，罗马城俨然成为欧洲世俗国家的领导者。③以罗马为首，欧洲各国都建立了受罗马教皇节制的天主教组织，合法拥有大量地产。宗教组织在城市设立教区甚至军队，确立了宗教组织负责下的社区治理和公共物品供给制度，包括提供教育、医疗、慈善以及战争时期的避难所。宗教组织参与社会治理这一传统由此成为欧洲城市文明的有机组成并延续至今。

---

① 保宏彪：《从伊斯兰商业思想看回商的形成》，《民族艺林》2014年第1期。
② 胡耀辉：《试论中古时期阿拉伯—伊斯兰科学技术的特点》，《渭南师范学院学报》2015年第21期。
③ 赵林：《中世纪罗马天主教会的盛衰转化——从东西方教会大分裂到西方教会大分裂》，《学习与探索》2015年第6期。

围绕着天主教的社会功能和土地财富，受天主教化的日耳曼贵族逐渐建立起了完全有别于古典罗马时期的欧洲城市。天主教教区和封建贵族的军事堡垒共同组成市中心，形成了天主教城市类型。天主教世界的宗教城市相对于罗马城市，在很多方面有所倒退。但是基督教带来的催化反应却为日耳曼基督教城市埋下了新思想的种子。这是因为：第一，基督教和日耳曼的部落共和、习惯法、封建制度相互交融，形成教权、法权、王权的相互制衡，城市成为受益方；第二，天主教教义为日耳曼带来了人的朴素平等理念；第三，土地分封制度下，城市里的市民和城主之间的关系有别于农民和领主之间的土地依附关系，市民享有更高的人身自由。总而言之，宗教和日耳曼封建社会的融合是欧洲文明进入下一个阶段的基础。就在这个缝隙中，自由和人文精神开始萌动，并在商贸城市时代和资本主义思想一同破茧而出。

（三）商贸城市对文明的推动：文明的跨越发展

商贸城市的发展是文明跨越发展的关键阶段。在欧洲，商贸城市所开启的文艺复兴，是欧洲开启近现代大幕的前奏。在中国，商贸城市则开启了中国城市第二次重大变革，中国古代政治经济文化在这一阶段到达高峰。但是欧洲和中国商贸城市的内源动力和内在矛盾有所不同，导致了中西文明发展道路的大相径庭。

在邦国林立、封建领主相对宽松的统治秩序下，封建文化和宗教文化交融使得欧洲城市非农化发展的内源动力，更多来自于城市的自由权利和独立地位。在北意大利邦国和神罗自由市，城市为封建附庸关系中"多余的人"提供居所，被抛弃或者逃离出来的封建农奴进入城市从事商业和手工业。市民充分利用相较农村更大的自由空间大力发展各类形式的贸易和手工业，城市商品门类丰富起来，推动了城市贵族物质生活条件的提高。多样的服饰、装饰、家居、华丽的建筑、文化艺术品、奢侈品市场形成了利益巨大的产业链。

市民为满足城市日益奢华的氛围所形成的庞大物质需求，积极出资支援海外殖民活动，在欧洲乃至世界各地建立贸易城市和据点，搭建世界贸易体系，发展转运贸易。伦敦、阿姆斯特丹、波尔图、里斯本等贸易城市都是世界贸易汇入欧洲的关键转运站，由此发展成欧洲主要大城市。

在商贸城市快速发展的过程中，城市可以根据依靠自治地位推动独立的体制建设。"城市的空气令人自由"，城市通过市政法律帮助新来的城市居民脱离封建依附关系。城市建立了土地交易制度，在支付领主地租的前提下可以对土地财产进行购买、转让、转租。后来，城市成功迫使领主相继放弃地租，城市获得了实质意义的私有产权。这样，城市自治权利孕育了同时具备人身自由和财产自由的独立阶层——市民阶层。[1] 马克思评价独立自由的市民阶层是历史的真正出发点，是资本主义兴起的基础。此刻，城市的内在矛盾转变为新兴工商业以及相关思想和农业生产之间的矛盾，城市的异质性开始表现为哲学领域对传统农业治理体系和宗教秩序的反对。在意大利城市里，一些人开始提出在封建领主和教廷眼里是"大逆不道"的思想和观念。他们将天主教会和封建伦理归为旧事物，从古希腊的理性主义和契约理念中汲取养分，开始了文艺复兴。文艺复兴早期，城市的人文主义启蒙者们尝试用"人性"压制"神性"，强调人作为世间万物之主的地位，这是独立的市民阶层突破宗教束缚找寻作为人的意义。后期人文主义启蒙强调市民直接参与民主政治的现代社会观念，是前期人文主义向政治领域的延伸。既然人是独立的，那么人的自由权、平等权和政治权利都应该得到保障，人也有权享受幸福美好，因此提倡个人自由和市民民主，主张共和政

---

[1] 德全英:《城市、社团和法律——从中世纪城市兴起看西方近代宪政制度》,《环球法律评论》2005 年第 3 期。

体，赞美物质财富。①欧洲代表性商贸城市充当了人文主义思潮的策源地，将共和政体、企业、银行、新科学理论等新生事物，以及科学、理性、客观、人本等新思维理念传向全欧洲，"文学三杰"和"艺术三杰"横空出世。基于理性发展的手工活动转为效率更高的工场手工业，新科技帮助欧洲商业船队跨越世界，为商贸城市带来了巨额财富和极高声望。北意大利商业城市和北欧汉萨同盟在13至15世纪手握着足以影响世界格局的军队和财富，代表着欧洲商贸城市的巅峰。

在一系列思想解放下，市民关于追求理性与平等的诉求和商人阶层关于商业秩序保护的诉求，共同形成了对城市治理民主化和法制化的呼吁。有趣的是，城市公共治理体制改革的诉求可以有效打击封建贵族特权，对于王权来说不啻为一种实现国家权力集中的途径，因此王权与城市构成了一定程度的合谋，国家加强中央集权的同时，封建农业经济和权力体系也在瓦解。城市异质性开始影响国家体系，在近代国家治理体系构建中发挥了关键作用。②

中国商贸城市的非农内源动力和欧洲有很大的不同。不同于欧洲城市依靠自治地位发展独立体系，中国商贸城市的内源动力依然是为了满足庞大农业国家的非农需求，嵌入在农业社会治理体系中。城市获得的商贸发展空间来自皇权对完善治理体系的考量，其框架和边界依然是传统儒家体系。北宋时，宋廷为了避免再次发生中晚

---

① 张缵、江宁康：《文艺复兴与早期人文主义思潮的嬗变——意大利文艺复兴经典作品的思想倾向与"市民人文主义"思潮的兴起》，《清华大学学报》（哲学社会科学版）2013年第4期。

② 在英国、法国和德意志地区，王权和城市都建立了广泛的联盟关系。城市借此获得自治权，市民阶层在具体国家议会中占有席位。详见钱金飞《宗教改革前期南德帝国城市与王权的结盟》，《武汉大学学报》（人文科学版）2019年第3期；朱耀辉《城市文明与近代西欧民族国家的兴起》，复旦大学2003年博士学位论文；计秋枫《市民社会的雏形——中世纪欧洲城市与市民阶层的历史作用》，《南京大学学报》（哲学·人文科学·社会科学版）2005年第6期。

唐以来的武人乱政现象，进一步倡导文治，顺应民间经济交流需要，破除市坊隔离、设置夜市、对坊市从业人员开放户籍、发明纸币、推行信用货币，等等。到了明代，商贸城市为王朝治理带来了诸多变化：第一，交通区位良好的商贸城市为全国运输系统提供保障，全国商品流通网络促进了全国文化融合，这是明清大一统的文化基础；第二，城市规模快速扩大，更加依赖外部物资供给，为了方便庞大的物品交换，明代城市兴起了白银结算体系，是明清大一统的经济基础；第三，明廷开放城市户籍制度，允许流民落户城市，各地城市吸收大量流民从事商贸活动，全国城市格局由此成型。这都表明，宋明商贸城市获得了更大的发展空间，对中国文明发展起到了重要的推动和塑造作用，但其基本落脚点依然是对王朝统治秩序的有益补充，城市无力，也不被允许挑战皇权和官僚体系。明末国家治理体系崩溃时，王夫之、顾炎武、黄宗羲等思想家提出了"有治法而后有治人""不以天下私一人"等为民赋权、以法治国的观点，止于清初。清廷建立了远超历代的思想钳制政策，大兴文字狱，对城市异质性进行全方位打击。由此，中国商贸城市也就结束了其历史使命。

三、城市重塑文明

（一）资本主义早期城市对文明的塑造

商贸城市异质性的深入发展形成了经济上工商业集聚和民间金融兴起，私人占有生产资料，私人雇佣劳工，私人调配社会资源。城市制度开始侧重于保护私有产权和货币秩序，并为企业家和银行家提供议政平台。这些都推动了资本主义在文艺复兴后的诞生，城市进入资本主义早期阶段。资本主义是人类第一个主要由城市推动出现的基本社会制度，是人类文明的新开始。资本主义早期城市的内源动力已经异化为城市内循环的生产和消费闭环，其内在矛盾是资本主义新兴事物对农业时代旧事物的排斥。资本主义早期城市推动资本主义文明的发展是城市重塑文明的根本方式，其具体方式是物质性路径和精神性路径。

资本主义早期城市重塑文明的物质性路径是通过工业革命来实现的。全世界殖民地带来了大量原材料和稀有金属，导致大规模工场手工业进一步集聚于城市。由于城市对原材料的需求增长太快，乡村地区手工业也逐渐发展起来，聚拢在城市四周。① 城市出现了一批受企业雇佣的专业劳工，还有一部分知识分子在大学中进行技术研发和新思想传播，如大学技术研发者瓦特所开启的产业革命根本地改变了城市的面貌。由于科技的跨越式发展解放了生产力，城市生产能力完全超越农业经济，并取代封建经济关系。城市压缩农业产出空间，逼迫大量农业人口转移至城市成为工业人口；各工业部门在城市有限空间下形成集聚，产业链不断拓展丰富；② 城市为集聚的工业部门提供统一化的水、电、能源支持，降低边际成本，提升工业的规模经济；城市的高素质市民为工商业提供必需的创造性思维，传统行会的群体社会属性也被成本收益至上的经营理念代替；城市为工人提供临近而封闭的居住环境，企业能够推行严苛的作息时间和训练体系，使工作成为工人生活的全部。"利益至上、实用、集体主义、敬业"的工业文化由此奠定，贯穿着工业城市的生活。③ 城市物质发展带来了物质消费的普及，越来越多的工业制品为城市生活提供了门类繁多的消费用品，即使是普通工人，其所能消费的物质也获得了极大丰富。这一切都开启了城市的消费时代，与工业化大生产相辅相成。

---

① 屈婷：《马克思城市化思想的演进历程及其方法论特征》，《南开学报》（哲学社会科学版）2019年第1期。

② 周莉萍：《城市化与产业关系：理论演进与述评》，《经济学家》2013年第4期。

③ 张艳芳：《德意志民族市民阶层的"勤劳美德"发展史研究》，《世界民族》2019年第4期。

资本主义早期城市重塑文明的精神性路径是在文艺复兴的基础上进一步孕育新的城市文化和社会理念，前者推动了社会层面的变革，后者推动了政治层面的变革。在城市文化层面，市民个人理念最具代表的两种思想特质是进取型务实和冒险精神。农民进入城市时一无所有，愿意采取一切手段抓住获利机会，探索、冒险和进取成为城市居民的精神图腾。城市社会理念层面的重塑则是以社会契约论的建立和实施为主线。资本主义生产关系决定了城市关键的社会功能已经转变为对私有产权的保护，而实现的方法就是社会契约论。社会契约论认为，人的人身、财产、自由和安全是自然的、不可转让的权利，人将上述权利交给国家只是为了更好地保护人的权利。以此为基础，人与人之间的契约签订以及人与国家之间的契约签订逐步建立起来。由此，不同于上一个阶段欧洲市民对城市公共治理体系民主化的追求，在这一阶段，城市的资产阶级和市民阶层要求在国家层面实现民主和宪政，将国家权力纳入法律框架之中。国王不再是国家的主人，他的合法性来自于人民的同意与托付。人民的意志以民主代议制政体来体现，接替国王的部分权力。由此产生的城市资产阶级与国王之间的尖锐矛盾，正是欧洲大革命时代的主要矛盾。历经英国光荣革命、法国大革命和1848年革命，城市资产阶级逐渐推翻王权秩序，实现了民主政治理念和宪政法律体系在国家层面的应用。这一阶段欧洲资本主义城市对人类政治文明的重塑，构建了我们所熟知的现代世界政治文明的根基。

（二）现代城市对文明的塑造

城市对现代文明的推动，同样是依靠城市物质路径和城市精神路径两方面推动，但比起资本主义早期城市，现代城市所推动的"现代性"意识的形成和发展，对现代文明的塑造具有更强的概括性。现代性是现代社会的基础属性，一直处于科学精神和人文精神之间相互博弈的状态下。现代城市在这个博弈中优势转换发挥着关键性作用，也正是这种优势转换，现代文明和后现代文明的划分方法才被提出来。

在20世纪上半叶，城市工业科技推动财富成为城市发展的首要哲学，围绕着科学精神而形成的集体理性主义占据上风，主体原则性、宏大叙事、权威主义和技术决定论都是科学精神所衍生的分支，压制了人文精神。这种缺乏人文色彩的科学精神往往容易杂糅极端实用主义、极权主义和极端民族主义，两次世界大战是其最恶之果。战后，西方开始反思现代性理念，以人文精神为核心的多元性、非主体性、开放性、叙事多层性等理念为标志的后现代理念兴起。[1] 后现代性的产生和西方城市产业结构、文化形态和经济体系息息相关。产业方面，西方城市产业结构高级化进程是后现代性出现的基础；文化方面，西方城市多元社会出现，共同推动了主流话语对多元性和非主体性的表达；经济体系方面，西方全球价值链体系和新自由主义贸易体系将世界大多数城市带进了开放市场，开放的贸易规则和法律体系带来了开放性理念的表达。

20世纪末以新兴经济体的城市推动的第三世界现代城市文化逐渐成为人类现代文明的重要组成部分，它为人类提出了有别于西方现代文明的范式，是城市推动人类文明进步的崭新阶段。20世纪80年代以来，以亚洲四小龙、金砖国家为主的发展中国家或地区城市化发展迅猛，超大城市体系逐渐形成。预计到2050年，全世界近半的新增城市人口来自发展中国家，全球规模前十的超大城市将有九座来自发展中国家。发展中国家现代城市最大的特点在于一方面遵循了西方城市的现代理念，另一方面结合了各自的文化特征和文明类型。一是更强调主体原则性但不排斥多元社会。发展中国家的城市群体尤其是城市精英阶层脱胎于系统性的传统文化塑造，重视

---

[1] 李明轩：《现代性的嬗变：从单一到多元》，《理论月刊》2019年第9期。

本国传统语境与西方"普世价值"的差异,重视主体文化和传统惯例在现代城市建设中的存续和延展,但会衡量主体原则性和多元社会之间的平衡关系,避免主流文化过度挤压现代化所需的舶来要素;二是注重权威主义的作用,在各领域突出政府的主体性,探索政府和自由市场的结合,以消解可能对抗现代化的阻碍力量,革新旧有的社会束缚;三是发展中国家城市管理者将技术革新作为城市发展的核心,在文化发展上采取实用主义。

因而,发展中国家城市现代化带有西方现代性和后现代性的交融,一方面保护多元性、开放性和叙事多层性,另一方面又保证一定的主体原则性、权威主义和技术至上论,与西方后现代性中对科学精神的批判不同,可以被视作是科学精神和人文精神相互结合的一种尝试。在这样的城市理念范式下,发展中国家创造出了人类历史上发展速度最快的现代化模式,被称为后发追赶模式,这一模式关系到全球大多数人的福祉,是人类现代文明重要的组成部分。[1]

第四节 现代城市的显著特征及其文明的核心要素

城市和文明的共同发展历经多个阶段,城市文明也在这历史长河中不断地延展其深度和广度,并形成了复杂而巧妙的现代城市文明体系。从表征来看,现代城市在城市治理、经济地理、社会文化等方面形成了诸多特征;从本质来看,现代城市文明由六大核心要素构成,城市文明的进一步发展也是围绕这六大核心要素展开。这

---

[1] 以中国为代表的后发国家对现代性理念拓展的探索,详见王宁《消解"单一现代性":重构中国的另类现代性》,《社会科学》2011年第9期;任政《城市现代性与中国社会转型逻辑》,《城市发展研究》2016年第4期;高飞乐《新现代性:超越现代性与后现代性之争》,《马克思主义与现实》2006年第6期。

六大核心要素分别为：以人为本的城市治理、可持续发展的城市经济、开放包容的城市文化、全面发展的现代市民、人与自然和谐共生的城市家园、韧性可靠的城市安全。

一、现代城市的几大显著特征

（一）现代城市治理体系特征

第一，现代城市治理主体呈现出多元化特征。政府部门出现了由传统的统治、管制职能向服务、统筹、协调职能转变的趋势，公共政治深度参与城市政策制定和治理体系的构建，形成了政府部门的公共化；第二，城市治理出现了正式制度与非正式制度的融合。政府的职能转变推动了正式制度的非正式化趋势，政府也意识到正式制度的革新速度难以适应城市发展步伐，愿意接纳非正式制度为城市治理体系的重要补充；第三，城市治理边界的不确定性特征。资本主义经济内源性危机和生态危机、污染问题、城市社会、文化价值、空间观念高度异化问题是全球性问题，不存在清晰的治理边界。

（二）现代城市经济地理特征

第一，高度城市化与特大城市群形成。现代城市化发展进入了人类有史以来最为迅速的阶段。发达国家城市化率由1950年的50%左右提升至2018年的75%。发展中国家的城市化水平在20世纪90年代以来同样快速提升，巴西突破80%，中国和东南亚突破60%，印度突破30%。同时，全球城市极点集聚效应愈加明显，2018年全球特大城市数量增加至33座，人口占比达到13%。中国、印度、土耳其等国城市群集聚趋势明显。

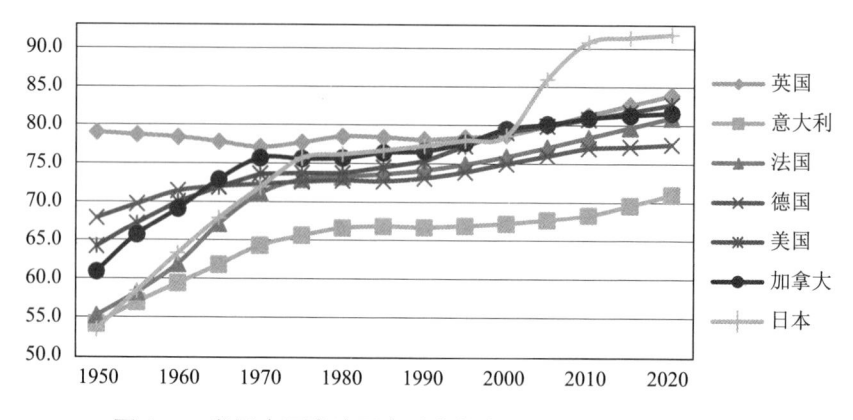

图 1-1　世界主要发达国家城市化水平（1950—2018 年）

数据来源：The Population Division of Department of Economic and Social Affairs of United Nations.

第二，产业高度集聚且发展周期趋短化。现代国家的绝大多数非农经济活动都集聚于城市，产业发展世代更新加快，产业转换速率提高，产业发展周期越来越短，新技术、新商业模式、新发展理念不断涌现。20 世纪 50 年代的半个世纪时间内，发达国家城市历经了第二产业主导到第三产业主导的变化，主导产业历经了重化工业体系、中高技术机械工业、高科技精密制造和高附加值服务业、"工业 4.0"融合产业等几次转型。

第三，发展中国家城市产业特征分层愈加显著。一方面新兴经济体将优质要素禀赋和国际环境相结合，走出了特色各异的产业升级道路。韩国首尔凭借大型财团凝聚力和"强政府"的政策优势，在电子信息技术、重型机械制造和精密机械制造等领域获得快速突破；中国城市通过高度嵌入全球产业价值链以及"有为政府"的引领作用，快速构建了高新技术产业、精密制造业为主导的产业结构；印度的孟买和班加罗尔凭借精英教育优势大力发展互联网技术、软件外包与研发服务产业。另一方面，其他发展中国家城市往往长期受困于资源开发发展模式，优质要素禀赋利用率低，外部要素支撑不足,产业生命周期无法顺利递进。如巴西、阿根廷城市的"反工业化",以及中东城市和非洲城市工业化裹足不前。这些城市实质上只是"存在于现代的城市",而非现代城市。①

(三)现代城市社会文化特征

第一,现代城市社会文化的多元性与异质性。对于现代城市而言,多元性和流动性不再是社会的一种现象,而成了一种社会追求。每个人都想变得与众不同,希望城市这个容器能提供发挥和解放个性的自由空间。社会也更希望多元性和异质性为城市持续发展提供不竭动力;第二,现代城市社会文化的全球同构趋势。经济全球化秩序下,世界各地企业都是全球产业价值链分工体系中的一环,共同为世界市场提供流通性商品。跨国企业利用庞大的垂直体系打破各个市场的边界,推行趋同性的文化消费。经济全球化衍生的理性文化现象又推动了价值观的趋同。现代企业理念、新自由主义价值观、跨国企业价值观对子体系的控制、文化创意产业附着的文化输出等,都加快了世界价值观的趋同;第三,现代城市社会文化的阶层分化趋势。城市的发展基于对优质要素的抢夺,竞争的必然结果是贫富差距。全球的贫富差距都在扩大,逐渐转化为新的阶层分化。阶层分化逐渐弥漫到社会文化层面,各个阶层之间的精神状态、价值观取向、物质生活、消费理念、思维范式、艺术文化审美乃至身份认同和对城市共同体的认同都展现出广泛的区别,从而导致现代城市社会层面蕴藏着各种形式的不稳定。

(四)案例分析:深圳

在现代城市发展上,我国虽然起步较晚,但在改革开放以来取

---

① 巴西、阿根廷等拉美国家形成了资源导向型产业结构+高城市化率的基本经济社会形态,产业转型升级面临着动力和要素不足的问题,高城市化率反而成为一种阻碍,而非促进。详见苏振兴、张勇《从"进口替代"到"出口导向":拉美国家工业化模式的转型》,《拉丁美洲研究》2011年第4期;樊纲、张晓晶《"福利赶超"与"增长陷阱":拉美的教训》,《中国宏观经济论坛》2008年第9期。

得了巨大成就，经济特区是典型代表。正如习近平总书记在深圳经济特区建立40周年庆祝大会上的讲话所说，兴办经济特区是党和国家为推进改革开放和社会主义现代化建设进行的伟大创举。党和国家批准设置经济特区，明确要求发挥经济特区对全国改革开放和社会主义现代化建设的重要窗口和示范带动作用。改革开放40年来，深圳成了全国经济发展水平最高的经济特区，在探索社会主义市场经济体制改革和现代化道路上做出了杰出贡献。深圳在城市现代化上所实现的突破，形成了具有我国特色的城市化现代之路，在人类城市发展史上也是浓墨重彩的一笔。因此，这里以深圳为案例，分析现代城市的显著特征。

1. 深圳城市治理

深圳城市治理的发展过程是混合式城市空间治理向统筹式空间治理的转变过程。深圳在特区成立之初，市场经济快速发展和当地乡镇空间之间存在着深刻的矛盾。深圳采取了特殊的制度创新化解这一矛盾。在特区成立之初，深圳分为经济特区和非经济特区地区，当时被称为"关内"和"关外"。深圳采取了混合空间治理制度，在原特区内是政府以及规范市场主导的自上而下的空间开发，政府通过征地补偿制度等制度设计重点将原特区内土地国有化，再统一展开城市规划、空间布局和基础设施投资。在原特区外地区则由镇政府及农村集体组织等基层治理主体主导农村空间生产，赋予了当地乡镇自主权。这些地区的各街道、村是城市空间发展的主导方，抓住深圳关内市场经济的发展机会，根据深圳特区产业发展情况布局"三来一补"产业链和相关产业配套。[1] 20世纪90年代末以来，深圳加快了在原特区外地区布局国有建设用地空间开发的进程，和宝安、龙岗区政府合作建设宝安中心城和龙岗中心城，开始推动深

---

[1] 仝德、韩晴、戴筱頔、李贵才：《基层治理主体对城市建成空间的影响研究——以深圳原特区外为例》，《城市发展研究》2017年第7期。

圳混合空间治理模式向由政府自上而下全面统筹空间治理模式的转型。为降低来自当地乡镇的阻力，深圳对原特区外土地采取同质性土地连片开发，并通过政策优惠吸引高新企业赴原特区外建设产业园。时至今日，深圳原特区外的公共基础设施、交通网络、城区环境和宜居性都有了根本性的改善。

2. 深圳经济地理

第一，深圳城市人口快速集聚。根据深圳历年统计年鉴，1981年至2019年深圳常住户籍人口由33.39万人增长到494.78万人，深圳年末常住人口由36.69万人增长到1343.88万人，不到四十年的时间里从一座边陲小镇成长为超大城市。根据国家第七次人口普查数据，深圳2020年城区常住人口为1744万人，仅次于上海和北京，排名全国第三。深圳人口集聚速度在世界城市史上是亘古未有的，伦敦人口从100万上升到860万花费了200余年，东京人口从100万上升到1000万花费了80余年的时间[1]，而深圳人口从100万上升至1700万只用了不到40年。

第二，深圳产业阶梯式升级。深圳在过去的四十年里，产业结构大体经历了四次迭代，产业升级速度同样是世界城市史上前所未有的。深圳1985年开始转向工业化，在服装、鞋类、家电领域采取"三来一补"和"前店后厂"模式，采用"外引内联"方式快速从海外引入生产设备和工序技术，围绕贴牌生产、代工和组装建立中低端劳动密集型产业链，并在此基础上展开模仿和逆向研发。1990年前后，深圳依托中小企业集群与大企业所形成的网络关系，进入传统制造业与高新产业并重阶段，一般工业和高新产业齐头并进。钟表、服装等传统强项工业部门开始走自主研发和自有品牌道路，高新产业聚焦中低技术领域，建立高度垂直统合或者庞大供应商网络

---

[1] 陈佳鹏、黄匡时：《特大城市的人口调控：东京经验及其启发》，《中国人口·资源与环境》2014年第8期。

实现大规模生产，以医药制造、通用设备、专用设备、交通机械、电子通信设备等行业为主要领域。2000年以来，深圳进入以新一代信息技术产业为代表的先进制造业阶段，重心开始由附加值低的零部件生产、组装与加工向附加值较高的产品研发与设计、核心零部件生产转移。以2013年战略新兴产业产值占比超过三分之一为标志，深圳进入了战略新兴产业主导的先进制造业阶段，战略新兴产业百花齐放，新一代信息技术、新材料、新能源等领域迈入前沿创新，新型民办研发机构、国家级实验室和本地研究型高校快速发展，共同推进深圳产业竞争力走向全球前列。

第三，深圳贫富差距逐渐扩大。深圳贫富差距扩大主要有三个原因。一是不同行业之间劳动报酬差距快速扩大。2019年深圳城镇居民平均年工资为12.7万元，其中金融业（30.9万元）、卫生行业（23.8万元）、IT行业（20.9万元）平均薪酬皆显著高于全市平均水平。与此同时，建筑业（8.4万元）、住宿餐饮业（6.1万元）则显著低于全市平均水平[1]；二是固定资产增值和投资活动获利加速了社会阶层分化，固定资产价格的飞升和多样投资工具的获利催生了具有深圳特色的高净值群体；三是深圳作为移民城市，居民来自五湖四海，每个人来到深圳所携带资源的不同快速拉开了人与人之间的距离。比如在学历和技术背景上，深圳成了全球顶级人才的竞争场，形成了人才分层带来的薪金分层。又比如在文化背景上，来自不同地域的居民社交圈所承载的资源也有所不同，新来深者既能获得老乡社交圈的支持，也可能受到老乡社交圈的束缚，以及面临来自其他社交圈的屏障，这在重视老乡认同和宗族认同的潮汕、客家、湖南、四川老乡群体中表现得尤为突出。

---

[1] 数据采自深圳统计年鉴，由于采矿业和农林渔牧等行业从业人数很少，考虑其特殊性，故未放入比较。

3. 深圳城市社会文化

第一，城市现代化过程中现代城市文化的兴盛。深圳现代城市文化是在深圳快速现代化过程中，城市构建与城市更新同时进行，人们赖以生存的集体记忆物质空间快速扭转，剧烈的空间变动下推动了深圳市民生活方式的根本变革，进而形成新的城市文化氛围。[①]深圳这种空间改变是剧烈的，在深圳城市扩张和产业结构快速更迭的四十年里，深圳城市文化场域也几经变化。20世纪90年代，传统岭南文化、香港文化和建设工程兵团带来的北方文化相互混杂，其文化场域是传统粤菜餐馆、麻将馆、北方菜馆、推拿按摩店、东门商街，等等。21世纪初是现代城市中产阶级文化模式的兴起，艺术、知识和体育消费蓬勃发展，咖啡馆、图书馆、剧院、展览馆全面开花，大芬村油画在此阶段成名。深圳在此阶段开始举办"深圳创意设计日""深圳读书月"等大型常态文化活动。2010年前后，在深圳长大的一代年轻人共同形成了自小受城市生活熏陶的一代，推动深圳文化生活快速向着差异化、多元化、现代化的方向前进。购物中心、咖啡馆、图书馆、剧院、展览馆等表现形式和服务模式快速更迭，旧厂房改造文化活动区域、体育和艺术等兴趣爱好培训班、新型健身房、概念餐厅酒廊和咖啡厅、新型咖啡图书店、手工陶艺店、剧本杀、卡牌手游店、电竞酒店、轰趴馆、卡丁车等新的文化消费场所日益丰富，共同形成了嵌入在深圳现代化发展中的文化生活场域，塑造了深圳市民的日常文化生活方式。

第二，文化创意产业发展催生的亚文化浪潮。深圳作为移民城市，本身不具备成熟的本地城市文化体系，反而为深圳发展文化创意产业提供了条件。以游戏、动漫、网络小说、网剧、脱口秀、网络视频创作为代表的文创产业耕耘有别于传统的新文化形态，催生

[①] 钟雅琴:《文化产业升级与城市文化创新——以深圳为个案的研究》,《深圳大学学报》(人文社会科学版) 2016年第6期。

了亚文化群体和亚文化生活方式。例如游戏、动漫、影视、新文艺创作带来了极客文化、御宅文化、嘻哈文化、粉丝文化等诸多亚文化类型，基于以上各类亚文化所举办的展览活动、音乐演奏、主题嘉年华，以及融入日常文化创作的二次创作，等等。近年来，越来越多的广告牌、公益标识、赛事等大型活动艺术形象都出现了多种风格的拼搭，是深圳亚文化浪潮的产物。亚文化还带来了御宅一族、电竞玩家、游戏主播等诸多新群体，这类群体以亚文化为纽带，共同组织新形式文化生活。

第三，深圳精神重塑深圳市民文化内涵。深圳精神是深圳现代化发展过程中所沉淀下来的精神品质，其中最具代表的是创新精神、公民意识和务实风格。创新精神来源于深圳人在过去四十年里通过自己闯自己拼去开创独特发展道路时所凝聚而来的精神，已经深入广大市民心里。这种创新精神带来的是深圳人不甘现状的特质，将打破常规上升为一种奇特的责任，认为如果不改革不创新，就有负自己作为深圳人的身份；公民意识来自于深圳较为完善的城市治理体系赋予了市民对城市的主人翁意识，也来自于深圳对公众舆论参与城市治理的开放态度；务实风格形成于深圳长期务实发展道路和岭南文化里的藏富传统，低调的行事作风相较京津冀和长三角都有很大的特点。独特的精神特质塑造了深圳人的衣食住行，也影响了深圳人创作文化、欣赏文化的方式和风格。

二、现代城市文明的核心要素

通过对现代城市的特征分析和深圳案例分析，已经清晰展现出了现代城市文明出现的新事物，从本质来看，现代城市文明由六大核心要素组成，分别是：以人为本的城市治理、可持续发展的城市经济、开放包容的城市文化、全面发展的现代市民、人与自然和谐共生的城市家园和韧性可靠的城市安全。这些核心要素是现代城市发展的核心组成部分，也是现代城市发展的趋势和未来。

（一）以人为本的城市治理

现代文明的基本要义之一，在于城市治理的价值和本源是实现人的基本诉求。城市起源于人对某一特定目标的追求；城市的发展壮大与人的发展需要息息相关；而城市的衰落与人的某种选择密不可分……城市的核心是人，城市之治的文明尺度很大程度取决于人的基本需求是否得到满足。因此，现代化的城市治理最终要实现一种"人本化"的治理效果。

随着城市规模的扩大，社会阶层、社会群体利益分化和多元化更趋显著，不同阶层的公共需求也更加多元化和复杂化，协调城市各个阶层利益需求、完善城市治理，是现代城市共同面临且尚未解决的问题。随着"超大型城市"出现，这种需求显得更为迫切。由于其发展的前沿性、先进性等，总是率先面对城市发展中的困境问题，因此超大型城市需要基于城市的文明探索出更为精准的发展模式：一是要有通畅多元的诉求表达和解决模式；二是要有完善便利的公共服务；三是要建立某种充分以人为本的发展目标。

具体而言，城市文明的价值导向是对于公平正义理念的不懈追求。在此过程中，法治是公平正义的重要路径——良法善治是文明城市的基本标志之一。城市文明的基本目标追求还应包含对廉洁城市的探索。如果廉洁是一种政治生态，那么整个生态系统需要政府、市民、司法体系等均能有效履行职责：行使权力的职责、监督权力的职责以及彰显权利、限制权力边界的职责等。"廉洁政府"建设是城市文明中廉洁城市建设的关键环节；塑造廉洁生态应从文化视角、实践视角全方位研判，从而真正在全社会形成崇尚廉洁之风。

（二）可持续发展的城市经济

可持续发展的城市经济是城市文明存续和发展的基础。城市文明，可以理解为城市中人们生产的物质财富与精神财富的总和，它们分别主要由城市中的物质生产部门和精神生产部门创造。从国民经济统计分类的角度来看，物质生产部门中的工业、建筑业属于第二产业，直接为生产服务的交通运输业、邮电业、商业等属于第三产业。所有的精神生产部门如"科学研究和技术服务业""教育""文化、体育和娱乐业"等都属于第三产业。因此，城市中的物质生产与精神生产活动，均可视为城市的经济活动，城市中的物质财富与精神财富，或者说城市的物质文明与精神文明，都是城市经济活动的结果。可见，城市文明的发展，离不开城市经济的繁荣。城市文明的持续演进，离不开城市经济的可持续发展。

要保持经济可持续发展，首先要保证经济持续增长。经济增长是经济发展的重要表现形式，可能也是最重要的表现形式。城市经济要能够增长与发展，应当具备以下条件：一是物质资本的不断积累；二是人力资本与劳动力的持续增加；三是技术不断进步、生产效率不断提高；四是良好的营商环境；五是充足的自然资源与良好的区位；六是城市内部各经济部门之间比例关系协调，城市之间产业链上下游之间供求关系协调，城乡之间经济关系协调。此外，城市经济要实现可持续发展，还要实现共同富裕、促进人际与代际公平、共享发展成果；同时，保持适度消费和清洁生产，控制环境污染，改善生态环境，保持资源基础，建立"低消耗、高收益、低污染、高效益"的良性循环发展模式。就当今的城市经济可持续发展而言，前瞻培育先导科技产业、构造全球开放的竞争氛围、建设先进的政务服务、打造一流的生态和人居环境，都是其中的关键措施。

（三）开放包容的城市文化

城市从根本上说是陌生人汇集之地，在本质上它从一开始就是开放包容的产物——这也是它最大区别于乡村之处。因此，开放包容不仅是城市文明的显著特征，它也在城市文化的具体形态中得到体现。在人类文明史上，城市的兴起是个具有里程碑意义的事件，而聚居构成城市形成的自然形态，其普遍兴起主要基于贸易的驱动或商业的激励作用。随着时间的推移，城市逐渐发展出不同于乡土的文化：乡土文化是熟人礼俗社会的文化，而城市文化则是陌生人法理社会的文化。城市文化是分层次的，呈现为开放包容的多样形态。从起源上说，如同文明一样，文化也是一件"东拼西凑的百衲衣"，异族之间的"接触"在人类文明发展史上具有极度的重要性，这已获得人类学研究的极佳证明。因此，如何强调"文化流动"对于促进人类文明发展进步的意义都不过分，"从青铜之路到丝绸之路"即是明证，而在此其中，城市作为文化流动的核心节点，其地位之重无须多言。

作为城市文明重要的基础设施，文化在城市中的重要地位日益凸显，古代的希腊城邦，近代以来的佛罗伦萨、伦敦等皆是如此。文化构成了人的基本需求，对人的多元化精神文化需求的满足是城市文明的应有之义，这不仅有利于公民文化权利的实现，也体现了人类"合意社会"的进步和正义原则，是文明的伸张。同时，开放包容的城市文化的发展及其对人基本能力的普遍提高，为推动城市文明的创造奠定了根基。从古希腊城邦到近现代城市伦敦、维也纳，再到中国的上海、深圳，其极大的发展活力无不与此密切相关。然而，城市文化的开放包容并非"生来如此"，其历史的展开是无比曲折、跌宕起伏的，而它最直接的检验方式，一是观其对外来移民的态度，二看城市文化的构成。站在21世纪的今天看待城市文化，要以新的文明意识树立新的城市文化发展观，通过有效的政治、经济、社会和文化政策，增强社会文化的开放包容度，推动经济领域的开放，促进城市内外的双向交流，积极吸纳全球的文化资源，增进文化创新活力，在不断的对外接触、碰撞中锻造城市新文明，形塑城市软实力。

（四）全面发展的现代市民

经济社会和城市发展的最终目的还是为了人民，不断满足城市人口日益增长的美好生活需要，城市文明最终也要落脚到实现人的全面发展。人的全面发展不仅包括人的智力和体力的全面、和谐、充分的发展，同时也包括人的才能、志趣和道德品质的多方面发展。纵观人类历史，现代化和城市化在推动人的素质提升和全面发展过程中发挥着重要作用。

工业化和市场经济是现代化的主要推动力，现代化推崇科层制的管理、组织化的生产、大规模和精细的劳动分工，追求效能和计划性，这就要求现代化生产体系下的人具有计划性、效能感、开放性和创新性等特征。在工业化生产方式的洗礼下，自然人逐步具有社会化和现代化特征，而人的现代化特征包括能力素质的现代化、思想观念的现代化、行为方式的现代化以及文明素养的现代化，这就不仅仅要求市民具有较高的教育水平和能力素质，更重要的是要在思想观念和行为方式上具有现代化特征。

城市是人口与生产生活要素高度聚集的场所，城市居民更容易具有现代化特征。城市化不仅是指农业人口逐步转换为非农业人口的过程，以及城市空间的扩展和延伸，更重要的是生活方式从传统农村向现代都市生活的转变。正是因为农业人口进入城市后，逐步弱化了地缘和血缘的影响，进入到一个异质性较强的陌生人社会，其经济关系和社会关系被深度嵌入到城市生态体系中，在社会分工和市场经济推动下逐步形成较强的法治意识、契约精神、志愿精神、公共精神，受到城市各种要素的冲击和洗礼，最终成为现代化的人或现代市民。

城市化和现代化对人的全面发展具有共性的推动作用，而制度环境的影响则使得人的全面发展具有多元性和异质性。但不同制度背景、不同历史文化传统对人的现代化和现代市民基本素养形成的影响具有较大的差异性。日本和美国同是发达资本主义国家，日本的现代化过程完全受欧美模式影响，但由于日本长期受东亚传统儒家文化影响，在现代性和现代市民的基本素养方面与欧美国家也存在较大差异，欧美国家比较强调个人主义和个性发展，日本则比较强调团体主义和家庭。中国和日本同处东亚儒家文化圈，但也存在不同特质，中国传统文化中的重民主义、天人合一、仁者爱人、尊老爱幼、温良恭俭让等精神传统已经成为现代市民基本素养的一部分。城市同样如此，香港的"狮子山精神"，上海的"海派文化"，深圳的"创新文化"使得这些城市的市民同样打上城市品格的烙印。

（五）人与自然和谐共生的城市家园

城市是人类文明发展到一定程度而形成的聚落的一种特殊形态，是人类文明进步的标志。城市是一个包含自然、经济、社会、人口等因素的复杂有机体。构成城市有机体的任何一种因素发生变化，都会引起城市整体变化，影响城市的兴衰、发展。自然生态本身也是一个系统，其内部有着能量流动和物质循环的自身规律和自我调节功能，因此能在长时间内保持相对稳定，这就是生态平衡。

工业革命极大地提高了生产效率，创造积累了大量物质财富，同时推动人口加速向城市聚集。城市人口快速增长和城市无序扩张，使世界各大城市相继出现诸如能源短缺、自然资源逐渐缺乏、环境污染严重、生物多样性减少等环境问题，打破了原有的生态平衡，出现生态危机，并严重威胁到人类的生存和城市的发展。由此，生态文明理念应运而生。

生态文明是基于生态危机困境、反思传统发展观的缺失而进行的理性选择。对生态保护与城市建设关系的反思上升到文明的高度，这是人类文明认识不断深化的结果。城市的产生在很大意义上是人类通过自身活动改变自然界以适应人类生存发展需要的结果，因此城市是人类文明的结晶。而生态文明，则是人类在改造客观世界时优化人与自然的关系，建立科学有序的生态运行机制，体现人类尊重自然、利用自然、保护自然、与自然和谐共生的文明理念。建设生态城市，是生态文明理念在城市建设中的具体体现，是全球城市应对生态危机的主要策略，也是当今城市文明发展的主题之一。

世界先进城市生态建设起步早，且多集中于发达国家，它们在生态建设方面已形成完备体系，并致力于向更高阶段、更好的质量发展。由于城市经济发展水平与应对生态危机的能力呈现正相关关系。因此，如何平衡保护生态与发展经济的关系，成为现代大城市，尤其是发展中国家城市建设的核心问题。从我国生态文明思想的发展历程来看，可预期我国将会为发展中国家现代大城市生态文明建设探索出一条新的发展道路。

（六）韧性可靠的城市安全

城市安全是城市文明发展的首要基础，植根于人类建造城市的根源需求，其最初内涵是保护城市内居民和财富。城市管理者主要从自然灾害、战争、疾病、动乱等问题出发为城市提供保护。后来，异质性的城市文明对城市而言意义越来越深远，其本身也被视为是城市的财富，因为它是城市在长期发展演进过程中所形成的积淀的具象表现。由此，城市安全的内涵逐步扩展到了维系文明的层面。近代与现代早期，由于高度集聚的经济发展衍生出了一系列城市病，城市安全范畴根本性地扩大了，城市安全进入了专业化的领域，城市安全本身也成了城市文明的构成要件。世界各国在城市规划、市政管理、公共服务、社会保障等领域推动了专业化改革，极大促进了城市发展与稳定之间、管理者与市民之间的良性关系，拓展了城市文明的内涵和意义。

现代城市发展至今，城市安全的内涵进一步扩展至产业、生态、紧急卫生事件、社会冲突、人口、新科技等领域，其所导致的环境公害、极端气候、社会治安混乱、恐怖袭击、高科技犯罪、市民精神生活匮乏等问题正日益威胁着现代城市的生产方式与生活方式。如何应对新型城市威胁，涉及系统层面的重新建构，因而城市安全对城市文明的推动力愈发强劲。韧性城市、海绵城市等新型城市安全理念与体系的发展化作了城市发展理念的一部分，在城市生态修复、城市体系整合、城市生产方式与生活方式合理化上发挥了重要的作用。新型城市安全理念更加强调以系统化的城市生态视角来理解城市安全体系如何建构，承认城市是一个混沌系统，城市的问题来自多重要素相互影响组成的混沌性，城市的问题也需通过利用系统的混沌性来解决。

因此，现代城市安全体系要以生态共生视角出发，从社会生态和环境生态的角度出发，处理社会问题和环境问题。如今，构建跨界治理理念与模式、多主体多维度的公共事件应对体系、基于生态途径的城市环境修复体系是保障现代城市安全的主要发展方向。在强调生态层面建构安全体系的趋势下，城市安全体系与其他体系进一步被整合，城市安全的防范措施被溶解在各个领域中，安全不再是单一表达，而是城市共同体的共同表达。

第二章

以人为本的城市治理

城市是人集中生活的地方，城市建设必须把宜业宜居放在首位，把最好的资源留给人。城市的核心是人，城市之治的文明尺度很大程度上取决于人的基本需求是否得到满足。因此，现代化的城市治理最终要实现一种"人本化"的治理效果。城市文明发展要围绕人的需求，重视人的感受，满足人的追求，让市民在城市中生活得更方便、更舒心、更美好。

第一节 城市治理及其"人本"传统

一、城市治理：概念的起源和发展

欧洲启蒙运动以来的现代性一直推崇"变化"和"新意"，西方社会对变革性、新颖性和现代性的追求及其与对新的进步渴望的结合，构成了治理理论兴起的思想史背景；西方福利国家的政策危机、国际两极格局消失与新秩序的逐步形成是治理理论勃兴的现实语境。西方的社会治理理论经历了由传统的官僚行政到新公共管理，由新公共管理到新公共服务，再到新公共治理的演变历程。1976年，在詹姆斯·马奇（James March）和约翰·奥尔森（Johan Olsen）出版的《组织中的二重性与选择》中，有文章首次使用了"治理"，其内容主要涉及大学组织中的决策。[①] 1989 年世界银行对非洲情形的描述中开始使用"治理"一词；随着社会治理实践的不断丰富，治理进入公共政策分析领域，在世界各国的政府实践与学术领域均得到了广泛发展与运用。在治理理念的影响下，治理模式转型成为建立现代城市管理体制的普遍诉求。中国城市社会以单位—街居制为代表的微观控制方式，在改革开放之后经历了较大的变化，形成了单位街居共治的格局。这一治理方式的变化体现出，在中国社会现代化历程下政府开始把城市治理作为一种满足现代化要求的重要手段来操作。[②]

城市治理理念最早源于西方。1995 年，全球治理委员会（Commission on Global Governance）对于治理的表述为：各种公共的或私人的个体和机构管理共同事务的多元化路径。[③] 从治理的这一基本理念出发，审视不同层面公共事务的管理问题，已成为学术研究的一个普遍趋势，诸如全球治理、国家治理、区域治理、城市治理、社区治理等概念由此而生。而城市治理的理论则是在此背景之中逐步形成的。西方关于"城市治理"的理论主要是围绕"城市统治"这一概念展开的，美国学者呈现出不同观点。例如，一些学者倾向于认为城市的领导权主要掌握在以工商界为代表的精英群体手

[①] 张成岗：《灾害情境下的风险治理：问题、挑战及趋向——关于后疫情时代社会治理的探索》，《武汉大学学报》（哲学社会科学版）2020 年第 5 期。

[②] 叶涯剑、张光海：《作为现代化手段的中国城市治理（1949—2009）——以城市社会微观控制体系为例》，《贵州社会科学》2010 年第 8 期。

[③] Commission on Global Governance, *Our Global Neighbourhood: The Report of The Commission on Global Governance*, Oxford: Oxford University Press, 1995. 转引自踪家峰等《论城市治理模式》，《上海社会科学院学术季刊》2002 年第 2 期。

中[①]；与之相反，另外一类研究认为城市的领导权掌握在多元参与者的手中，任何一方都无法独立发展。[②] 1997年，有学者提出，治理意味着政府发展与创新管理模式，涵盖政府组织、非正式及非政府组织。治理认同集体行为牵涉到的社会公共组织间既有的彼此依赖，并没有局限在公共机构以及管理层方面；治理意味着行为者基于网络的积极自主性，并不绝对地依赖政府的权威性，政府能够通过吸纳新技术和工具以发挥导向性作用。[③]

有学者认为，相较于"城市管理"而言，城市治理很大程度上转变了我们的城市治理模式。[④] 而对于城市治理的模式，一般认为可以分为四种主要模式：管理型城市治理、社团型城市治理、支持增长型城市治理和福利型城市治理。（如下表）

表2-1 城市治理主要模式[⑤]

治理模式	主导力	特点
管理型	政府主导	提高政府治理效率
社团型	社团利益主导	主体多元
支持增长型	城市增长主导	刺激治理的有效性主动性
福利型	国家投资主导	高福利

我国学者从城市治理的内涵出发，结合城市治理的实践，认为城市治理较为典型的模式有4种，即企业化城市治理模式、国际化

[①] F.Hunter, *Community Power Structure: A Study of Decision Makers*, Chapel Hill: University of North Carolina Press, 1953.

[②] 杨宏山：《转型中的城市治理》，中国人民大学出版社2017年版，第3页。

[③] Gerry Stoker, The New Forms of Local Governance, In M. Chisholm, R. Hale, & D. Thomas（Eds.）, *A Fresh Start for Local Government*, Chartered Institute of Public Finance & Accounting, 1997.

[④] 黄璐：《城市治理研究：文献梳理与评述》，《公共管理》2020年第5期。

[⑤] J.Pierre, "Models of urban governance: the institutional dimension of urban politics", Urban Affairs Review, Vol.34, 1999.

城市治理模式、顾客导向型城市治理模式和城市经营模式。① 企业化城市治理模式流行于北美、欧洲的中小城市，很多大城市也受此影响，因此，企业化治理模式是最为广泛的城市模式之一。企业化有两层意思，一是城市的企业化，即利用企业的管理方法来管理城市；二是城市政府的"企业化"，将竞争机制引进城市政府组织，或是将城市政府的角色定位为企业家。国际化治理模式主要是指城市分工国际化，经济全球化让城市的触角延伸到全世界，城市被卷入国际分工格局；城市发展也需要区域化，这其实是以产业为主导的模式，接近于"城市群"概念；国际化也包含城市管理主体的多元化与国际化以及城市运行规则的国际化与现代化；当然在此其中，城市的特色和个性化发展也是非常重要的。顾客导向型政府，是20世纪80年代以来，兴盛于西方国家的政府改革运动的产物，其重要特色即是建立提供更好的公共服务，争取政府的顾客（市民）的最大满意度。城市经营是典型的中国城市治理模式，它产生于改革开放以来所推行的分权体制，地方政府或变相的政府成为城市经营的主体。

我国城市治理模式大致经历了三个阶段，即城市管制模式、城市经营模式和城市治理模式。② 有学者从制度、治理主体和文化三个视角解析了中国城市治理中存在的问题，提出应借鉴新公共管理理论来解决中国传统城市管理模式中存在的弊端，以提高城市治理水平。③ 有学者认为，在后工业化时期，会出现城市不安全感外溢、城市公共物品消费不均衡、城市空间碎片化、城市社会分化与城市公共政策失效等问题。因此，必须实现城市治理转型，才能避免"破

---

① 踪家峰等：《论城市治理模式》，《上海社会科学院学术季刊》2002年第2期。
② 王佃利、任宇波：《城市治理模式：类型与变迁分析》，《中共浙江省委党校学报》2009年第5期。
③ 姚迈新、谭海波：《新公共管理理论视阈下的中国城市治理模式转型——制度、治理主体与文化视角》，《探求》2010年第2期。

碎城市"倾向加剧。①也有学者从城市发展的具体案例出发，如通过对杭州和深圳这两个治理转型先行城市分析，指出城市规划从技术决策走向公共决策，城市建设从经营城市回归营造良好的人居和营商环境，城市管理从技术革新走向制度创新等三个趋势。②

而关于城市治理能力的定量研究，最早甚至可以追溯到19世纪世界银行构建的名为"世界治理指标"的评价体系。近年来，美国、澳大利亚等国家也纷纷建立适应本国国情的城市治理和发展能力指标体系，对于我国的城市治理研究有一定的借鉴价值。2014年，亨德里克斯（Hendriks）构建了城市治理的评价指标体系，一改过往城市治理多定性研究的窠臼，从而搭建了该领域研究中的一个更为科学全面的定量研究框架。例如，依据决策制定者类型去构建纵坐标，依据决策类型构建横坐标，作为衡量一个城市是否善治的标准，将城市治理体系细化为城市政体、城市信任、城市市场及城市平台，并从响应、有效、程序正义、恢复、平衡等五个维度进行定位。③

国内对治理的研究始于近20年前。俞可平教授曾指出，城市治理是将城市政治和城市管理融合在一起后形成的。④胡鞍钢等学者提出，中国的现代化之路是创新的、不同于西方资本主义的现代化⑤，在此基础上分析了21世纪中叶中国实现社会主义现代化的决定性因素，包括社会主义因素、绿色生态因素、现代化因素及中国文化因

---

① 何艳玲、汪广龙、高红红：《从破碎城市到重整城市：隔离社区、社会分化与城市治理转型》，《公共行政评论》2011年第1期。转引自盛广耀《城市治理研究评述》，《城市问题》2012年10月。

② 杨君：《中国城市治理的模式转型：杭州和深圳的启示》，《西南大学学报》（社会科学版）2011年第2期。

③ Frank Hendriks, "Understanding Good Urban Governance: Essentials, Shifts, and Values", Urban Affairs Review, Vol.50, 2014, pp.553–576.

④ 俞可平主编：《治理与善治》，社会科学文献出版社2000年版，第5页。

⑤ 胡鞍钢、鄢一龙、唐啸、刘生龙：《中国：以人民为中心的社会主义全面现代化》，《国家行政学院学报》2017年第5期。

素，据此得出未来包括城市治理现代化在内的中国现代化进程的阶段性特征，提出要利用后发优势及文化优势追赶，形成趋同动力。①

尽管学者们对于城市治理的内涵进行界定时很少能有统一的定义，但是对城市治理应有的模式产生了一定共识：一是治理的主体须是多元的，包括政府、居民自身以及非营利性组织、企业等；治理的对象为公共利益；治理的方式应是善良的，在协商和广泛参与基础之上的善治。何为善治？笔者认为，一个国家、城市的治理模式理应与其历史、文化渊源有不可分割的联系，而又因叠加各种现实因素而更具有复杂性。

总体而言，从治理效果来看，好的城市治理应当具备几个基本要素：一是城市应有提供较为优质公共服务的能力；二是城市的优质资源应高度聚集；三是城市因提供大量优质公共服务而形成人口的高度聚集；四是城市治理应以人的发展和价值实现为根本目标。

二、城市治理进程体现"以人为本"理念

通过考察古往今来东西方城市发展的简要历史，不难发现，城市是由于城市的"人"的基本需求不断催生而逐步产生的。由于东西方文化巨大差异，这种联系纽带偶尔会断裂或者以更加隐蔽的方式呈现，但是总体来看，城市更迭的历史本身就是人类不断产生需求并满足自身需求的抗争史。按照南京大学历史学院陈仲丹教授的观点，构成城市最重要的标准有五个方面："城市有大量人口的居民点；城市居民密度大；城市的基本功能是分配；城市是交通中心；城市是需求中心。"②因此，对照这些特点，客观上城市需要有一定的面积集中容纳较多的设施，从而满足城市居民的需求。例如，为了

---

① 胡鞍钢、鄢一龙、唐啸、刘生龙：《中国：以人民为中心的社会主义全面现代化》，《国家行政学院学报》2017年第5期。

② 陈仲丹：《世界上最早的城市》，《唯实》2019年第6期。

更加安全的活动场所，城市需要高耸的城墙或者军事工防设施；而为了居民宗教信仰的诉求，需要宗教聚集点和圣地；为了满足商品经济的基本需求，人们需要一个集中的市场去进行商品交换，从而让生活更加丰富；为了让人们的利益最大化或者让统治阶级的管理更加牢固，则需要更多公共机构各司其职。

城邦的存在是为了优良的生活，城市之所以能够提升生活品质，就在于其提供的公共服务更加优质、更为配套、更为便利。按照杨宏山教授的观点，城市治理的基本使命，在于"提供优质公共服务体系，提升相互配套性，增进对于工商业的吸引力满足市民更高层次的公共服务需求；建立可持续的财政资金筹集机制，不断改进公共服务"。[1]

两河流域的城市大多建有城墙、宫殿和神庙等，它们工艺精美、气势宏伟，充分彰显了统治者的力量和十分明确的城市管理意识。例如，最为著名的伊拉克城市乌尔是其典型代表：彼时乌尔已经发展为两河流域最富庶的贸易中心——充分满足了居民对于剩余商品交换的诉求；其拥有长达两公里的城墙，充分表达了居民对于城市安全的诉求；城市里拥挤的房屋和整洁的街道都围绕巨大的塔形神庙而建，这是人们对于宗教信仰的诉求；从自然禀赋来看，城市周边有两条运河连通幼发拉底河，为日后发展水上贸易以及农业灌溉都提供了十分便利的条件。马克思和恩格斯曾深刻指出："城乡之间的对立只有在私有制的范围内才能存在，这反映出个人屈从于分工而被迫开展的某项活动。"[2] 由此，早期城市的产生其实反映了"人"的功能变化，例如由于农业和手工业者分离，产生剩余的产品，需要产品的交换，会在某种程度上对于自给自足的农村产生一定程度

---

[1] 杨宏山：《转型中的城市治理》，中国人民大学出版社2017年版，第1页。
[2] 《马克思恩格斯选集》第1卷，人民出版社1972年版，第56页。

的冲击，从而形成具有早期"商业"特质的人口集中点。[1] 最早的商业城市其实起源于地中海与海岸山脉之间的腓尼基，这里有早期的港口城市，依托海洋，依靠海洋发展。尽管早期人口比不上任何一个内陆大都市，但是其活动半径远远超过内陆，影响范围非常广阔。其主要生存路径是依赖强大的货物贸易或者原始的服务贸易。

公元前9世纪开始，腓尼基地区的典型城市，依靠自身努力开始逐步富强起来，最早开始出现了有影响力甚至起到统治作用的商人阶层。发达的商业也让腓尼基人具备精良的技艺，他们擅长设计、建筑，同时也发明了一整套字母书写系统，这是早期希腊和拉丁字母的前身。腓尼基人最独特之处在于其对于个体价值的极大尊重，即便是面对埃及法老，他们也恪守信仰的商业原则，只有商业利益而并非强权才能驱使他们行动。希腊人创造了艺术、雕刻、戏剧等高度个性化的思想文化，这些城市的特征与现代西方的都市高度相似，而希腊人也日益孕育出一种城市的灵魂，即对公民个人的关心和个体主义的捍卫。在这种理念之下，公民是"国家主人"，这是构成希腊城市文明的基础。

另一个西方大都市是古代罗马。在一些西方作家笔下的罗马是这样的：它极度接近今天的全球城市，如纽约、东京、伦敦、洛杉矶、上海等，城市人口超过了100万，也具有今天流行的"大城市病"，但是在长达五百年的时间内，它创建并不断完善法律，建立起自己的经济体系，钻研城市工程技术，甚至全盛时期以一座城邦统治了从不列颠到美索不达米亚的广大地区，统治区人口超过了5000万人。[2]

---

[1] K.W. Butzer, "Archeology and Geology in Ancient Egypt", Science, Vol.132, 1960, pp. 1617-1624. 转引自刘文鹏《古埃及的早期城市》，《历史研究》1988年第3期。

[2] Petronius, *The Satyricon*, New York: Penguin Classics, 2011, pp. 11-13. 转引自〔美〕科特金《全球城市史》，王旭译，社会科学文献出版社2010年版，第45页。

文艺复兴后的西方世界逐步兴起了以伦敦、阿姆斯特丹和威尼斯为代表的世界性城市，其共性特征就是建立在"冒险主义"基础之上。而到了殖民主义时期，东方的上海、香港逐步开始崛起，这是为了配合西方世界殖民地的需要，这类城市也成了早期连接东西方贸易、交往、文化沟通的桥头堡。大学的集聚带来人力资源优势以及精神和文明中心的塑造，时至今日，包括巴黎在内的全球城市的形成始终需要依赖这一重要因素。浓厚的商业氛围同时造就了阿姆斯特丹对于不同背景人口的极大包容性，从而极大激发了文学艺术的创造性，城市文化就有了现代化的基础，而和巴黎一样，这又引发了现代意义上大学的兴盛，从而实现了各类人才的集聚。这些特点归根结底可以总结为现代城市的进取精神。

近现代的伦敦作为世界瞩目的资本形成中心和金融大都会，以其强大的金融创新辐射力给很多世界城市带来极为深刻的影响力，英美法体系成为西方世界重要的法律渊源之一。近现代另一个重要的城市——纽约，凭借着其作为新兴移民城市的优势，"人"极强的流动性，毫无历史包袱地为来自五湖四海的新移民开拓事业提供最好的土壤，而且事实证明，他们的努力往往不会白费，换来的是颇有流动性的社会阶层的提升——纽约一度成为奋斗者的天堂。

分析漫长的西方城市发展历史，不难发现，长达千年的征战摧毁了西方世界的国家概念，政权更迭、城墙坍塌，但是保留了最为重要的"城市"。这不仅仅指组成城市的砖块瓦片，本质是构成城市最重要的灵魂，即城市中的人、市民，或者说最重要的商人和手工业者，其对商业的追求、对财富的向往恰恰是资本主义城市历经战争后迅速崛起的重要基础。

我国第一次商业城市的兴起发生在唐宋时期，商人的活动范围日益扩大，指南针的发明进一步拓展了人们的活动半径，但是强大的国家主义主观上抑制了这一趋势，商人仍处于较为弱势的地位。

但是不可否认，随着商业财富的与日俱增，我国古代一度多次出现资本主义经济形态萌芽的机会。因此，一个新的城市阶层——商贾阶层出现了。宋朝鼓励贸易发展，商业发展速度逐步加快。此后，我国控制了远达印度的贸易路线，最初的指南针（罗盘）的使用，便利了航海事业，甚至绘制了远达好望角的航海地图。远洋经济交往的增长极大地推动了"世界城市"的出现，它们以商业和远洋贸易为基础，需要有港口和一定的航运规模，在此需求下，广州、上海等城市开始兴起。事实上，广州早在唐代中后期就已经成了一座穆斯林贸易的基地；宋朝在广州设立了海关衙门，作为一个港口城市，广州很快建立了外贸垄断权；1200年前后，广州人口超过了20万人，成为世界主要的港口城市之一。以广州为代表的中国城市与其后西方的威尼斯等城市具有某种共性：它们的文化氛围相对开放，具有一定的创造性，与内地贸易紧密相连。中国城市最大的特点在于：其兴盛不是孤立的，伴随着城市的发达，中国文化广泛输出、传播、兴旺，其辐射范围广阔，包括今天的东南亚、东亚大中华文化圈层。到了文艺复兴时期，中国向全球经济的冲击力逐步减弱，贸易不断萎缩，正在形成萌芽的商业中心未能按照既定的发展模式向前走，作为世界城市的活力逐渐消散。艾尔弗雷德在其著作《中国城市》中提到："中国宫廷按照距离自己远近，将外部区域分为几个类型，包括被安抚的地区、半文明的野蛮人地区、没有人开发的野蛮人地区和欧洲不予考虑的地区。"[1]与此同时，东方城市发展过程中，商贾，也就是今天意义上的企业家群体，从未在社会变迁甚至政权更迭中发挥影响，这是与欧洲最大的不同。欧洲有一个商人和手工业者兴起的过程，罗马法作为今天大陆法体系的雏形，几乎是为了保障商人利益、保障商业合同的正常履行而诞生的，它奠定了

---

[1] Alfred Schinz, *Cities in China*, Germany: Gebruder Borntraeger, 1989, pp.1–2.

至今全球通行的法治文化的一部分；反观东方的商人，在强大行政权力和神秘皇权之间艰难挣扎，从未获得过某种主体性地位。

纵观中国城市发展三千多年的历史，一度领先于世界城市发展潮流的国际都市有着独特的发展模式，而在后半期的发展进程中，随着统治者理念的一成不变，中国再也无法追赶世界商业潮流，随之而来的就是商业城市的衰落。因此，以中国为代表的东方城市发展历程至少形成了一个基本结论：城市的兴盛需要有三个关键要素，一是商业繁荣；二是交通便利（包括重视海洋、经略海洋）；三是属于城市的文化和灵魂。而今天的中国城市，正如一些西方的学者所言，"尽管尚未完全居于领先地位，但是中国再次成了现代城市规划和建设的中心，城市居民层次在提高，收入在增长，将可能塑造很多新的城市生活模式，这是对21世纪城市生活非常关键的交通和社会形式的伟大实验"。[1]

一方面，城市治理主体日益呈现多元化特征，有利于公众意见的畅通表达。城市治理体系历经古代的统治体系、近现代过渡阶段的市政管理体系到现代城市的治理体系的演进，治理主体历经古代的统治者、近现代过渡阶段的市政管理机构到现代城市的公共部门、私人部门、志愿组织共同组成的多主体治理体系的演进。在此进程中，政府部门由传统的统治、管制职能向服务、统筹、协调职能转变，公众深度参与城市政策制定和治理体系构建，企业、非政府组织、社会团体和个人以私有机构身份参与到城市治理中，通过决策咨询为政府部门提供智力和知识支持，通过承担政府转移的公共物品供给、营利性社会服务供给实现城市公共服务体系运转，通过社会监督与反馈等多种方式实现城市治理主体和社会公众的信息交流。

另一方面，城市治理正式制度与非正式制度的融合要求治理方

---

[1] 〔美〕科特金著：《全球城市史》，王旭译，社会科学文献出版社2010年版，第38页。

式凸显"以人为本"的特征。[①] 随着多主体治理体系的建立，多元治理结构和治理理念也随之产生，推动了城市治理体制由以往的正式制度为主体向着正式制度与非正式制度相融合的趋势发展。[②] 正式制度与非正式制度融合的基础是正式制度实现了公共性和开放性，获得了和其他制度发挥协同治理的功能和能力，这一方面来自于政府部门职能由传统的统治、管制和管理向服务、统筹和协调演化，另一方面则是政府意识到正式制度的革新速度已经难以适应城市的快速发展步伐了，在此背景下，政府愿意将非正式制度作为城市治理体系的重要补充。非正式制度因其灵活性，更接近城市治理的公共需求，从而体现以人为本的治理理念，凸显治理效能。

第二节 超大型城市治理的"人本化"

一、超大型城市治理面临诸多挑战

现代城市经济和人口高度集聚，城市现代经济系统运作基于资本、技术、劳动力、生产资料在全世界范围的分配、积累、流动和增殖，形成了高度资本化的发展逻辑，理性和效率成为现代经济体系的原则，每座城市都成了在经济全球化语境中抢夺资本价值和产业价值的战场。随着城市规模的扩大，社会阶层、社会群体利益分化和多元化更趋显著，不同阶层的公共需求也更加多元化和复杂化，

[①] 曾丽敏、刘春湘：《非正式制度对社会组织参与城市社区治理的影响》，《北京社会科学》2021年第11期。

[②] 新制度经济学家道格拉斯·C.诺斯将制度分为正式制度和非正式制度。制度是一个社会的游戏规则，正式制度即"正规约束"，如法律和国家的方针政策，由强制机构组织实施的管理条例；而非正式制度即"非正规约束"，如在社会团体、教堂、家庭中形成的某种行为准则，或者为促进某种行为而逐步形成的伦理规范。

协调城市各个阶层利益需求、完善城市治理,是现代城市共同面临且尚未解决的问题。中国问题专家郑永年先生认为:"城市治理不仅要看内部的治理结构,更要看城市治理的外部环境。历史地看,一些城市崛起了,而另一些城市衰落了,无论是崛起还是衰落,都不仅仅是治理的缘故,更重要的是城市大环境变化的结果。也就是说,城市治理只是城市生活的好坏问题,而城市大环境的变化则是城市的生存问题。"[1]而国际化程度较高的大城市由于其受外部环境影响更大,相应面临的城市治理问题就更加突出。

按照2014年11月20日国务院印发的《关于调整城市规模划分标准的通知》(国发〔2014〕51号文)的界定,超大城市是指城区常住人口超过1000万人的城市。根据这一文件,我国的城市按照人口标准,大致分为五类七档。分别为:人口超过1000万,为超大城市;人口处于500—1000万,属于特大城市;300—500万人口,属于Ⅰ型大城市;超过100万不足300万人口的城市,属于Ⅱ型大城市;人口处于50—100万的,属于中等城市;人口在20—50万的,属于Ⅰ型小城市;而不足20万人口的,属于Ⅱ型小城市。[2]有学者认为,在现实发展中,从类型学角度,还可以从经济总量、面积规模以及行政等级等方面对超大城市进行一个划分。[3]前述人口标准只是其中之一。此外,超大城市的界定是一个相对动态的概念,

---

[1] 郑永年:《中国城市的治理危机》。本文是根据广州粤港澳大湾区研究院理事长郑永年2021年12月23日在广州开发区普里马科夫研究会成立仪式暨"世界经济发展与超大城市治理"研讨会和2021年12月30日在深圳举办的"圳治2021:深圳治理现代化优秀案例经验交流会"上的主旨发言整理和扩充而成。摘自华南理工大学公共政策研究院(IPP)官方微信平台。

[2] 《国务院关于调整城市规模划分标准的通知》(国发〔2014〕51号文),据中华人民共和国中央人民政府网站:http://www.gov.cn/zhengce/content/2014-11/20/content_9225.htm,2014年11月20日发布。

[3] 熊竞、孙斌栋:《超大城市政区治理:演进逻辑、制度困境与优化路径》,《上海行政学院学报》2020年第5期。

会随着时代和治理模式的变迁而发生改变。超大型城市其显著特征是经济和人口聚集规模大，建成区占地面积多，外来人口聚集多，创新能力强，人均道路面积少等，在所在国家和地区经济社会发展中扮演着十分重要的角色。[①]

超大型城市由于其发展的前沿性、先进性等特征，总是率先面对城市发展中的困境。例如，城市治理边界变得充满不确定性，因为全世界发展的方方面面都会通过各种利益传导机制和连锁反应影响超大型城市的功能稳定，城市治理者已经难以划出清晰的治理边界。率先发展的超大型城市治理不仅需要应付资本主义经济危机、生态危机、污染等威胁城市基本秩序和市民生活的难题，还要解决由于经济发展和城市空间价值扭曲导致的城市社会、文化价值、空间观念高度异化问题。基于经济全球化和世界分工体系的考虑，超大型城市治理体系还需要上升至区域经济合作和国际关系层面，借助区域力量和国家力量在区域间协同治理和国际合作机制上争取谈判权和话语权，为城市作为全球化进程中重要的一分子争取更大利益。因此，针对城市治理中的共性问题，超大型城市作为先行探索者需努力构建一套充分彰显城市文明的治理模式。

二、超大型城市治理对"人本化"的探索

"城市大抵两种面孔，或是耸立的高楼、豪华的饭店、漂亮的私人别墅、繁华的街道、丰富多彩的文化，是充满活力和变化、令人兴奋和向往的地方；而城市也可能是另一种面貌，例如贫富分化的社会、恶劣的环境、拥挤的交通和住所，频繁的犯罪和暴力活动。"[②]

[①] 2018年11月，习近平总书记在上海考察时指出："既要善于运用现代科技手段实现智能化，又要通过绣花般的细心、耐心、巧心提高精细化水平，绣出城市的品质、品牌。"

[②] 廖加固：《快速城市化背景下的中国城市治理模式创新研究》，武汉大学2014年博士学位论文。

而这两种场域很大程度上取决于城市治理的水平。我国在推进国家治理体系和治理能力现代化进程中，至关重要的因素就是推进城市治理的水平，而城市治理的核心要义，在于以人为中心，将人的生存和更好的发展作为城市治理的逻辑起点。"善治"对于城市的维度而言，也要求公共服务构成一个可以彼此衔接、科学运作的完整体系，从而提供更为完善优质的服务。

一是，超大型城市应建立通畅多元的诉求表达和解决机制。超大城市发展过程当中必然会遇到更为严峻的困境和挑战，这就要求社会治理能够及时回应诉求，拥有能够疏解各种问题的畅通渠道，从而实现城市的韧性发展。

以纽约为例，曾在历史上遭遇过多次困境，但是源于其较为科学的治理架构，均能化险为夷。一方面，纽约倡导公共利益，街道一级区划实行自治，大区和社区一级都是市一级政府的派出机构，大区的区长和社区理事会的成员都由选民直接选举产生，基本保障了民意出口的畅通。纽约的公共利益倡导者，专门负责处理和收集纽约市民的建议和意见，做好市民和政府之间的联系；大区区长和社区理事会成员也是公共利益倡导者的角色，他们监督政府和议会，传达市民声音。

纽约的社区治理也很有特色。主要依赖于社区委员会，而社区委员会又通过选举不同成员组成各个专业治理委员会，包括教育委员会等负责日常事务；而社区各类专业化服务则是依赖非营利性组织完成，因此这样的组织往往会培育出更加有力的志愿者。社区服务的开展需要较为细化的流程，首先是由社区居民向委员会反映意见和要求，社区委员会在研究后将要求提交政府；政府研究后，对于认可的建议进行公开招标；紧接着非营利性组织参与竞标；最后政府与非营利性组织签署合同，互相履约，后续政府会组织居民对合同相对方进行履约评价。

此外，20世纪30年代开始在美国兴起一种全新的纠纷解决机制，即替代性纠纷解决机制（Alternative Disputes Resolution，ADR），这是对于诉讼等传统争端解决进行替代的一种争议解决方式，包括调解、仲裁等多种方式。事实上，我国早在新中国成立前，在根据地建设时期，就有依靠广大人民群众开展的纠纷解决模式，颇有"多元"特点。而习近平总书记点赞的基层社会治理"枫桥模式"也是依赖社会基层的力量进行多样化高效率的治理。深圳法院系统在司法体制改革中引入"枫桥模式"，成为国内纠纷解决多元化的典范——各类方式在定分止争、降低司法成本、促进社会和谐等方面发挥了重要作用。

纽约的治理结构给我国的超大型城市提出了可参考的借鉴意义。一方面，充分发挥市民群众的自治作用——但是这种自治需建立在整套制度体系的基础上，否则可能造成新的混乱；另一方面，治理的方式应尽可能多元化，例如通过社区会议、社区听证会、志愿服务和社区专业委员会委员竞选等参与社区治理。最后，替代性的纠纷解决机制可以平复和化解矛盾冲突，也淡化了社会戾气。因此，在一套完备的社区治理模式中，政府、居民、社区委员会和非营利性组织都有较为合理的角色和分工，由此，一种自上而下的政府治理和自下而上的民意反馈及社区自治有效结合，为城市社会治理的良性运转创造条件。

二是，超大型城市应具备完善便利的公共服务。目前，国际上一些主要城市业已走出了符合自己特点的新路子，通过"巧实力"（smart power）的发挥，为市民提供了更加便利的生活环境。以日本东京为例，在超大城市治理方面颇有特色。[①] 以东京市区为中心，半径80公里，东京都、埼玉县、千叶县、神奈川县共同组成了东京都

[①] 东京都下辖23个特别区、27个市、5个町、8个村以及伊豆群岛和小笠原群岛，总面积2155平方千米，人口约1350万，主要集中在区部和市部。

市圈。[1]整个东京的通勤流动人口较多，白天人口向市区方向聚集，晚上向郊区扩散，但得益于东京通勤圈的便利，东京都市圈昼夜人口密度相差不大。东京注重城市前期规划，政府相继制订了首都圈整备规划、近畿圈整备规划和中部圈开发整备规划。[2]日本政府和东京政府先后颁布了《首都建设法》《首都圈整备法》《新产业城市建设促进法》《住宅建设规划法》等建设和规划的法律，保障了规划顺利进行，也为市民提供了更加可靠的住房保障，一定程度上缓解了首都成本高、居住环境差、社会承载能力不足等压力。东京同样注重发挥多元主体作用，成立了首都圈整备委员会，负责首都圈规划事务、审议首都圈的规划方案。委员包括国会议员、规划涉及区域内的地方行政官员、企业财团法人代表、大学教授以及民间自治工会组织代表。规划提出的措施由整个都市圈的成员共同执行。

可以说，东京为我们描绘了一幅超大规模城市治理的场景：立法和政策先行，具有制度刚性和可预测性，规划定期修编以适应纷繁复杂的城市治理需求，新型智力平台的打造有助于多元治理格局形成。众所周知，东京的城市交通极度便利和发达，几乎形成全覆盖的交通网络，成为打造都市圈的基础保障。与此同时，东京应对交通设施不足等问题时的治理方式和态度更值得借鉴。例如，在距离城区较远的郊区，公共交通往往面临亏损难题，私人机构以盈利为目标，往往不愿意接手相关公共交通线路，公共设施并不便利。因此，郊区更多的通行不是依靠市政交通，而是"社区巴士"。相关社区通过自组织负责调查分析，评估需求，尽可能满足社区老人、青年、小孩等多元群体的多元化需求，从而实现基本公共服务均质

---

[1] 东京都市圈总面积13 400平方千米，人口多达3400万人，占全国人口的27.82%。

[2] 规划提出，以东京站为中心30公里半径范围内，建设5—10公里宽的绿化环带，控制城市建设无序蔓延，保障中心区的环境质量；发展新的产业核心，即形成副中心，把部分产业和政务功能分解出去，缓解中心区的压力。

化。在私营机构的效率优先与公共基础设施的公益性发生矛盾后,自动编织出一张具有"张力"的网络,从而重建某种公益性,用以填补传统治理模式带来的空白和鸿沟。

三是,超大型城市应有较强的应急能力。超大型城市治理的"人本化"还体现在其较强的应急能力上。即面对自然灾害、事故灾难、公共卫生事件及社会安全事件等问题时是否能够迅速统筹协调、快速反应、精准处置。尤其是面临着全新时代的多元化挑战,超大型城市的应急能力早已经不停留在过去一元化的应对模式,"头痛医头脚痛医脚"的治理方式已经远远跟不上现实需要。因此,超大城市治理更需要一个全面系统的综合性治理体系,在公共服务领域积极引入市场化机制,通过授权等方式将公共职能部分下放给社会组织等第三方,减轻政府负担,同时也增强行政效能。

四是,超大型城市治理应形成全体社会成员广泛参与的模式。这一趋势关注社会共识的达成,治理方式的多元交织。吴燕妮曾以"百姓的事大家说了算"为例,系统分析了深圳市一直以来对普通民众的"赋权"实践。[①] 协商民主的全面开展,能更好地保证人民在日常政治生活中有广泛持续深入参与的权利,进而更好地促进基层社会治理。协商民主是基层社会治理的主要形式,是广大人民群众参与基层社会治理的有效方式,协商民主运行的重点领域在基层。

改革开放四十年来,深圳始终坚持依靠人民,尊重人民首创精神,坚持以人民为中心的发展理念,让人民群众广泛参与到民生实事甚至是顶层决策中,真正做到"发展为了人民、发展依靠人民、发展成果由人民共享",把改革发展的成果更多更好地惠及民生,真正做到了"大家的事大家商量着办",凸显了社会主义城市的新型民主范式。深圳基层民主的实践,也逐步探索了诸多新形式和新

[①] 吴定海主编:《深圳密码:迈向社会主义现代化强国的城市范例》,中国社会科学出版社2020年版,第310页。

领域。深圳最早探索基层自治始于1990年的我国"第一个业委会"成立,从而开启了业主自治与专业服务相结合的物业管理新时代,"业主自治和专业服务相结合"的管理模式日趋成型。深圳市福田区率先探索而后在全市推广"民生微实事",这是推动民生民主的重要形式。[1]深圳市创新办理人大建议和政协提案机制为深圳的高质量发展打下了坚实的基础。

从理论上讲,城市治理必须打破政府本位,发展协商民主,在政府和市场主体、社会主体之间构建一种协同机制。[2]该机制的主要特点即是认可多元化治理主体的作用和效能,多元主体通过搭建平台,进行"跨界"合作,充分利用平台进行有效沟通,从而用最小成本迅速达成社会共识。但是这个共识的达成也依赖一些特定机制,包括对话机制、信任机制、承诺机制、互惠机制和共识机制。其中,关于共识机制,我国学者杨宏山教授指出:"共识并非在集体协商中对规则进行机械计算的过程,而是对不确定收益和成本进行评估的过程;经过评估,并对集体行动达成共识时,就会形成集体决策。"[3]从这个视角看,政府不能代替社会组织在社会治理中的作用,而是要将协商民主引入治理体系,在对话基础上达成协同。在此过程中,平台、规则和监督都必不可少。

五是,超大型城市要有较强的信息化治理能力。即"通过积极建设各类重大创新载体,为电子政务、医疗、教育、交通等场景智慧赋能,实现城市治理智慧化"[4]。

---

[1] 张扬文馨、谢志岿:《深圳基层民主的形式创新与制约因素》,《社会治理》2017年第1期。

[2] Michael McCuire, "Collaborative Public Management: Assessing What We Know and How We Know It", Public Administration Review, Vol.66, 2006, pp.33–43.

[3] 杨宏山:《转型中的城市治理》,中国人民大学出版社2017年版,第83页。

[4] 广东省社会科学界联合会、中国(深圳)综合开发研究院联合课题组:《从新冠疫情防控看我国超大城市治理现代化的"三个能力"建设:深圳的视角》,《新经济》2020年11月。

综上，超大城市治理现代化，就是要牢固树立"全周期管理"理念①，坚持城市治理的人本化理念，不断提升城市治理效能，打造体现时代特征和城市自身特色的治理场景，不断激发城市发展活力。实现系统化治理，统筹解决区域不平衡、城乡不平衡、发展不平衡问题，实现不同区域、城乡、要素之间劳动、知识、技术、管理、资本的活力竞相迸发，一切创造财富的源泉在城市生命体、有机体运行之中充分涌流。实现法治化治理，建设一整套体系完备、科学有效的治理规则，包含国家层面法律法规和规章的适用、地方立法的规范以及与城市发展融为一体的特色文化所形成的市民规约等。实现多元化治理，治理的受益范围更加广泛，城市发展的目标在于人的成长和发展，城市发展的成果也理应由全体社会成员共享。实现信息化治理，依托信息技术展开治理信息化的全方位"智慧城市"建设。

第三节　城市治理"人本化"目标的实现路径

一、"公平正义"是城市治理人本化的重要价值导向

罗尔斯在《正义论》中曾指出："所有的社会基本价值——自由和机会、收入和财富、自尊的基础——都要平等地分配，除非对其中一种或所有价值的一种不平等分配合乎每一个人的利益。"② 据此，公平正义通常强调分配层面的平等性。当然也有例外，例如权力的正当行使需要全体社会成员自愿让渡一些个体权利，而不能在全体

---

① 广东省社会科学界联合会、中国（深圳）综合开发研究院联合课题组：《从新冠疫情防控看我国超大城市治理现代化的"三个能力"建设：深圳的视角》，《新经济》2020年11月。

② 约翰·罗尔斯：《正义论》，中国社会科学出版社1998年版，第3页。

社会成员之间进行绝对地平等分配,这也是公平正义的题中之义。公平正义的另外一层含义在于:社会成员除了享受进行分配的权利以外,还必须履行享受这种权利所承担的义务。有学者对于公平正义价值的特点做了简要总结:一是,从定义来看,没有一个一成不变的关于公平正义的标准,虽然公平正义是人类自古以来追求的价值目标和理想,但是不同的时代、不同的社会却有其不同的含义;二是,从特点来看,没有绝对的公平正义,任何时代、任何社会所追求的公平正义都是相对的;[1]三是,一个城市的公平正义程度是衡量一个城市文明水平的重要标准。具体而言,公平正义能够确保政府在城市治理中实现公共领域与私人领域之间的良性互动,而一旦脱离了公平正义,那么政府与民众之间的关系将会陷入紧张胶着局面;公平正义能够确保治理制度始终坚持正确的方向,否则城市发展将会脱离"人本"立场。[2]

"谷与鱼鳖不可胜食,材木不可胜用,是使民养生丧死无憾也。养生丧死无憾,王道之始也。"大意是说,粮食和水产吃不完,木材用不完,这就使百姓对生养死葬没有什么不满了。百姓对生养死葬没有什么不满,这是王道的开端。这段话节选于《寡人之于国也》,是《孟子·梁惠王上》中的一章,充分体现了孟子的"民本"思想,即只有实行仁政,才能得民心;得民心,才能得天下。从城市治理的角度看,作为治理的理想准则,公平正义一直为中国文人所推崇。儒家文化中的"有国有家者,不患寡而患不均,不患贫而患不安"充分体现了这一点。城市治理就是努力营造一个公平的社会环境,促进正义的社会制度的形成。城市中所有的问题与人民息息相关。如果城市发展及其治理忽视了人的发展,那么,不仅城市自身的治理成问题,更无法达到推动国家治理现代化的目的。追求城市文明,

---

[1] 王明:《公平正义与国家治理的现代化》,《云南行政学院学报》2016年第6期。
[2] 赵绪生:《提高党治理国家科学化水平的三个维度》,《北京党史》2014年第1期。

需要有一个十分明确的价值导向,即一切围绕人的根本利益,用全社会的公平正义和全体社会成员享受到公平正义的获得感来实现现代城市文明。公平正义是实现社会和谐的基本条件,建立完善的社会公平体系也是考验全球政府的重要课题。

2016年,《新城市议程》在联合国第三次住房和城市可持续发展大会上决议通过。议程为未来城市发展提供了方向与指引,提出所有人无论身处现在或未来、无论背景如何,都具有平等地使用和享受城市的权利。"以人为中心"是城市最核心的价值所在,提倡机会均等、参与共享、分配公正,强调城市环境与社会系统的共同进步。诸多全球城市在治理中特别关注对公平正义价值的实现。伦敦强调所有人生活机会的平等,指出未来发展将基于人群多样性需求提供更全面的社会基础设施;东京的城市发展提出进一步提升居民的福利福祉,分别针对婴幼儿、老年人、有医疗卫生需求的市民、残疾人配置设施和提供服务。[1] 全球城市建设的关注重点不再仅仅局限于城市物质环境的改善,而是将社会公平和居民福祉也作为重点推进内容。

改革开放四十多年来,中国的经济、政治、文化和社会发展取得了令世人瞩目的巨大成就,民众的获得感、幸福感也随之不断增强。随着治理体系治理能力的不断现代化,人们对于美好生活的需求日益广泛,而城市治理中的各种矛盾、困境本身内含着公平正义缺失的问题。造成这种缺失的原因是多方面的,例如,市民收入分配差距和贫富悬殊源自于不同职业选择,但是归根结底也是发展不平衡的结果。公平正义不是要求绝对的收入均等,但是城市治理的价值之一至少应该包含一个基本理念:全体社会成员获取财富和收入、获得公共资源的渠道和机会是均等的。反之,城市治理如果不

---

[1] 张敏:《全球城市公共服务设施的公平供给和规划配置方法研究——以纽约、伦敦、东京为例》,《国际城市规划》2017年第6期。

能有效解决"机会均等"难题,则一定会在某些领域出现困境:包括"具体操作层面的不公,如一些竞争门槛的不公平设定,制度机制方面的不公平对待,权利保障机制、利益表达机制等方面的失衡和不对称;公共政策的不完善,如对效率与公平关系的曲解和对弱势群体的保护方面存在问题,或是唯 GDP 论思维和各种政绩工程作祟"①,等等。因此,有学者尖锐地指出:"在城市发展与治理过程中,当资本及对物的占有成为最被关注的东西以及其他一切事务开展的前提,城市与人的关系便开始疏离,最终造成资本、空间而非人的城市化。"②在这种"城市化"模式下,公平正义价值理念将荡然无存,最终产生家的异化和人的流离失所,城市治理将会失控失序,不同层次和质量的教育、医疗、公共空间等公共资源甚至会赋予同一城市不同地段之间发展潜力的差异,由此生成了机会公平的差异。这种差异在空间上集聚到一定规模会加剧社会分层和居住隔离。③城市公共资源供给与人民美好生活需求如失衡则导致城市公共服务以政府的单一供给为主要形式,对"人"的需求关注不够,导致公共服务供给与人群需求之间不相匹配。例如,在城市的规划和建设层面,要把握好公权私权关系问题,城市治理其实就是公权力对于私权力的限制,以及公权力对自己的约束,因此治理要由过去单一的政府治理走向社会治理,不要过分干预市场。要关注治理人性化,每一个人都应有生活的空间,城市的规划建设应以人舒服不舒服、便利不便利为基本尺度。因此,就有了更为具体的一些要求,"例如

---

① 史瑞杰、韩志明:《面向公平正义和共同富裕的政府再分配责任研究》,中国社会科学出版社 2021 年版,第 15—27 页。
② 宋道雷:《人民城市理念及其治理策略》,《南京社会科学》2021 年第 6 期。
③ 杨丽娟:《空间正义视角下城市公园公平绩效评价方法及应用研究》,重庆大学 2020 年博士学位论文。

要保护城市的历史建筑,还要保护街巷,延续烟火味、市井气"[①]。

也有学者指出:"在城市社会变迁的背景下,要实现社会公平正义,需要空间供给多元化与空间组织、设计创新,为中等收入群体、弱势群体提供多样化空间以满足不同群体的多种需求。"[②]例如,当前我国城市治理中面临一些普遍的问题:土地财政、房地产依赖导致国土空间资源配置失衡问题,这需要落实税收、财政和货币等制度改良来优化利益分配,更好地实现共同富裕、实现公平正义。而城市治理的核心之一,就是要通过空间资源的合理配置,进一步提升空间资本、社会资本、人力资本和自然资本的水平。

公平正义的目标为城市治理提出新的挑战。以深圳为例,深圳1997平方公里的土地上承载超过2000万的实际管理人口,户籍人口倒挂严重,外来人口比重居一线城市首位。近年来,随着经济社会的迅速发展,深圳城市空间结构、组织形态、运行机制发生了深刻变革,社会关系更趋多元、利益诉求更加复杂,尤其需要充分发挥法治规范作用,依法应对重大挑战、抵御重大风险、克服重大阻力、解决重大矛盾,不断实现公平正义,让城市治理更趋于"人本化"目标。

因此,以经济增长为主要诉求的发展模式使得中国城市中的社会矛盾、阶层分化等问题逐渐凸显,成为影响社会和谐与可持续发展的重大隐患;亟须以"公平正义"的价值和原则矫正城镇化走向,修复在经济优先、效率优先发展模式下积累的社会矛盾与社会危机。对此,有学者做出概括:公平正义的价值要求城市治理中"更少的

---

① 本部分文字是据同济大学原常务副校长、教授伍江在2020/2021中国城市规划年会上的发言整理而成。摘自中国城市规划学会官方公众号推文《聚焦空间治理转型,推动行业发展变革》,2021年9月28日发布。

② 本部分文字是据中国城市规划设计研究院原院长、教授级高工、全国工程勘察设计大师李晓江在2020/2021中国城市规划年会上的发言整理而成。摘自中国城市规划学会官方公众号推文《聚焦空间治理转型,推动行业发展变革》,2021年9月28日发布。

强制，更多的同意；寓管理于服务之中，以服务换服从；更多的对话协商共同合作，更少的独断，更多地激发权能，更少的排斥与歧视；更少的他治，更多的自治"[1]。公平正义的价值理念体现在城市治理的每一个微小细节中。公平公正要聚焦人，正如有学者指出，这个城市治理中的"人"，要从"抽象的人""标准的人"，走向"具体的人"，从"人"走向"人人"；要通过城市治理，保证每一个人都能感受到幸福，保证让每一个人都享有均等的机会[2]。

二、"良法善治"为城市治理人本化提供坚实制度保障

习近平总书记曾深刻指出："坚持人民主体地位，必须坚持法治为了人民、依靠人民、造福人民、保护人民。要保证人民在党的领导下，依照法律规定，通过各种途径和形式管理国家事务，管理经济和文化事业，管理社会事务。要把体现人民利益、反映人民愿望、维护人民权益、增进人民福祉落实到依法治国全过程，使法律及其实施充分体现人民意志。"[3]"法律的生命也在于公平正义。"[4] 好的法律是实现公平正义的制度基础，而坏的法律——"恶法"则足以对社会造成颠覆式破坏。"良法"构建法治基础。良法是善治之前提。不是什么法都能治国，不是什么法都能治好国；越是强调法治，越是要提高立法质量。要完善科学立法、民主立法机制，创新公众参与立法方式，广泛听取各方面意见和建议，努力使每一项立法都符合宪法精神、反映人民意愿、得到人民拥护。法与时转则治。在法

---

[1] 何增科：《理解国家治理及其现代化》，《马克思主义与现实》2014年第1期。

[2] 本部分文字是同济大学原常务副校长、教授伍江在2020/2021中国城市规划年会上的发言整理而成。摘自中国城市规划学会官方公众号推文《聚焦空间治理转型，推动行业发展变革》，2021年9月28日发布。

[3] 习近平：《加快建设社会主义法治国家》，《求是》2015年第1期。

[4] 习近平：《共同构建人类命运共同体》，《求是》2021年第1期。本文为习近平总书记2017年1月18日在联合国日内瓦总部的演讲，据求是网：http://www.qstheory.cn/dukan/qs/2021-01/01/c_1126935865.htm，2021年1月1日发布。

治轨道上推进国家治理体系和治理能力现代化,需要及时有效回应实践发展对法治建设提出的新要求。近年来,我国城市通过高效精准利用立法权、依法行政、领衔司法机制改革等多项举措推进法治城市建设。科学立法助力法治化营商环境。"法治是最好的营商环境。"改革开放四十余年以来,大量"良法"为经济社会多领域大刀阔斧的改革贡献优良的法治环境,法治成为城市文明不可或缺的竞争优势。

习近平总书记强调:"人民权益要靠法律保障,法律权威要靠人民维护。要充分调动人民群众投身依法治国实践的积极性和主动性,使全体人民都成为社会主义法治的忠实崇尚者、自觉遵守者、坚定捍卫者,使尊法、信法、守法、用法、护法成为全体人民的共同追求。"[1]

法治是国家治理体系和治理能力的重要依托,在全面建设社会主义现代化国家新征程上,要更加重视法治、厉行法治,更好发挥法治固根本、稳预期、利长远的重要作用,坚持依法应对重大挑战、抵御重大风险、克服重大阻力、解决重大矛盾。[2]"法治和人治问题是人类政治文明史上的一个基本问题,也是各国在实现现代化过程中必须面对和解决的一个重大问题。综观世界近现代史,凡是顺利实现现代化的国家,没有一个不是较好解决了法治和人治问题的。相反,一些国家虽然也一度实现快速发展,但并没有顺利迈进现代化的门槛,而是陷入这样或那样的'陷阱',出现经济社会发展停滞甚至倒退的局面。后一种情况很大程度上与法治不彰有关。"[3]当前,我国面对的改革发展稳定任务之重前所未有、矛盾风险挑战之

---

[1] 习近平:《加快建设社会主义法治国家》,《求是》2015年第1期。
[2] 李洪雷:《在法治轨道上推进国家治理体系和治理能力现代化》,《光明日报》2020年11月18日11版。
[3] 习近平:《全面推进依法治国 加快建设社会主义法治国家》,载中共中央文献研究室编《习近平关于社会主义政治建设论述摘编》,中央文献出版社2017年版,第141页。

多前所未有，依法治国在党和国家工作全局中的地位更加突出、作用更加重大。必须把党和国家工作纳入法治化轨道，运用法治思维和法治方式统筹社会力量、平衡社会利益、调节社会关系、规范社会行为，依靠法治解决各种社会矛盾和问题，确保我国社会在深刻变革中既生机勃勃又井然有序。

笔者曾撰文系统分析阐释百年大党在法治领域的探索。[①]事实上，我们党早在新民主主义革命时期就开启了根据地建设的静态立法和动态实施法律的实践。尤其是根据地的司法实践，至今仍为争端解决提供了颇有价值的宝贵传统。从历史维度看，我国的法治化历程伴随着对于"良善之法"的孜孜追求。1949年新中国成立后百废待兴，我国的社会进入了"政策治理"为主的时代，尽管强调政策的价值，但是中国的立法者们曾在新中国成立早期制定《婚姻法》《土地法》《工会法》和《宪法》，充分体现了社会主义国家以人民为中心的立法价值选择。其后，由于政治环境发生重大变化，我国的法治进程遭遇了重大挫折。一方面，1954年和1962年两次民法典的编纂相继"流产"；另一方面，由于当时自上而下的治理格局以政策为主，制度的稳定性和可预测性出现了很大的问题。紧接着连续开展的各类运动让新中国的法治进程进入慢车道。

1978年，党的十一届三中全会召开，随着真理标准问题的大讨论在全国展开，我国的法治化进程再次迈入快车道。国际交往的加剧、内部治理的需求倒逼着我国进入"大立法"时代。从1978年到1997年，我国进入法制化时期，立法从无到有，填补了大量的空白。但是如前所述，从官方的语境来看，这个阶段的立法活动更多的是由于一种倒逼机制而形成的，法治未成为一种主动价值选择。

1997年，党的十五大召开，会上提出"依法治国总方略"，这

---

① 吴定海:《百年大党的法治探索》,《深圳社会科学》2021年第6期。

是第一次由官方话语体系正式提出"依法治国总方略"。此后，中国进入法治化时期。这意味着我国的法治进程不仅包含静态立法活动，也包含着法律的执行、法律的适用、法律的修改及法律的遵守等动态过程，是一个系统的工程。在此阶段，包括《公司法》《证券法》等在内的商事法律得以修改或者制定。与此同时，随着"依法治国"理念日益深入人性，普通民众对于"法治"的呼声越来越高，对民事法律日益完善的诉求也越来越强烈。

2012年后，"良法善治"这一表述更多进入官方话语体系。"良法善治"一词是个舶来品，顾名思义，即是"良好的法律（制度）、善良的治理"（good laws and good governance）。近年来，随着党的十八届四中全会提出全面依法治国重要决议，"良法善治"逐步进入到国家官方话语体系，成了国家治理体系和治理能力现代化进程中的重要指征。①

2021年5月25日，中央全面依法治国委员会印发《关于支持深圳建设中国特色社会主义法治先行示范城市的意见》，赋予深圳新的重大战略机遇和历史使命。一方面，深圳依法而生、因法而兴，社会主义市场经济较发达，契约意识、规则意识比较强，法治建设走在全国前列，有基础、有能力在新时代挑起法治先行示范的重担；另一方面，深圳作为经济大市、人口大市、移民城市，"城市治理承压明显，对推进城市治理体系和治理能力现代化提出了更高要求，迫切需要从法治上提供解决问题的制度化方案"②。应善于运用法治思维和法治方式解决城市治理顽症难题，努力走出一条符合超大型城市特点和规律的治理新路子。

---

① 习近平总书记指出，全面依法治国要"坚持改革方向、问题导向，适应推进国家治理体系和治理能力现代化要求，直面法治建设领域突出问题，回应人民群众期待，力争提出对依法治国具有重要意义的改革举措"。

② 王伟中：《奋力建设中国特色社会主义法治先行示范城市 努力打造习近平法治思想的生动实践地和精彩演绎地》，《民主与法制》周刊2022年1月8日。

良好的法律能够解决城市治理中的重大难题,让法治成为全体市民收益保障的最大公约数,最终实现全社会的公平正义。[①] 从法理的角度看,法律的演进并不是孤立的过程,而是伴随着社会的发展而发展。一方面,法律是适应一定时期内的社会需要而产生的,在一定时期内能够推动社会的前进和发展;但另一方面,一成不变的法律也会对社会的发展起反作用,这正说明了法从正面走向反面的矛盾性。因此,表面上看来,创新与试错背离了法律规则的初衷,打破了一定时空范围内的秩序平衡,但事实上,这种失衡也是法律对秩序、文明、自由、平等、正义等终极价值的追求过程。从人类历史上看,这一过程并不是一路平坦的,相反却充满了曲折和反复。不过,值得注意的是,短时间内大范围的法治平衡被打破,又可能会极大影响法律所保障的稳定社会秩序利益。追求公平正义本身也是法治寻求突破和前进的过程。从法律发展的角度上看,任何社会的法律规则都不是一成不变的。由此可见,社会的改革与法律之间存在且可以良性互动,坚持法治并不意味着放弃改革或停止改革的步伐。恰恰相反,良好的法律、善良的规则反而是推动社会发展行稳致远的重要基础。

第一,良法为社会改革提供标尺,确保改革朝着公平正义的方向进行。正如习近平总书记强调的,"在整个改革过程中,都要高度重视运用法治思维和法治方式,发挥法治的引领和推动作用"[②]。党的十八届四中全会也反复强调了全面依法治国和运用法治思维和法治方式化解矛盾的重要性。一方面,改革要在法律允许的框架下进行。法律既能适应社会制度转型的需要,又能保障改革的持续发展。

[①] 吴燕妮:《我国自由贸易试验区中法治与改革的现实挑战与协调发展》,《湖北经济学院学报》(人文社会科学版)2017年第2期。

[②] 习近平:《在中央全面深化改革领导小组第二次会议上的讲话》(2014年2月28日),《人民日报》2014年3月1日。

改革在法治的轨道内运行，是社会顺利平稳转型的重要保证，改革的制度障碍也应努力通过法治方式解决，进而减少改革与法律的直接冲突。另一方面，通过法律转化顶层设计，推动改革科学发展。通过立法授权等形式，为改革进程的进一步发展创造更大空间，以良法保障改革成果，使法治不仅是改革的被动回应，更是对改革进程的谋划和前瞻，为改革发展提供制度保障。改革开放以来，深圳突出"先行先试、科学立法"，地方法规体系日臻完善，将改革决策和立法决策相统一、相衔接，形成了以法治促改革的生动案例。自1992年被授予经济特区立法权以来，深圳累计制定法规252项、政府规章339项[1]，形成了与国家法律体系相配套、与国际惯例相衔接、与深圳经济社会发展相适应的法规框架。立法也充分发挥了对改革的引领、推动、规范和保障作用。2019年，深圳被中央赋予先行示范区重要历史使命，要求深圳试行破产预重整制度，探索建立泛亚太地区破产重整中心。深圳作为试点，于2020年8月正式公布《深圳经济特区个人破产条例》，至此，中国第一部个人破产法诞生。尽管曾引发巨大争议，但是从构建对接国际规则的法治化营商环境视角来看，无疑具有先行先试的巨大示范意义，也为社会营造保护创新创业、保障"诚实而不幸"之人合法利益、创建更加趋于公平合理市场环境奠定了地方实践的基础。

第二，良法规范城市发展进程，为城市治理提供公平正义方向。法治是治国理政的基本方式，同时也是我国当前深化改革的重要指引和规范。城市发展和改革的正当性前提是广大人民的理解、支持和参与[2]，而法治则恰恰是发展获得人民群众理解和支持的基础。唯有法治，作为一种以法律规范为基础的治理形式，能够以其公平正

---

[1] 王伟中：《奋力建设中国特色社会主义法治先行示范城市 努力打造习近平法治思想的生动实践地和精彩演绎地》，《民主与法制》周刊2022年1月8日。
[2] 李洪雷：《恰当协调改革与法治的关系》，《北京日报》2013年5月17日。

义价值最大限度回应各种社会诉求，以其理性、客观的价值导向保障城市发展的顺利进行。因此，发展的过程，就是法治不断规范发展，保障城市以正确的轨道发展的过程。发展必须以法治规范，在改革行为能够依照现有法律规则进行时，坚决遵守法律，维护宪法、法律的权威；在发展需要依法获得授权时，要严格遵守法定程序；在重大改革面临法律障碍时，应严格遵守修法程序，公开公正，依法限定行为的边界，避免违法改革的"破窗效应"。在处理法治与道德的二元关系当中，好的法律规范可以固化传统道德观念，有效彰显并且弘扬道德。无论是1951年美国北加州的《善良的撒玛利亚人法》，抑或是2013年我国第一部保护"好人"的法律——《深圳经济特区救助人权益保护规定》，都是通过立法技术的完善以及在诉讼中举证责任的重置，从而改变了传统道德无法彰显的窠臼，通过立法保护让"见义勇为者"远离后顾之忧。

第三，良法巩固城市治理中的发展成果，让社会臻于公平正义价值实现。稳定发展的社会不仅意味着法律稳定和城市发展之间的平衡，同时还要在反映确认既有发展成果的同时，为进一步深化发展预留法治空间。法治的重要功能就是通过制度的立、改、废，确保已经过实践检验、行之有效的发展成果加以确立、巩固，甚至上升为根本性原则和制度体系，而随着城市治理改革不断地深入，整个一套制度体系也会更加完备，更具有科学性、有效性，从而实现发展与法治共同推进、协调展开的良性互动局面。由此产生系列城市发展过程中充分彰显公平正义价值的成果，在法律规则的确认下得以巩固，甚至能发展出可资复制借鉴的经验，成为行之有效的制度。

第四，"善良的治理"（good governance）是中国特色社会主义的内在要求，是我们党追求的崇高价值目标。党的十九届四中全会明确提出"健全社会公平正义法治保障制度"，意味着我们党对于法治的内涵和规律有了更深刻的认识，根本要求是把体现人民利益、反映人民愿望、维护人民权益、增进人民福祉落实到依法治国的全过程，贯彻到法治建设的各领域。《荀子·君道篇第十二》讲道："法者，治之端也，君子者，法之原也。故有君子，则法虽省，足以遍矣；无君子，则法虽惧，失先后之施，不能应事之变，足以乱矣。"大致意思为，法治是治理国家的开头，君子是法治的本原。有了君子，法治即使简略，也足够用在所有方面；如果没有君子，则法律即使再完备，也会失去先后的实施次序，陷入混乱。因此，除了良好的法律，善良的治理也是实现公平正义的重要因素，甚至是更为重要的因素。

一方面，行政机关是实施法律法规的重要主体，要做到严格规范公正文明执法，规范执法自由裁量权，加大关系群众切身利益的重点领域执法力度，维护公共利益、人民权益和社会秩序，以建设法治政府为目标，建立权责统一、权威高效的依法行政体制，确保法律公正、有效实施。行政机关是实施法律法规的重要主体，要带头严格执法，维护公共利益、人民权益和社会秩序，才能在全社会形成敬畏法律进而信仰法律的新风尚。然而，严格执法并不代表执法是冷冰冰的，城市若能在坚持规范执法的同时加入人性化的考量，会让原本没有温度的法律更加公正理性。行政决策应当制度科学、程序正当、过程公开、责任明确，以显著提高决策质量，切实保证决策效率。作为人类社会最为重要的制度，司法是维护社会公平正义的最后一道防线，政府在国家现代化和城市治理现代化中起到不可或缺的作用。按照政府变迁理论，从家政府到全民政府，从最好的政府到最少的管理，到最好的政府最大的服务，从干涉政府到福利政府，从与公民对立的政府到为公众服务的政府，从"国王不得为非"的政府到"有侵害必有救济"的政府，这无不反映了现代化进程中政府变迁的轨迹。①这些变化体现了现代化的要义，展现了现代化的趋势，并揭示了现代化发展规律。法治政府的建构应与国家的现代化进程相一致，是把好公平正义关卡的一道防线。

首先，法治政府应该是有着一定的"人本"思想的政府，正如我国宪法规定国家的主权属于人民，法治政府是人民通过设置法律制度实现自己福利的形式。②其次法治政府应当是限权型政府——权力应该有边界，否则形同虚设。按照传统赋权理论，政府权力本就是民众通过一定程序赋予的，但是权力就如一只魔兽，一旦被释放，就具有很强的侵略性。因此，强调权力的有限、权力的监督（包括内部监督和外部监督）是法治政府的必然要求。最后法治政府应该是透明化的政府。让一切的权力在阳光下运行，因为阳光是避免权力滥用的最佳防腐剂，这种现代理念早已深入人心。深圳的法治政府建设是彰显这一理念的生动案例。近年来，深圳推出"法治政府建设指标体系"，2020年获得首批"全国法治政府建设示范市"。坚持法治是最好的营商环境，把营商环境改革作为"一号改革工程"，2018年出台营商环境改革"20条"，并上升至立法，出台优化营商环境条例，成为全国营商环境创新试点城市。

另一方面，司法是维护社会公平正义的最后一道防线。习近平总书记在中央全面依法治国工作会议上指出："公平正义是司法的灵魂和生命。"应加强对司法活动的监督，健全错案防止、纠正、责任追究机制，提高司法质量、效率、公信力，确保司法公正高效权威，完善人权司法保障机制，努力让人民群众在每一个司法案件中感受到公平正义。司法机关必须严格依法办案，不能为了"息事宁人"牺牲法律原则，在维护法律尊严的同时，要在全社会树立正确导向，

---

① 杜飞进：《法治政府建构论》，浙江人民出版社2011年版，第2页。
② 习近平总书记在2021年2月20日召开的党史学习教育动员大会上讲到，江山就是人民，人民就是江山。这与我们追求"人本化"政府理念是高度契合的。

保障社会公平正义。确保实现司法公正，需要进一步规范司法权运行、继续深化司法责任制综合配套改革，"让审理者裁判、由裁判者负责"，加快构建规范高效的制约监督体系，解决好司法领域的突出矛盾和问题，守住防范冤错案件的底线，健全社会公平正义法治保障制度。

三、"廉洁城市"为城市治理人本化提供良好社会环境

廉洁是一种社会生态。要想保持好生态，必须保护好水源，治病树、拔烂树。就城市而言，廉洁就是一种良性的政治生态。在这个生态里，政府做到了把权力装进制度笼子里，让权力有边界；市民痛斥腐败现象，不屑于行贿行为，全体社会成员主动积极地监督权力；掌握权力的领导干部勤政廉政、公正处事；整个社会呈现着风清气正的良好政治生态。党的十九届四中全会报告指出，以制度来规范权力运行，以监督来保障制度的执行，坚持权责透明，推动用权公开，完善党务、政务、司法和各领域办事公开制度，建立权力运行可查询、可追溯的反馈机制。[1]新的历史时期，营造廉洁生态、建设廉洁城市的关键环节就是抓住廉洁政府建设，重塑社会对廉洁风尚的追求，进而形成卓有成效的廉洁城市建设机制。

（一）"廉洁政府"是建设廉洁城市的重要环节

城市是衡量现代城市文明的重要"标尺"。与廉洁相对的概念是"腐败"。关于腐败的定义，国内外学术界尚未形成一致看法。国际透明组织给腐败下的定义为"公职人员通过使用公众委托的权力来变相为自己或者熟悉的人谋取不正当利益"。亨廷顿则认为"腐败实质是金钱与权力的交易，是公职人员为了谋取私利而不惜违反已有公共规则"。《联合国反腐公约》也并未给予"腐败"明确的概

---

[1] 嵩岩：《廉洁是一种社会风尚》，《邵阳日报》2020年11月30日。

念，采取了列举式的方法未穷尽所有腐败行为的表现形式，并将腐败做了不同标准的分类，如"严重腐败"与"轻度腐败"，"主动腐败"与"被动腐败"，并指出"贿赂"行为也是腐败。在此语境下，实施腐败行为的主体除公权力拥有者外，应当还包括实施贿赂者，他们的行动也加剧了整个社会腐败的程度，是打造廉洁社会的最大阻力。

国内学者的普遍观点也是将腐败与滥用公共权力联系在一起。而关于腐败的动因，李敏杰博士在其博士论文中做了较为详细的归纳。一是从心理和权力的关系上来看，公职人员对权力的贪欲、以利益为驱动力会导致腐败；二是，人在意识边界之外会产生道德的滑坡甚至道德沦丧；三是，制度缺陷是促使腐败产生的外在原因。尤其是公共权力具有可以被寻租的属性，更容易滋生腐败。[1]而在此背景下，监督体系本身不完善会加速腐败蔓延。蔓延在城市中的"腐败"，无疑是寄生在城市之上的"毒瘤"，它不仅仅关乎城市的政治清明，长久以往，会腐蚀整个城市机体，造成不可估量的损失。一个廉洁无法彰显、腐败横行的城市，也会与现代城市文明渐行渐远。

城市的廉洁性离不开政府本身的廉洁政府建设。精准打击腐败不仅是各国政府和政党面临的普遍难题，也是中国政治建设的重点，即要求公职人员廉洁从政、奉公守法，从制度建设的角度倡导"将权力关进制度的笼子里"。廉洁政府还要求政治过程、政治生活依法依规、公开透明。因此，廉洁政府的基础是人的廉洁。廉洁城市需要一个廉洁的政府，廉洁政府是城市文明的重要一环，也是法治政府、服务型政府的内在要求。在实践中，政党国家的廉洁政党建设和廉洁政府往往紧密结合在一起，其多需要依赖制度建设这个系

---

[1] 李敏杰：《论廉洁政治的制度基础——当代中国廉政建设研究》，华中师范大学2014年博士学位论文。

统工程，统筹规划，形成"廉洁"建设的一套逻辑体系。此外，廉洁城市的建设需要整个社会形成一种厌恶腐败、倡导风清气正的良好氛围。廉洁政府基础理论主要有善治理论、国家廉政体系理论等。[①] 美国学者曾指出："向现代社会发展的转型期，如果没有公众的积极参与，政府难以使其行动合法化。同样，廉洁政府建设需要社会公众的支持参与。"[②] 从语义上看，廉洁政府主要是立法、行政和司法等机关自身的廉洁状态；而廉洁社会则是包括政府廉洁、企业廉洁以及所有组织的廉洁状态。具体要求是权力主体不滥用权力。

马克思和恩格斯曾深刻指出："私有制和剥削是腐败现象产生的根源，民主政治是廉政的核心保障，只有打碎资产阶级国家机器，建立公有制经济形式，才能为无产阶级国家的建立和开展廉政建设奠定经济和政治基础。依据国家机关的'社会公仆'角色定位，为防止国家和国家机关由社会公仆变为社会主人，无产阶级政党在夺取政权和建设政权过程中都要坚守'公仆意识'，建立一个节约高效的政府。"[③] 事实上，马克思在《法兰西内战》中总结巴黎公社革命经验的基础上即总结了"廉价政府"的概念。廉价政府代表着节俭、精干、高效的无产阶级政府。廉价政府建设是现代政府管理的重要方向和追求目标，而在马克思看来，廉价政府的主要含义包括节约的政府，即高效、精简、成本低廉的政府。精简的政府，即政府为了减缩开支，对各级政府机构进行改革淘汰冗员，是有限的政府及为人民服务的政府。[④] 马克思也指出，廉价政府一定是消除了官僚特权的政府，政府官员必须是社会的公仆和勤务员，而不能是

---

① 李广栋、孙晓莉：《近30年廉洁政府研究综述与展望》，《行政管理改革》2016年第5期。

② 田湘波：《政治伦理视野下的廉洁政府建设》，《湖南大学学报》（社会科学版）2014年第1期。

③ 尤国珍：《"清正廉洁作表率"的时代价值》，《光明日报》2019年10月14日。

④ 《马克思恩格斯选集》第2卷，人民出版社1972年版，第377页。

拥有特殊权力的官僚。他抨击旧国家用庞大的政府机器，像蟒蛇一样地用常备军、等级制的官僚、驯顺的警察、僧侣、卑贱的法官把现实社会的肌体从四面八方缠绕起来。这个政府有令人倾心的官职、金钱和权势。①

列宁同样强调"把反官僚主义的斗争进行到底，通过采取统一法制根除地方主义和官僚主义、完善国家监督机构约束权力、多方面提升党员干部廉政素养等措施来加强国家廉政建设，增强党的号召力和凝聚力"。②毛泽东指出，共产党除了工人阶级和最广大人民群众的利益，它本身绝无私利可图；③共产党员在政府工作中，应该是十分廉洁、不用私人、多做工作、少取报酬的模范。④

习近平总书记在党的十九大报告中明确提出："只有以反腐败永远在路上的坚韧和执着，深化标本兼治，保证干部清正、政府清廉、政治清明，才能跳出历史周期率，确保党和国家长治久安"，"要强化不敢腐的震慑，扎牢不能腐的笼子，增强不想腐的自觉，通过不懈努力换来海晏河清、朗朗乾坤"。

在马克思主义经典理论基础上，中国共产党把廉洁政府建设提高到前所未有的高度，党的十八大报告更是旗帜鲜明地指出："廉洁是党的政治立场，出现问题将会导致亡党亡国，不能放松反腐败进程，要持之以恒反腐败，保持共产党人清正廉洁本色。"自新中国成立以来，就一直在开展各种形式的廉洁政府建设。从最开始自上而下地以政治运动方式控制腐败到 80 年代政府曾勒令自首的"行政命令"，新中国的反腐高压态势有一定的效果，基本起到了"不敢贪"的效果。然而，90 年代之后，中国的制度反腐之路在实践层面出现

---

① 《马克思恩格斯选集》第 2 卷，人民出版社 1972 年版，第 381 页。
② 尤国珍：《"清正廉洁作表率"的时代价值》，《光明日报》2019 年 10 月 14 日。
③ 《毛泽东选集》第 3 卷，人民出版社 1991 年版，第 809 页。
④ 同上书，第 552 页。

了较为严重的裂痕,导致曾一度出现较为严重的腐败案例。

从党的十八大之后,自上而下更为全面的制度建设率先在党内展开,进而形成一整套卓然有效的廉洁建设体系,形成良性社会治理风尚。然而,预防和消除腐败的根本在于社会反腐,即在社会上形成令腐败无法生存的土壤。这需要倡清廉之风,使廉洁之理念作为一种品质内化到每个人的行动之中,成为社会的自然风气。"不敢腐、不能腐、不想腐"三管齐下要求加强腐败预防,形成社会对腐败的零容忍,从而清除腐败滋生的土壤,彻底解决腐败"增量"问题,在城市打造廉洁之风。

(二)廉洁城市建设可以从文化资源中挖掘重要力量

古希腊哲学家将廉洁看作是一种善德或者正义的价值理念。苏格拉底提出"美德就是知识",认为人的廉洁道德是由理性指导的。善出于知,恶出于无知。他认为国家的治理应该由廉洁守法、德才兼备的贤人做国家的管理者,这样国家才能长久不衰。[①]亚里士多德在其论著《政治学》中提出了"人的本性是政治性动物"的命题,将城邦分为六种政体,按宗旨又可将政体划分为正常政体和变态政体或者腐败政体,其政体划分学说奠定了其廉洁思想的基础。亚里士多德认为培养善德除了教育,还需要加强法治建设。在他看来,法律就是秩序,有好的法律才有好的秩序。只有健全法制,依法倡廉,才是推行廉政的重要保证。[②]整体来看,西方哲学从"人性本恶"的理论出发,认为权力一经被掌握又不加以约束,一定会冲破牢笼、僭越权利,因此权力应有边界。

我国传统文化中蕴含丰富的廉洁文化资源。我国历史上曾产生过大量的廉洁思想、廉洁制度、廉洁官吏等,还有众多耳熟能详的

---

① 王卫兵:《改革开放以来中国共产党廉洁文化研究》,中共中央党校2018年博士学位论文。

② 亚里士多德:《政治学》,吴寿彭译,商务印书馆1965年版,第137页。

至理名言，均是我国廉洁文化的重要基因。例如，尧舜禹三人之间政权的交替就体现了选贤与能的重要原则。同时，尧舜"谏鼓谤木"的典故也说明尧舜积极听取别人意见，体现了"为民公仆"的廉政思想。孔子在治国上主张"礼治"和"为政以德"，提倡"德主刑辅"。[①] 孔子的思想被孟子所继承和发挥，孟子指出："养心莫善于寡欲。其为人也寡欲，虽有不存焉者，寡矣；其为人也多欲，虽有存焉者，寡矣。"[②] 法家把"廉洁"推到治国的高度，认为"国有四维，一维绝则倾，二维绝则危，三维绝则覆，四维绝则灭……何为四维？一曰礼，二曰义，三曰廉，四曰耻。礼不逾节，义不自进，廉不蔽恶，耻不从枉"[③]。南宋朱熹主张存天理、灭人欲、防贪腐，强调"内圣外王"。"以德养廉""以法促廉""勤政为民"等，是我国廉洁文化传承的优秀基因。此后，明末黄宗羲以"民本"思想为出发点，主张废除君主"一家之法"，建立万民的"天下之法"。[④]《说文》对"廉"的解释是"廉，仄也。堂之侧边曰廉"，喻品行端方，有气节。东汉著名学者王逸在《楚辞·章句》中注释为："不受曰廉，不污曰洁。"施政之本在于洁自身。古有"志士不饮盗泉之水，廉者不受嗟来之食"，意为有志气的人不喝盗泉的水，知廉耻的人不吃施舍的东西。提倡做人应有骨气，宁可克制自然生理的、强烈的、基本的欲望，直至断送性命，也不做摧眉折腰、苟且偷生之事。[⑤]

廉政文化是廉洁文化的一个重要组成部分，它特别关乎廉洁从政，是人们关于廉洁从政的思想、信仰、知识、行为规范和与之相适应的生活方式和社会评价，从根本上反映着一个阶级、一个政党

[①] 杨伯峻：《论语译注》，中华书局2006年版，第12页。
[②] 杨伯峻：《孟子译注》，中华书局2008年版，第46—286页。
[③] 《管子》，李山译注，中华书局2016年版，第4页。
[④] 王卫兵：《改革开放以来中国共产党廉洁文化研究》，中共中央党校2018年博士学位论文。
[⑤] 嵩岩：《廉洁是一种社会风尚》，《邵阳日报》2020年11月30日。

的执政理念、执政目的和执政方式,是廉洁从政行为在文化和观念上的客观反映。[1]

政党的廉洁文化又不完全等同于"廉政文化",但是执政党的廉洁文化则是决定廉政文化方向的重要因素。社会氛围、舆论影响等也在反作用于政党的廉洁文化。近年来我国较早对廉洁文化做出定义的是时任驻中国社科院纪检组组长的李秋芳,2004年9月13日,她在《中国纪检监察报》上发表了一篇文章,题为《面向大众发展社会廉洁文化》,认为"廉洁文化是人们关于廉政的知识、信仰、规范和与之适应的生活方式、社会评价等"。[2]而中共中央党校博士王卫兵认为,"中国共产党的廉洁文化,指的是长期以来在党组织内部形成的且应该具备的关于廉洁的理论、作风、制度以及党员关于廉洁的态度、价值取向、行为方式的总和。中国传统廉洁思想和马克思主义廉洁理念是我国政府倡导的廉洁文化的渊源。廉洁文化概括为关于廉洁的知识、理论、信仰、制度以及与之关联的行为方式、社会规范、价值取向及其相互关系的总和"。[3]

按照上述学者的表述,似乎又将廉政文化和政党的廉洁文化放在一个层面进行探讨。廉政文化包括:廉洁从政的思想道德要求,作用于执政者的内心世界,形成廉洁从政的文化动力;在全社会营造良好的廉洁从政的文化氛围,形成以廉为荣、以贪为耻的社会风尚,用健康向上、追求清廉的文化充实人们的精神世界;各职业阶层的从业人员恪守职业道德、爱岗敬业、廉洁自律、奉公守法的职业文化;广大人民群众追求公平正义、安定有序、诚信友爱的社会

---

[1] 四川省社会科学院党委书记、四川省委省政府决策咨询委员会副主任李后强在中国廉政文化·遂宁论坛上的发言。参看蒋莹《以廉洁价值观引领社会价值观重塑》,《中国发展观察》2020年第22期。

[2] 李秋芳:《面向大众发展社会廉洁文化》,《中国纪检监察报》2004年9月13日。

[3] 王卫兵:《改革开放以来中国共产党廉洁文化研究》,中共中央党校2018年博士学位论文。

境界在心理上的一种文化反映。①

廉洁文化的作用主要包含几个方面：一是，廉洁文化对政党的教育作用，主要通过严肃的党内政治生活实现。例如，近些年在政党内部自上而下的廉洁文化教育和宣导，在党员中普及廉洁文化，让廉洁成为广大党员的价值理念。二是，廉洁文化对于整个社会的成员具有文化层面的感染作用，以一种较为隐性的方式渗透在社会成员的日常生活中，从而在整个社会营造一种崇尚廉洁、厌恶贪腐的良好氛围。而多元的廉洁文化表达方式则形成更为风清气正的文化磁场，有助于激励全体社会成员将廉洁的价值观念内化为一种自然选择。三是，廉洁文化的滋养有助于对腐败行为的监督和矫正作用。腐败的社会风气容易滋生"行贿受贿正常""权力寻租体现能力"等错误社会风气，长此以往，会败坏整个城市的文化磁场。而廉洁文化的培育能够提振社会成员反腐监督的信心，营造一种全民监督、全民反腐的舆论氛围。

构建廉洁价值观、防止资本和权力的异化，实现人的自由和全面发展，必须坚持不懈地推进扫黑除恶和反腐败斗争，不断深化标本兼治，着力构建不敢腐、不能腐、不想腐的体制机制和思想防线；其中，"不敢腐"侧重惩戒和威慑，"不能腐"侧重监督和制约，"不想腐"侧重自觉和引导，三者紧密联系、一体推进，才能提高整体效能。②

（三）廉洁城市建设可以借鉴更多外部经验

境外一些城市的反腐机制值得借鉴。以香港为例，香港的廉洁

---

① 四川省社会科学院党委书记、四川省委省政府决策咨询委员会副主任李后强在中国廉政文化·遂宁论坛上的发言。参看蒋莹《以廉洁价值观引领社会价值观重塑》，《中国发展观察》2020年第22期。

② 中国社会科学院世界历史研究所研究员、博士生导师罗文东在中国廉政文化·遂宁论坛上的发言。参看蒋莹《以廉洁价值观引领社会价值观重塑》，《中国发展观察》2020年第22期。

文化建设深入香港社会每个角落，对腐败零容忍也是保障香港社会风清气正的重要社会文化因素。香港社会不宽容腐败，民众在遇到涉嫌腐败的情况时愿意进行实名举报，同时支持廉政公署对贪污分子的惩处。廉政公署成立至今四十余年中，其口号从"香港胜在有廉政公署"改成了"香港胜在有你和廉政公署"。[①] 这一改变标志着廉政治理发展到更高的阶段，它不再仅仅停留在打击和惩处腐败，而是更注重培育社会风气、社会理念和社会道德。在这一过程中，香港充分依赖民众力量，一方面加强民众在反贪治理中的组织和行动能力，争取民众的参与及商界的配合；另一方面，通过法治有效处理腐败问题，获得民众对反腐工作的高度信赖和支持，从而构成一个良性循环的过程。

新加坡是典型的一党长期执掌政权，容易滋生骄傲风气，产生懈怠作风，但是，新加坡却很好地控制了贪腐，其廉洁程度在世界上名列前茅。据"透明国际"2020年发布的新一年度清廉指数榜单，新加坡位列第三，较上一年度排名没有变化。[②] 这与新加坡廉洁文化建设有紧密的联系。新加坡总理李光耀特别推崇儒家思想，他认为儒学并不是一种宗教，而是一套实际和有理性的原则，目的是维护世俗人生的秩序和进展。他把儒家"忠孝仁爱礼义廉耻"归纳为八德，视为儒家文化的中心，提倡把这八字化作为新加坡的具体行动准则。其中，"廉"直接与廉洁相关，要求新加坡政府官员廉洁公正；政府有威信，人民信任政府。新加坡总理吴作栋也是儒家文化

---

① 《"香港胜在有你同ICAC"——专访香港廉政公署廉政专员白韫六副廉政专员黄世照》，据中国共产党新闻网：http://fanfu.people.com.cn/n/2014/0715/c64371-25284493.html，发布日期2014年7月15日，访问日期2020年12月20日。

② 透明国际（Transparency International）是一个监察贪污腐败的国际非政府组织，总部位于德国柏林。从1995年起，透明国际每年制定和公布清廉指数，提供一个比较可靠的国际贪污状况列表。清廉指数（Corruption Perceptions Index，CPI）是透明国际自1995年起每年发布的评估，就世界各国民众对于当地腐败状况的主观感知程度予以评估及排名。

的积极拥护者,他提出儒家基本价值观应上升为国家意识,并提升为"亚洲价值观"。①

在传统"八德"文化的指引下,新加坡进而建立起一套完整的廉洁体系。一方面,新加坡以法治保障廉洁。新加坡涉及权力使用的各个环节都有近乎严苛的法律制度加以规范,通过制度细化来减少官员对于权力的自由裁量空间。此外,通过制度保障官员财产透明,权力运行透明,权力之间监督机制完善,没有漏洞。由此就形成一套不敢腐败、不能腐败的机制。另一方面,新加坡特有的"以俸养廉"机制,构筑了官员自律性的坚实堡垒,即通过给予公职人员较为丰厚的薪金,从而过上较为体面的生活,根据市场的做法,建立一个诚实、公开、可以辩护及行得通的制度。②吴作栋认为:"当人们谈论部长与高级公务员薪金标准时,首先必须决定他们所要的是怎么样的政府及具备什么素质的人才。总理有义务集合最杰出的人才为国家服务。如果人民希望自己的生活更安全,就必须把治理国家的重任交付给最杰出的人才。"③而反之,违反了廉洁要求的官员则被剥夺全部养老保险,从经济利益看,贪腐也让官员也承受很大风险。因此,新加坡的廉洁制度又会让官员无须贪腐。

习近平总书记在党的十九届四中全会报告中提出:"一体推进不敢腐、不能腐、不想腐,不仅是反腐败斗争的基本方针,也是新时代全面从严治党的重要方略。"由此可以引申出新时期我国政党和政府廉洁文化的基本目标,即"以制度笼子"扎紧权力口袋,以刚性严明的立法形成威慑力,使权力持有者因畏惩戒而不敢腐败;通过科学严密的权力监督机制,客观上形成一套卓有成效、严丝合缝的权力制约和监督模式,让权力滥用无施展空间,让权力持有者无法

---

① 王建波:《国外廉政建设述评》,武汉大学出版社 2016 年版,第 60—61 页。
② 李光耀:《李光耀 40 年政论选》,现代出版社 1996 年版,第 490 页。
③ 吕元礼:《新加坡执政党的廉政之道》,《党的生活》2005 年第 5 期。

实施腐败；而通过务实、有效的廉洁文化教育宣传，避免"假大空"的宣传模式，则能在社会中营造出一种不愿腐败、不屑于腐败的良好风尚。

从城市治理的角度来看，应健全权威高效的监督体系，增强廉洁建设的严肃性、协同性、有效性，形成决策科学、执行坚决、监督有力的权力运行机制，确保权力始终用来为城市人民谋幸福。

首先，为"推进反腐败国家立法"贡献城市路径。目前我国关于反腐的立法（包括党内法规）体系普遍着眼于乱用滥用权力的问题。事实上，权力行为具有三种状态：一是正确使用权力，即保证公权力正确行使；二是权力滥用，即乱用滥用权力的渎职行为，这主要针对超过合理范围使用权力，这也是腐败的主要表现；三是权力无为，即不用弃用权力的失职行为，亦即法律意义上的权力不作为，该发挥正常权力时不发挥，正常权力得不到正常行使，从而导致社会功能产生紊乱。从这个视角上看，实践中对于第三种权力状态引发的腐败，立法鲜有关注。应从城市入手，在有条件的区域探索针对不作为不担当问题制定专门的地方性法规，为反腐败立法探索新路。

其次，运用大数据提升权力监督水平。依托城市业已建立的较为完善的信息基础设施平台，建立整合人口、房产、通信、金融、工商等各领域的信息集成系统，加强廉政高危风险点、关键环节、腐败滋生重点区域的全流程监督，准确研判和预警廉政风险；推进涉密数据分级保护及测评工作，匹配专责数据安全管理人员，构建动态的数据安全防护机制。

再次，利用市场化手段为廉政勤政行为提供正面激励。科学的廉政制度需要监督控制与有效激励并重。公职人员作为劳动者，其劳动应该得到社会的承认和尊重，其正当利益与合理收入应该得到规范和明晰，从而使之能够通过正当的工资收入使自己和家庭过上体面的生活，为勤政廉政行为提供可预期的正面激励。这样，就要进一步推进人事制度改革，建立公正合理的干部晋升与绩效工资激励制度，促进利益分配的合理化和透明化，以薪养廉，有效激励公职人员长期保持廉洁行为。

最后，广泛动员社会力量，营造监督腐败、惩处腐败的良好城市廉洁文化。民众是反腐败的重要力量，民众参与反腐败行动的一个重要方式就是举报身边的腐败现象。一方面大力宣传反腐败成果，表达有贪必肃的态度和决心，以此打消公众的顾虑，提升公众对反腐败行动的参与意愿；另一方面通过加大反腐败宣传力度，传播反腐败知识和技巧，提升公众的反腐败能力，使公众真正地参与到反腐败活动中来。

第三章

可持续发展的城市经济

历史经验一再表明,经济发展则文明兴盛,经济崩溃则文明衰亡。经济是文明的基础和支柱。因而,城市文明的持续繁荣,需要城市经济的不断发展为支撑。城市经济要实现可持续发展,不仅要注重物质与人力资本积累,更要依靠科技创新,技术进步是经济持续增长的最终源泉。此外,还要保持经济与资源环境的协调,实现人际公平与代际公平。在当今科技发展日新月异的形势下,应当大力发展数字经济、生命科技等新兴产业与先导产业,以此引领城市经济的可持续发展。

第一节 城市经济是城市文明的基础

一、可持续发展的经济是文明存续和繁荣的基础

当我们思考城市经济与城市文明的关系时,我们不得不回到问题的逻辑起点:在言说"文明"时,人们究竟在说什么?

文明,最基本的含义,是指一个复杂的社会,或者说社会发展的高级阶段,具有较高的文化和技术发展水平(达到书写和保存文字记

录的发展阶段）；它反映一个社会的进步程度或状态，与"蒙昧"或"野蛮"相对立。文明，通常有以下核心特征：如城镇中心，农业生产，灌溉，书面语言，度量标准，工艺技术，社会分层，国家（政府），宗教、文化和/或意识形态等。作为与"蒙昧"或"野蛮"相对立的"文明"，是人类发展260万年历史长河中最为晚近的很小一部分，仅有约六千年左右，是人类社会发展的较高阶段。在这一基本含义的基础上，文明，也可以指特定的很好地组织和发展起来的社会，如苏美尔文明、古希腊文明、古埃及文明、玛雅文明等。马克思认为，对于文明的理解，必须把它同人类的物质生产和精神生产联系起来，把文明看作是一个反映物质生产成果和精神生产成果的总和、标示人类社会开化状态和进步状态的范畴。

关于物质文明与精神文明（物质财富与精神财富、经济与文化）的相互关系，恩格斯有一段非常著名的论述："人们首先必须吃、喝、住、穿，然后才能从事政治、科学、艺术、宗教，等等；所以直接的物质的生活资料的生产，从而一个民族或一个时代的一定的经济发展阶段，便构成基础，人们的国家设施、法的观点、艺术以至宗教观念，就是从这个基础上发展起来的，因而，也必须由这个基础来解释，而不是像过去那样做得相反。"[①]

关于经济与文明的关系，中国春秋战国时期的先贤管子曾有名言："国多财则远者来，地辟举则民留处；仓廪实则知礼节，衣食足则知荣辱。"

经济持续发展，文明才能繁荣昌盛。经济发达的国家、地区或城市，会吸引人才与人口源源不断地流入，从而促使百业俱兴，人民富足、社会安定、文化繁荣。一个地区，如果经济凋零、民不聊生，人们就会被迫踏上远走他乡的"逃荒"之路。一定的人口，是

---

① 恩格斯：《在马克思墓前的讲话（1883年）》，《马克思恩格斯选集》第3卷，人民出版社1995年版，第776页。

文明创造与延续的主体，人丁兴旺，文明才能发展。一个地区，如果人口不断净流出，最后人都走了，这里的文明就会消失。历史经验表明，文明不仅因经济发展而兴盛，也会因经济崩溃而衰亡。许多文明都曾繁荣过，然后失败或分崩离析。持续的严重干旱，摧毁了玛雅的经济，导致了饥荒和动荡，最终造成玛雅文明陨落；炎热干旱、无法有效灌溉作物，也导致印度河流域哈拉帕文明的灭亡。

经济持续发展，人们才能安居乐业。"乐业"才能"安居"。只有经济不断发展、劳动力有充足的就业岗位，人们才能获得可以养家糊口与不断改善生活的收入，人口才不会流失。劳动力要与一定的自然资本（农地、林地、渔场、矿山等）或生产资本（机械、设备、厂房等）等相结合，才能从事生产，获取收入。而生产资本（劳动工具）本身又是生产出来的，只有经济不断发展，资本不断积累，新增劳动力才能得到适当的资本装备并进入生产过程；否则，劳动力就会失业，人口的注入就会停止，甚至转为流出。

经济持续发展，是社会安定与发展的基础。经济持续发展，政府才有财力提供更多更好的诸如医疗、教育等公共服务，整个社会才能更好地达到"幼有所教、壮有所用、老有所养"的境界，人们才能生活得更健康、更长寿。经济萧条、饥荒，则往往会引发动乱、叛乱与战乱，并互为因果，使社会滑向"生民百遗一"的深渊，人们的预期寿命就会大幅度缩短。这一点，得到了联合国人类发展报告的证实。[①]

经济持续发展，人们才有条件接受较多和较好的教育，变得更加"知书达礼、文质彬彬"。社会越富裕（人均国民收入越高），人们的平均受教育年限就越多。人们普遍的受教育程度提高了，人们才更有能力从事研究、创作、创造与发明，文明的进步才有持续的动力。"穷人的孩子早当家"，穷人难以支持子女接受高等教育，其

---

① 联合国发展计划署：《2020年人类发展报告》，第80页，http://hdr.undp.org/sites/default/files/hdr2020.cn.pdf。

子女往往不得不早早踏入社会从事低价的简单体力劳动。因而，贫困人口占比越大或社会的富裕程度越低，人们的平均受教育年限就越少。这一点，也得到了联合国人类发展报告的证实。

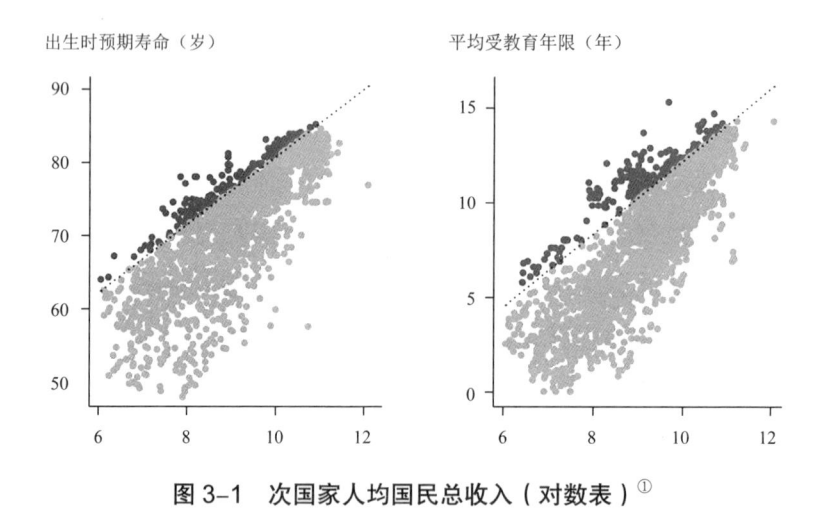

图 3-1 次国家人均国民总收入（对数表）①

注：效率线近似于给定收入下的健康和教育成就，使用第 90 个百分位数的分位数回归计算得出。

来源：人类发展报告办公室根据 Smits 和 Permanyer（2019）计算的次国家人类发展指数值得出。

当然，经济发展水平与社会安定及人们的文明程度，并不是严格地一一对应的。正如联合国人类发展报告所指出的那样，对于任何的经济发展水平（收入水平）来说，健康和教育成果都存在很大差异，表明了在不增加收入的情况下应提高两者的潜力，同时也说明了"物质文明与精神文明"建设同时并举的重要性。

二、城市经济是城市文明的支柱

尽管城市并没有一个明确的定义和标准，不同国家对城市的标

---

① 参见联合国《2020年人类发展报告》第80页，"图3.6 提高收入的社会效率（向前沿转移）可以增强公平，缓解全球压力"。

准也不一样,但较为常见的观点认为,城市是人口较为稠密、工商业较为发达的地区。城市经济是由工商业等各种非农业经济部门聚集而成的地区经济。

从国民经济行业分类的角度看,农业部门属于第一产业,非农经济部门属于第二和第三产业。农业部门位于乡村,可以称为乡村经济;第二和第三产业位于城市,可统称为城市经济。

当我们将城市文明主要理解为城市中人们生产的物质财富与精神财富的总和,则可以看到,城市的物质财富主要由城市中的物质生产部门创造的,包括工业、建筑业,直接为生产服务的交通运输业、邮电业、商业等。这些部门物质生产的成果表现为城市的物质文明。而城市的精神财富主要是由城市中精神生产部门创造的。精神生产指政治法律思想、道德、宗教、文学艺术、科学和哲学等精神产品的生产,其中各种文艺作品的创作以及各种知识、观念、理论的探索过程是精神生产的核心内容。精神生产的产品一般不具有物质性存在形式,但会通过可感知的形式表现出来,如科学理论著作、文学艺术作品等。城市中的精神生产部门包括:"科学研究和技术服务业""教育""文化、体育和娱乐业""公共管理、社会保障和社会组织"等。这些部门精神生产的成果表现为城市的精神文明。

表 3-1 精神产品分类简表[①]

序号	划分依据	分类情况	特点说明	举例
1	按精神产品消费主体范围	A. 私人精神产品	未进入商品流通领域	传抄作品等
		B. 社会精神产品	作为社会商品广为传播	作品出版上市等
		C. 公共精神产品	体现公共意志、具有非竞争性、非排他性	国歌、国徽等

---

① 林泰、董立人:《精神产品分类简表》,《清华大学学报(哲学社会科学版)》2005年第5期。

续表

序号	划分依据	分类情况	特点说明	举例
2	按精神产品学科内容	A. 自然科学技术	以自然科学及其应用为对象	物理学化学等
		B. 人文与社会科学	人文与社会范畴的理论、知识体系	文学艺术等
		C. 思维科学研究	研究人的思维规律	思维科学等
		D. "软科学"	科技与社会交互作用中的规律性问题	管理科学等
		E. "软技术"	规范人的心理、行为的操作性知识体系	咨询、策划技术
3	按精神产品形成或存在形态	A. 原创形态精神产品	未进入社会生产领域的	作品初稿等
		B. 物质载体型精神产品	以一定物质载体制造生产的	书刊、报纸等
		C. 物态化精神产品	物质载体表现精神产品内容	美术作品等
		D. 行为一体精神产品	通过生产者行为表现其精神内容的	演讲、歌唱、舞蹈等

从国民经济统计分类的角度来看，物质生产部门中的工业、建筑业属于第二产业；物质生产部门中直接为生产服务的交通运输业、邮电业、商业等，属于第三产业。所有的精神生产部门都属于第三产业。因此，城市中的物质生产与精神生产活动，均是第二产业或第三产业的经济活动，均可视为城市的经济活动，城市中的物质财富与精神财富，或者说城市的物质文明与精神文明，都是城市经济的结果。

可见，城市文明的发展，离不开城市经济的繁荣；城市文明的持续演进，离不开城市经济的可持续发展。

第二节　城市经济可持续发展的理论思考

一、经济增长是经济发展的核心内容

美国经济学家德怀特·H.波金斯指出,"经济增长和经济发展两个术语在一些时候是可以互换使用的,但他们之间有着根本的区别。经济增长是指一个国家总体或人均收入和产品的增长,如果一个国家的商品生产和服务提供增加了,同时平均收入增加,不管在什么意义上该国都达到了经济增长。经济发展的含义则更加广泛,包括卫生、教育和人类其他福利的改进。增加收入,但没有延长预期寿命,婴儿死亡率没有下降、识字率没有提高的国家遗漏了发展的重要方面。如果增加收入只发生在少数富人精英身上,或是把钱花在了纪念碑和军事设施上,那么这一层面上根本谈不上发展";"伴随着经济发展的两个最重要的结构变化是国民生产总值中农业比重下降,而工业比重上升,以及居住在城市,而不是乡村的人口百分比的上升,此外进入发展阶段的国家通常要经历人口加速增长然后减速的过程。在此期间,该国的年龄结构会发生极其明显的变化,消费结构也会发生变化,因为人们不再将全部收入花在购买必需品上,而是逐步转向购买耐用消费品,最终转向休闲产品和服务的消费"。[①]

可见,经济发展包含的内容比人均GDP增长广泛得多。尽管在概念上讲,经济发展是多维度的,但人均GDP仍是一个很好的替代

[①] 德怀特·H.波金斯等:《发展经济学》(第六版),中国人民大学出版社2013年版,第10页。

指标：不断提升的收入水平最终不可避免地转化为人们更好的健康、营养和教育水平。因此，人均 GDP 增长是经济发展的重要表现形式，可能也是最重要的表现形式。没有经济增长也就不可能有持续的发展。

二、全局性的经济增长与发展问题越来越成为城市经济的增长与发展问题

从全球范围看，目前人类的经济活动大多集中于城市，而且正越来越多地集中于城市。这一事实，不仅得到了大量数据的支持，也在配第一克拉克定律中得到了反映："随着全社会人均国民收入水平的提高，从事农业的人数相对于从事制造业的人数趋于下降，进而从事制造业的人数相对于服务业的人数趋于下降。"

从人类历史长河来看，虽然在公元前 3000 年到公元 1800 年期间，城市人口明显增长，但整个世界主要还是一个乡村社会。到 1800 年，城市人口才占世界人口的 7.3%。18 世纪开始的大规模工业化，使得城市真正开始繁荣，现代经济增长才开始出现。从 1800 年到 2016 年，全球城市人口比重增长到 54.4%。目前，城市化正在全球范围内兴起，全球越来越多的人倾向于生活在城市地区，人们被制造业和专业的工作机会以及更多的教育和娱乐机会所吸引。联合国人居署估计，到 2035 年，城市人口将占全球人口的 62.5%。[1] 世界银行估计，到 2050 年，城市人口将是当前人口的两倍，全球近 70% 的人口将在城市居住。[2]

---

[1] 参见联合国人居署《世界城市 2020：可持续城市化的价值》，第 12 页，表 1.1：城市人口与城市化水平（2000—2035）。

[2] 《三大创意有助构建可持续城市和社区》，据世界银行网站：https://www.shihang.org/zh/news/immersive-story/2018/01/31/3-big-ideas-to-achieve-sustainable-cities-and-communities，发布日期 2018 年 1 月 31 日，访问日期 2022 年 6 月 8 日。

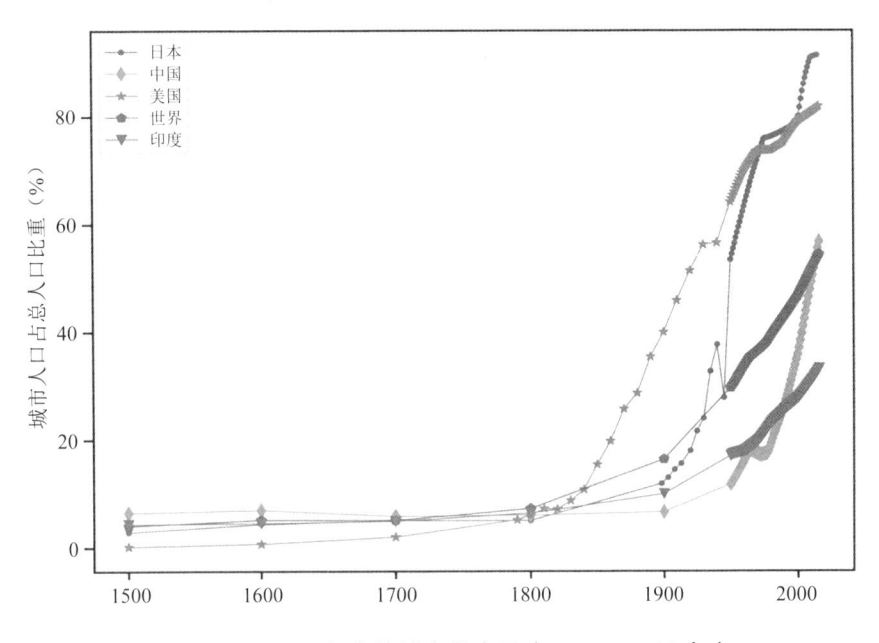

图 3-2　近 500 年来的城市化水平（1500—2016 年）

数据来源：https://ourworldindata.org/urbanization

世界范围的城市和农村人口（单位：10亿）

到2050年，城市人口将是农村人口的两倍

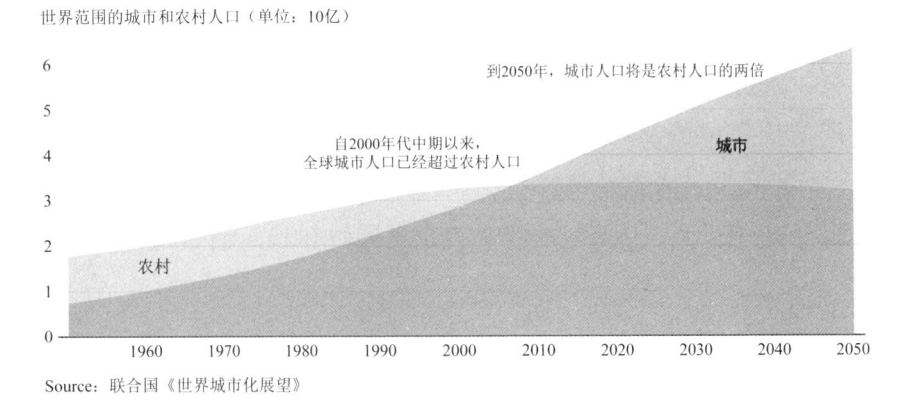

自2000年代中期以来，全球城市人口已经超过农村人口

城市

农村

Source：联合国《世界城市化展望》

图 3-3　全球城市居民的崛起

从前面的图中还可以看出，越是发达的国家和地区，城市化水平（城市人口在总人口中所占的比例）越高。这一关系，得到联合

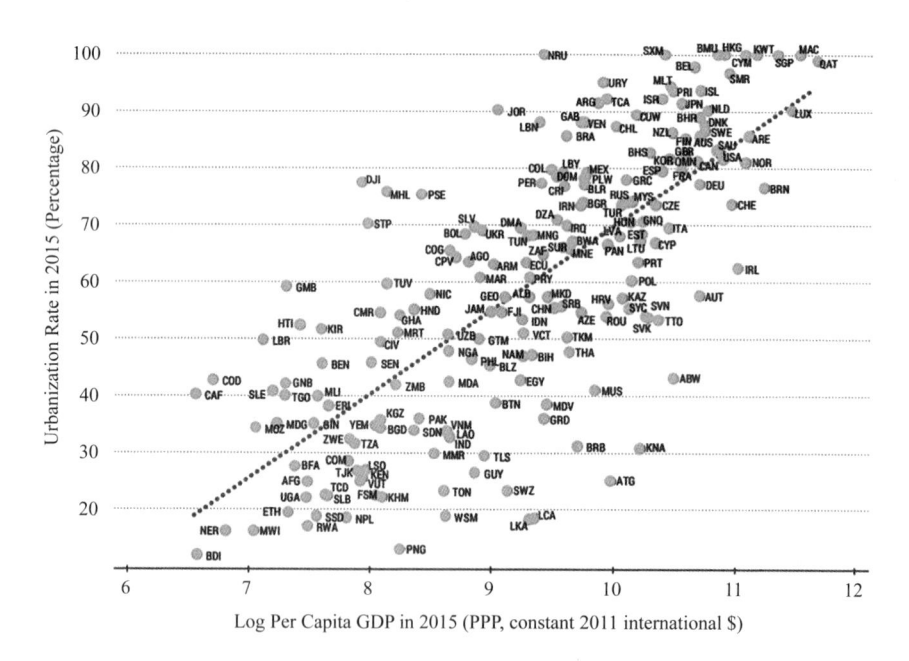

国人居署报告（2020）的进一步证实[①]：

图 3-4　城市化水平与经济发展

目前人类的经济活动大多集中于城市而且正越来越多地集中于城市，这一事实表明，宏观经济学、发展经济学所关心的全局性的经济增长与经济发展问题，日益适用于讨论城市经济的增长与发展。[②] 实际上，人类经济发展所遇到的资源与环境约束问题（所谓"增长的极限"），主要是城市中工业发展引起和面临的问题；经济

---

① 参见联合国人居署《世界城市2020：可持续城市化的价值》，第78页，图3.1：城市化水平与经济发展。
② 在研究城市的可持续增长与发展方面，宏观经济学、发展经济学比城市经济学提供了更为集中、全面和深刻的洞见。在20世纪二三十年代，西方城市经济学研究的内容主要集中在城市土地、城市建设、城市交通、城市规划等方面。20世纪六七十年代以来，研究内容进一步扩展到了城市化、城市规模结构、城市经济增长和城市区域形成等理论方面，同时加强了对城市财政、城市住宅、城市环境、城市企业选址等现实问题的研究。

增长过程中的不平等与贫困问题，在城市经济中表现尤为突出。[①]

三、城市经济如何才能持续增长

人均 GDP 是生活水平的重要衡量指标。人均 GDP 年复一年的不断增长，是人们摆脱贫困、实现富裕的途径，也是城市文明得以持续发展的关键。

经济增长理论的核心是基本生产要素（资本与劳动）与总产出之间的联系。一个城市总产出，是由可获得的资本与劳动的数量以及如何使用这些要素的技术所决定的。因而，产出的增加（经济增长），依赖于资本与劳动的增加以及要素使用效率的提高。城市经济要能够增长与发展，应当具备以下条件：

（1）物质资本积累。物质资本积累即物质资本存量增加。资本存量的增加，依赖于投资总额超过资本折旧。投资总额依赖于储蓄或资本流入的规模，储蓄来自于当前收入，人们可以减少当前消费、增加储蓄来增加投资、提高资本存量。因此，一定规模的储蓄和投资是经济增长的必要条件，没有储蓄（或资本流入）就没有投资，也就不可能有经济增长。这是所有经济增长理论的出发点。

必要的投资规模对于经济增长是很重要的，合理的投资结构也同样重要。投资结构合理是产业结构合理的先导和重要保障。此外，可持续的经济增长，不仅要求有一定规模的新投资，而且要确保新增投资是有效益的。

（2）人力资本积累与劳动力数量增加。人力资本亦称"非物质资本"，是体现在劳动者身上的资本，是劳动者的知识、技能与体力（健康状况）等质量因素之和。人力资本主要是通过教育支出、

[①] 著名经济学家库兹涅茨认为，当每个人都务农时，收入分配相对平等，伴随着工业化和城市化的进程，不平等现象产生了。参见德怀特·H. 波金斯等《发展经济学》（第六版），中国人民大学出版社 2013 年版，第 167 页。

卫生保健支出等投资形成的。其中最重要的是教育支出，教育水平的提高会给劳动力带来更高的技能和工作效率，从而是经济增长的源泉之一。通过卫生保健支出确保劳动力的健康、防止疫病流行，是保持经济增长的必要条件。

劳动力数量的适度增长也是经济增长的必要条件。劳动力的增长通常是来源于人口的增长或（跨境）流入。

（3）技术进步（生产率提高）

技术进步是指通过发明（或引进）新技术、新设备或新的方式组织生产以提高产量。索洛经济增长模型指出，如果没有技术进步，人均资本装备水平会单调地收敛于一个特定值（稳定状态下的水平或称稳态值），同时人均收入也会收敛于一个稳态值。换句话说，如果没有技术进步，人均收入的增长最终会消失；在有技术进步的条件下，人均资本和人均收入最终都会以技术进步的速度持续增长。因此，技术进步是经济持续增长的最终源泉。

（4）良好的营商环境。良好的营商环境，包括但不限于：

经济稳定，包括物价稳定（通货膨胀保持在可控范围内）、金融市场稳定等，以降低投资者的风险，增加投资。

政治稳定，和平稳定的政治环境，有利于经济的增长和发展。罢工、骚乱以及其他政治不稳定的事件会削弱投资与增长。

有利于民营企业的制度环境和有效的监管。持续的经济增长要求成千上万的企业都努力增加收入，不同的管制和政策环境对他们经营成本和交易成本具有重大影响，从而激励或打击他们的生产积极性。法律规则的强化、有效的产权保护、良好的政府治理、较低的腐败程度等，通过降低风险和交易成本、增加利润而改善投资环境；便利于国际贸易与国际投资，方便国际技术交流与人员往来。

此外，良好的城市基础设施，对于城市经济增长也十分重要。

（5）充足的自然资源。土地、石油、天然气、煤炭、金属等自然资源的稀缺会阻碍经济增长。当然，仅有丰富的资源而没有良好的制度和营商环境，反而可能会减少投资于教育、研发等促进经济增长的行为，甚至不同的利益群体会因争夺资源而陷入冲突，从而发生"自然资源的诅咒"。发达经济体近百年来的发展经验表明，如果技术不断进步且人口增长能够控制在某一水平，资源稀缺的不利影响就可通过开发替代品而被克服（如太阳能、风能等新能源替代不可再生的化石能源），经济就能够实现持续的增长。

（6）良好的区位。离主要市场更近的沿海城市往往具有更低的交通成本和更多的发展机会。面临多方面地理障碍的城市通常发展机会也较少。

（7）城市内部各经济部门之间比例关系协调，城市之间产业链上下游之间供求关系协调，城乡之间经济关系协调。

四、城市经济如何才能可持续发展

城市经济的持续增长，导致城市人口不断增加，城市空间规模不断扩大，农田林地占用增加，能源和水资源消耗加大，废气、废水、固体废弃物排放增多，环境污染加剧；同时，交通拥堵日益普遍，贫富分化现象严重，经济增长逼近资源与环境承载力极限。如果不能解决日益严重的资源、环境和人口等方面的突出问题，经济增长将面临难以为继的局面。在此情况下，可持续发展理论应运而生。

按照联合国世界与环境发展委员会在《我们共同的未来》报告（1987）中的界定，可持续发展是既满足当代人需要，又不对后代人满足其需要的能力构成危害的发展；可持续发展的内涵包括经济、社会和环境之间的协调发展。

联合国于2016年1月1日正式启动的《2030年可持续发展议

程》，为实现可持续发展提出了17个具体目标:(1)在全世界消除一切形式的贫困;(2)消除饥饿，实现粮食安全，改善营养状况和促进可持续农业;(3)确保健康的生活方式，促进各年龄段人群的福祉;(4)确保包容和公平的优质教育，让全民终身享有学习机会;(5)实现性别平等，增强所有妇女和女童的权能;(6)为所有人提供水和环境卫生并对其进行可持续管理;(7)确保人人获得负担得起的、可靠和可持续的现代能源;(8)促进持久、包容和可持续的经济增长，促进充分的生产性就业和人人获得体面工作;(9)建造具备抵御灾害能力的基础设施，促进具有包容性的可持续工业化，推动创新;(10)减少国家内部和国家之间的不平等;(11)建设包容、安全、有抵御灾害能力和可持续的城市和人类住区;(12)采用可持续的消费和生产模式;(13)采取紧急行动应对气候变化及其影响;(14)保护和可持续利用海洋和海洋资源以促进可持续发展;(15)保护、恢复和促进可持续利用陆地生态系统，可持续管理森林，防治荒漠化，制止和扭转土地退化，遏制生物多样性的丧失;(16)创建和平、包容的社会以促进可持续发展，让所有人都能诉诸司法，在各级建立有效、负责和包容的机构;(17)加强执行手段，重振可持续发展全球伙伴关系。

《中国21世纪议程》提出，在中国人口基数大、人均资源少、经济和科技发展水平比较落后的条件下实现可持续发展，主要包括:在保持经济快速增长的同时，依靠科技进步和提高劳动者素质，不断改善发展质量，提倡适度消费和清洁生产，控制环境污染，改善生态环境，保持资源基础，建立"低消耗、高收益、低污染、高效益"的良性循环发展模式，即经济发展不但要有量的扩张、也要有质的改善。

按照可持续发展内涵和相关理论的基本要求，综合国内外有关城市经济可持续发展的讨论，本书认为，城市经济的可持续发展应当具备以下条件：

1. 区域协调发展

首先，现代经济增长主要是二、三产业的增长，二、三产业集聚在城市里面，因而主要表现为城市经济的增长。可持续发展对经济增长的要求主要表现为对城市经济的要求。全球经济一体化，这要表现为全球城市经济一体化，因此，全球城市经济需要联动发展。其次，二、三产业的持续增长，离不开农产品、食品的持续供给，因而城市经济与乡村经济需要联动发展。在全球化背景下，全球城市形成一个生产网络，每个城市都应根据自身的相对比较优势，占据一个比较有利的产业链环节，形成自身先导产业链集群体系。

2. 经济与资源环境协调发展

可持续发展的首要问题，是经济与资源、环境的关系问题，主要是工业发展所带来的资源的过度开采和过度使用，与环境污染超过生态系统的修复能力，因此，资源节约、新能源开发和绿色制造、清洁生产至关重要。协调发展是城市经济可持续发展的前提或约束条件，以自然环境资本最低安全标准条件可持续利用为约束条件，包括循环经济的生产和消费方式等。一些资源型城市，经过一段时间的发展之后，随着生态环境的破坏和资源的日趋枯竭，往往会陷入劳动力流失、经济衰退的困境，可持续发展面临着多重挑战。

3. 公平发展

人与人之间的公平和谐关系、公平发展既是社会稳定的基础，是社会问题，也是经济可持续发展的基础性问题。一方面城市经济可通过合理分配，调动各方面的劳动积极性；另一方面可以通过加强教育和人力资源培育，增强科技创新能力；还可以通过加强下一代的教育和健康投资实现代际公平和人力资源可持续供应等。

4. 健康发展

要实现以人为中心的健康发展，城市经济结构需要重视和加强生命健康、生物工程和中医中药科技产业的开发，需要推动医学和制药应用和医疗保健服务业的发展，需要强化医学和保健知识的普及、开展全民健康相关的场馆建设、发展文化体育服务产业。健康发展是发展的根本目的。

5. 创新发展

创新是城市经济可持续发展源源不断的根本动力，包括合理的经济增速和高水平的经济质量（先进的产业结构、强劲的科技创新能力、雄厚的人力资源、完善的劳动者素质与教育）。先进的产业结构要以先进的全球竞争力的先导产业为主导，建立区域性产业链和生产性服务业相配套、城市生活服务业为基础的完善的现代服务业体系。

6. 合理控制综合营商成本

这是城市经济可持续发展的重要约束条件，包括：合理控制房价；改善城市交通，降低交通时间成本；提升廉政和政务服务水平，降低企业交易成本。

从城市经济内部来看，在这六大方面的要求中，最关键的是要建立绿色生态环保的循环经济生产模式和消费模式，创新高经济可持续发展动力，营造良好的低成本的城市经济发展配套产业环境、可持续发展的人力资源和人文环境。通过上述城市经济发展模式的构建，让资源环境与社会等外部因素内部化，形成新的发展理念、新的发展模式、新的发展格局和新的发展效益。

第三节 可持续发展城市经济指标体系构建

可持续性是指一种可以长久维持的过程或状态。经济的可持续发展跟环境和社会密切相关。1987年，世界环境与发展委员会出版

《我们共同的未来》报告,将可持续发展定义为:"既能满足当代人的需要,又不对后代人满足其需要的能力构成危害的发展。"爱德华把可持续发展定义为"在保持自然资源的质量及其所提供服务的前提下,使经济发展的净利益增加到最大限度"。皮尔斯认为:"可持续发展是今天的使用不应减少未来的实际收入。"构建可持续发展城市经济指标体系既要体现经济发展的可持续水平,又要选取能够体现城市特征的具体指标,同时还要尽可能地剔除绝对量,选取相对指标进行比较,这样才具有可比性。在具体指标选择时,应遵循具体指标的代表性、数据的可比性、数据的可获得性[①]等。

一、指标体系构建

关于城市经济的可持续发展,学界并没有统一的界定,我们认为:可持续发展的关键是可持续增长,而可持续增长的核心条件是物质资本积累、人力资本增加和技术进步。根据上一节对经济增长条件的分析与可持续发展的理解,指标体系的构建可以从以下几个方面进行:

一是从生产活动的基本要素出发,对物质资本和人力资本这两个要素进行评价。物质资本的积累要依靠投资,投资指标包括投资规模(增长)与结构(合理化),投资规模用全社会固定资产投资增速来反映,投资结构通过产业结构来反映:设置第三产业占GDP比重和战略性新兴产业占GDP比重两个指标,第三产业占GDP比重用以衡量产业结构的优化程度,战略性新兴产业占GDP比重用以衡量城市产业未来发展潜力。

在人力资本评价领域,通过劳动力供给的总量和质量进行划分,采用全社会从业人员数量、科学研究和技术服务业从业人员比重两

---

① 社会公平是可持续发展的重要方面,最有代表性的指标是基尼系数,但数据难以获取,只好舍弃。

个指标。我国现代化涉及十几亿人，走全靠物质要素驱动的老路难以为继。物质资源必然越用越少，而科技和人才却会越用越多，因此我们必须及早转入创新驱动发展轨道，把科技创新潜力更好地释放出来。

二是从创新驱动经济发展的角度进行投入和产出分析。在创新投入方面，涵盖R&D（研发，Research and Development）投入占GDP比重和R&D人员数量两个指标，创新产出方面利用专利授权量和高技术产业增加值进行测度，并尽量使用相对指标，避免因为指标总量带来的巨大差异。

三是从经济发展的结果进行分析。主要是用发展速度测度经济的可持续水平，具体使用GDP的增速和人均GDP的增速。可持续的经济增长不能仅仅理解为GDP总量的持续增长。如果依靠劳动力的大量供给，GDP总量虽然增长了，但人均GDP或人均消费（人均可支配收入）下降了，这样的增长并不是我们需要的。因此，可持续增长的目标应该是人均GDP的增长。

四是从经济增长的环境成本进行分析。保护与改善生态环境，实现绿色增长，经济才能可持续发展。这方面从节能降耗和大气环境两个领域进行评价，涵盖万元GDP能耗和PM2.5这两个最通用的典型指标。

五是从城市资源生成的角度进行分析。传统观点认为经济发展的主要问题是资源有限，且无法有效配置资源。其实城市作为一个特殊的经济单元，本身就有着强大的资源生成能力。从城市营商环境建设到基础设施建设两个维度进行城市资源分析。交通拥堵是"城市病"的重要表现，城市可持续发展应该最大程度地消除"城市病"，也是城市经济可持续发展指标体系中最具城市特色的指标，因而在城市基础设施建设方面特别选取了交通方面的指标。

表 3-2 城市经济可持续发展评价指标体系

一级指标	二级指标	测度指标
物质资本	资本再生产能力	全社会固定资产投资增速
	投资结构	战略性新兴产业占 GDP 比重
		第三产业占比
人力资本	劳动力供给总量	全社会从业人员数量
	劳动力供给质量	科学研究和技术服务业从业人员数量
创新驱动	创新投入	研发投入占 GDP 比重
		研发人员折合全时当量（万人年）
	创新产出	专利授权量（每万人）
		高技术产业增加值/GDP
经济增长	增速	GDP 增速
		人均 GDP 增速
绿色增长	节能降耗	万元 GDP 能耗（负向指标）
	生态环境	PM2.5（负向指标）
城市资源	营商环境	营商环境分值
	城市基础设施	城市轨道交通密度
		平均通勤距离（负向指标）

二、国内城市经济可持续发展评价与比较分析

1. 部分特色指标比较

全社会固定资产投资是以货币形式表现的建造和购置固定资产活动的工作量，固定资产投资增速是衡量物质资本积累快慢的重要指标。根据公开统计数据，2019 年北京全年固定资产投资（不含农户）比上年下降 2.4%，主要是由于基础设施投资下降 3.8%，其中，交通运输领域投资下降 9.2%。深圳全年固定资产投资比上年增

长 18.8%，其中，房地产开发投资增长 15.9%，非房地产开发投资增长 21.0%。2019 年全社会固定资产投资增速方面，深圳领先于广州、上海和北京。

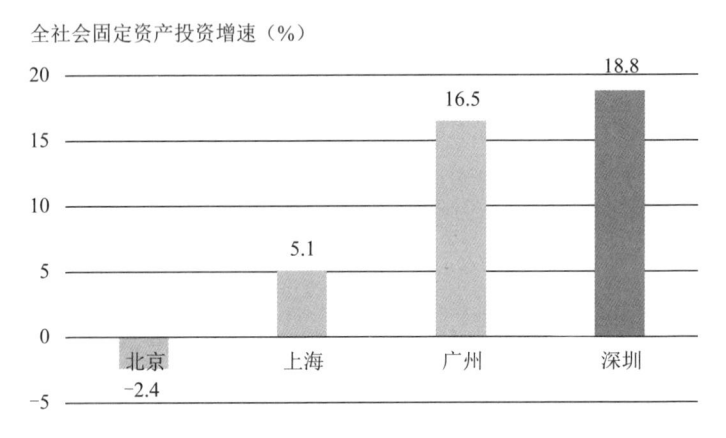

图 3-5　2019 年度全社会固定资产投资同比增速（%）

从发达国家发展历程看，第三产业的增加值和就业人数占国民生产总值和全部劳动力的比重各国都超过了 60%。此外，新兴高新技术产业和服务业日益成为国民经济发展的主导部门。从第三产业占比看，深圳低于北上广，为 60.9%；从战略性新兴产业的占比看，深圳以 37.7% 的比重大幅领先其余三个城市，深圳的新兴产业在四个城市中处于领头羊的位置。战略性新兴产业越发达，一定程度上也意味着城市未来的发展潜力更大。

在从业人员总量方面，北上广深四城的差距相对较小，基本都维持在 1200 万人左右。其中科学研究和技术服务业从业人员的绝对数量及占比，深圳还是处于较低的水平，分别为 46 万人和 3.59%；北京科学研究和技术服务业从业人员有 65 万人，占从业人员总量的 5.11%，均位居榜首。

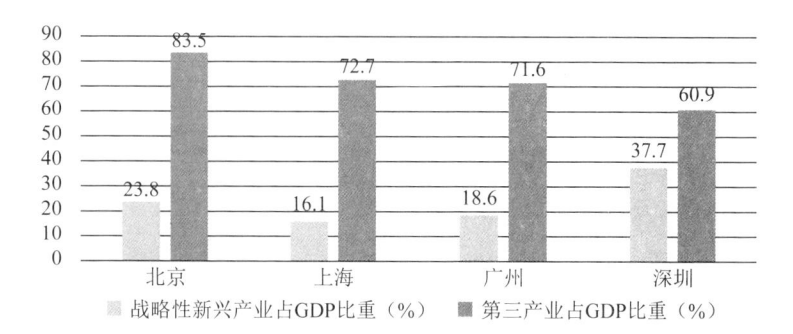

图 3-6　北上广深 2019 年度战略性新兴产业和第三产业占 GDP 比重

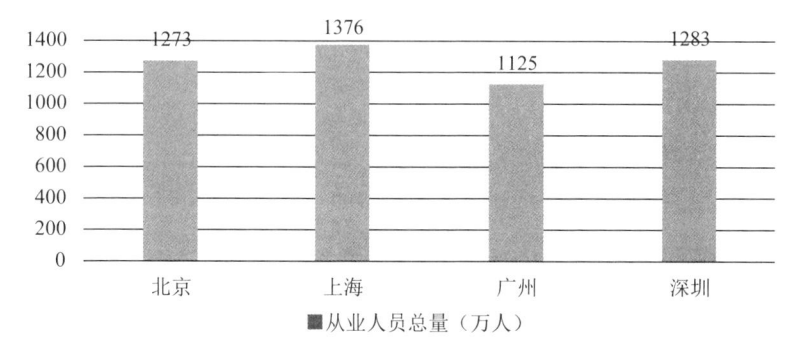

图 3-7　北上广深 2019 年从业人员总量

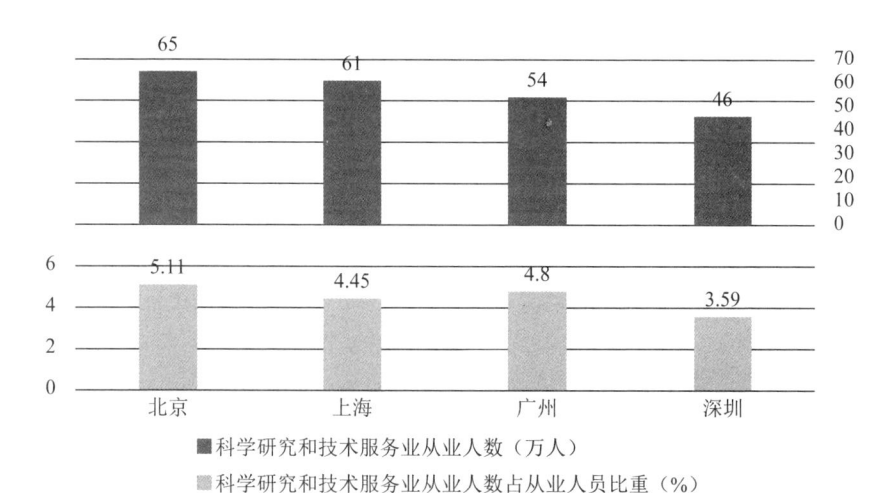

图 3-8　北上广深 2019 年度科学研究和技术服务从业人数及比重

2019年度，深圳 R&D 占比为 4.9%，仅次于北京的 6.31%，领先于上海和广州。从 R&D 人员情况看，北京居于首位，达到 31.4 万人年。

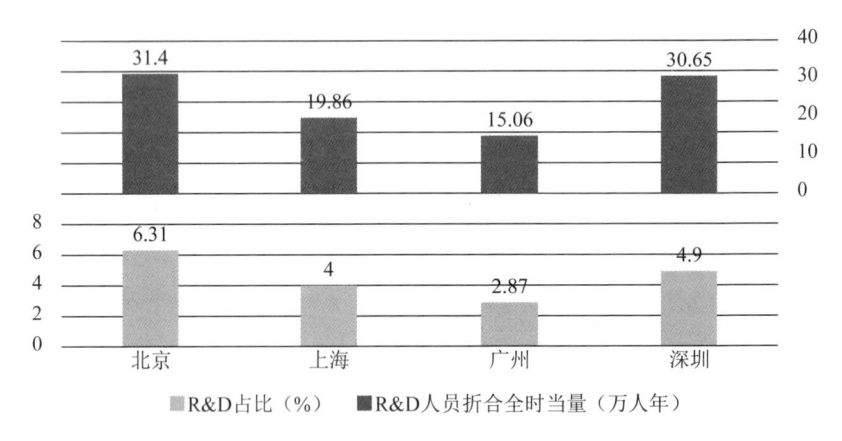

图 3-9 北上广深 2019 年度 R&D 投入情况

2019 年度深圳的万人专利授权量达到了 124 件，大幅领先北上广。

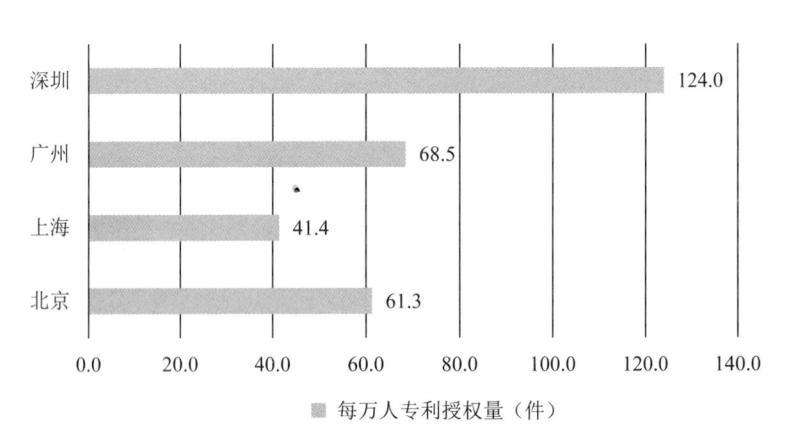

图 3-10 北上广深 2019 年度每万人专利授权量

高技术产业增加值占 GDP 的比重方面，深圳为 34.3%，高于同期北京、上海和广州的水平。

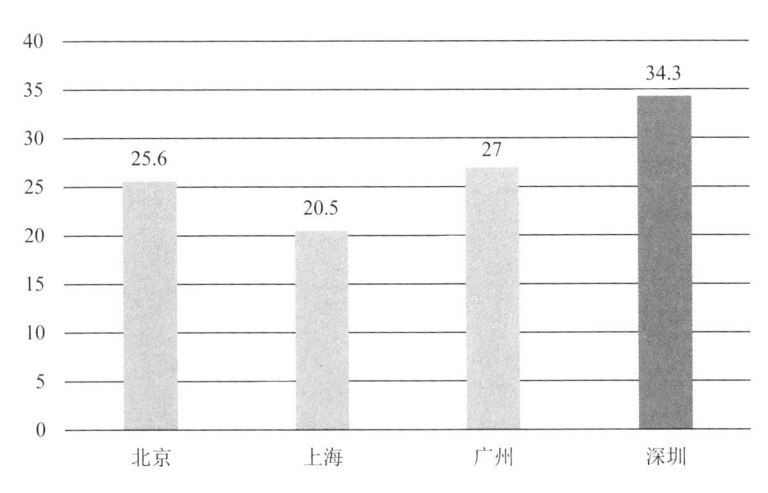

图 3-11　北上广深 2019 年度高技术产业增加值占 GDP 比重（%）

从 GDP 增速看，深圳 2019 年 GDP 同比增速达 6.7%，位列四大城市第二位，仅次于广州的 6.8%。从人均 GDP 增速看，深圳以同比增长 7.3% 位于首位，北京、上海紧随其后，广州人均地区生产总值达到 155 491 元，2019 年为 156 427 元，同比增长 0.6%。

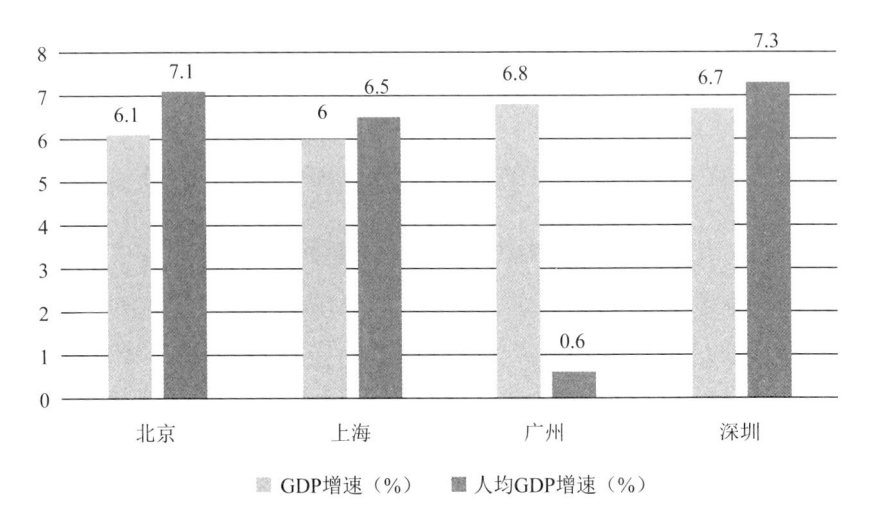

图 3-12　北上广深 2019 年度 GDP 同比增速

从万元 GDP 能耗水平看，深圳领先北上广，位列第一，达到了 0.17 吨标煤每万元。在空气环境质量方面，深圳 2019 年 PM2.5 达到 24 微克/立方米，2019 年，深圳市空气质量持续向好，空气质量综合指数在全国 168 个重点城市中排名第 9，2006 年有监测数据以来首次达到世界卫生组织第二阶段标准，创历史最好水平。上海位居第二，达到 35 微克/立方米，北京和广州空气环境质量 PM2.5 分别为 42 和 53 微克/立方米。

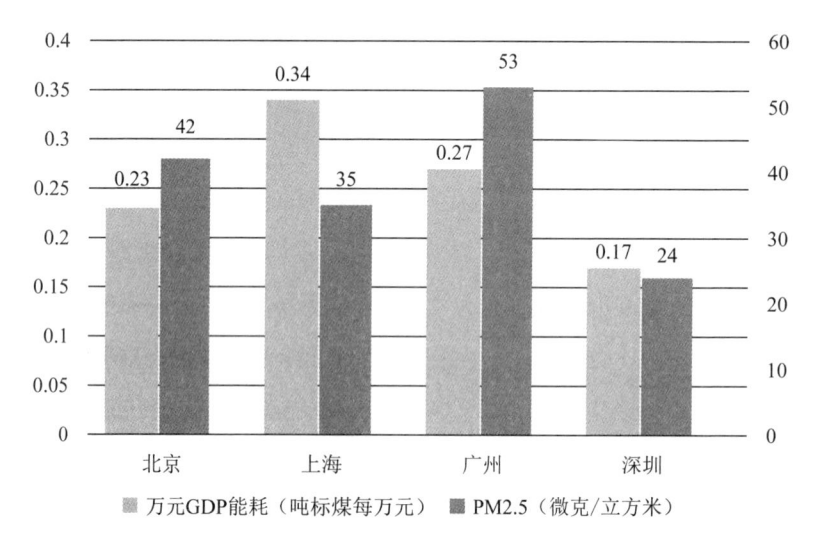

图 3-13　北上广深 2019 年度万元 GDP 能耗和 PM2.5

中央广播电视总台编制的《2019 中国城市营商环境报告》是第一份由国家主流媒体发布的第三方营商环境权威报告。在对标世界银行营商环境评价体系标准、参照国际同行的评价指标，同时兼顾中国特色的原则上，重点围绕与市场主体密切相关的指标维度构建起中国城市营商环境的评价体系。北京、上海、深圳、广州得分依次是 93.67、89.57、85.13 和 84.36。

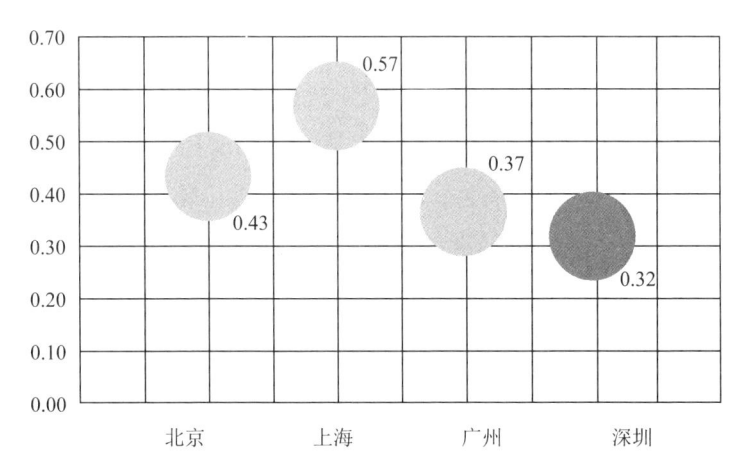

图 3-14 北上广深 2018 年度轨道交通密度（千米每平方千米）

轨道交通密度的计算方式为轨道交通线路长度除以城市建成区面积，深圳的轨道交通密度处于最低水平，为 0.32 千米每平方千米，上海最高为 0.57 千米每平方千米。平均通勤距离采用路网最短距离，根据住房和城乡建设部城市交通基础设施监测与治理实验室公开数据，深圳最低为 8.1 千米，北京为 11.1 千米，上海、广州分别为 9.1 千米和 8.7 千米。

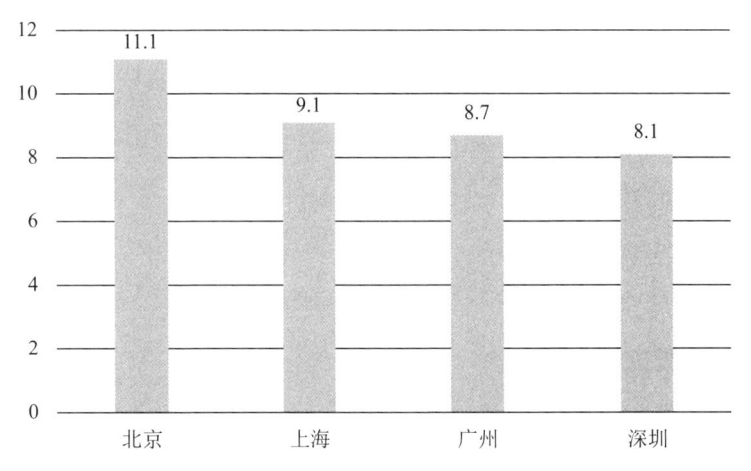

图 3-15 北上广深 2018 年度平均通勤距离（千米）

2. 二级指标比较

首先，进行数据标准化，我们采用极大极小值标准化方法，新数据=(原数据-最小值)/(最大值-最小值)，其中万元GDP能耗、PM2.5、平均通勤距离等三个负向指标需要进行转化再进行标准化，然后，进行等权重赋权，进行计算得分值，对包含两个三级指标的二级指标（二级指标和一级指标重合的除外）进行比较如下：

在投资结构领域，深圳稍微落后于北京，位居第二位，主要因为北京的第三产业占GDP的比重较大，深圳的主要优势在于战略性新兴产业，广州和上海得分基本持平；在创新产出方面，深圳得分值0.17，大幅领先其余城市，广州和北京得分值相近；在城市基础设施建设方面，主要考虑轨道交通密度和人均通勤距离，上海得分最高为0.06，深圳和广州不相上下，北京得分最低为0.02。

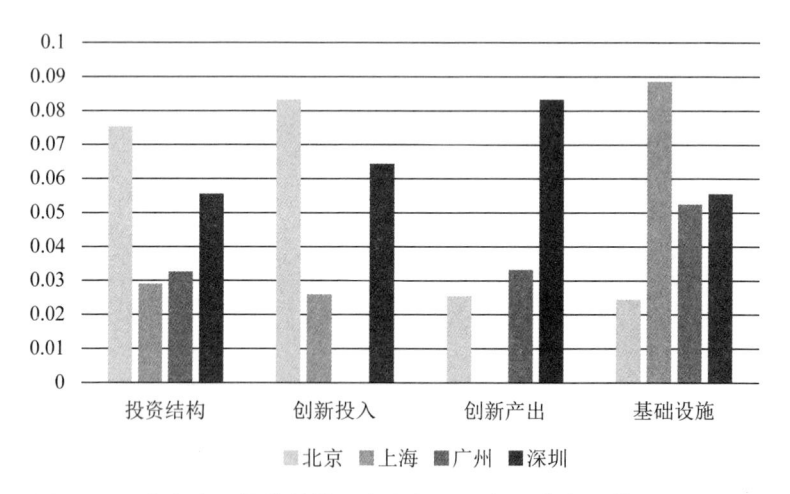

图3-16 北上广深投资结构、创新投入、创新产出和基础设施比较

3. 一级指标比较

对六大一级指标进行分析，深圳在物质资本、创新驱动、经济增长和绿色增长四个方面居于四城之首，尤其是在绿色增长和经济发展的速度方面，优势特别明显。但是在人力资本方面深圳位列最

后一名，北京优势就较为明显，随后是上海和广州。在城市资源方面，深圳位列第三名，稍微强于广州，跟上海和北京的差距较大。

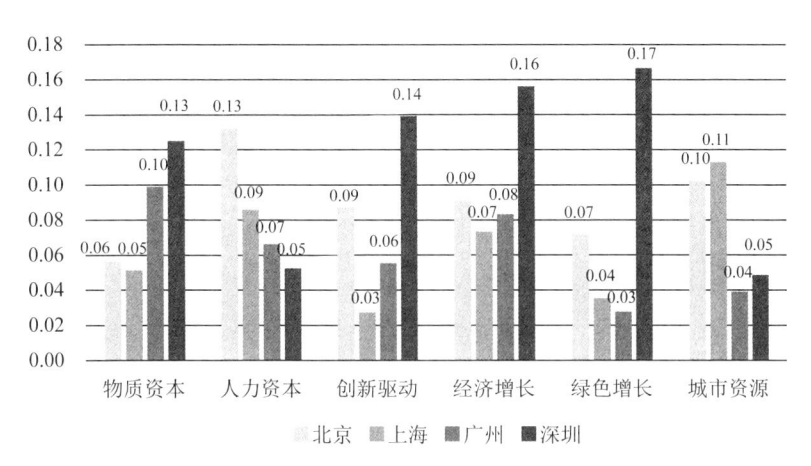

图 3-17　北上广深可持续发展经济一级指标比较

4. 总体评价结果

从物质资本、人力资本、创新驱动、经济增长、绿色增长和城市资源六大方面综合分析，深圳在四座城市中的可持续发展能力位列第一位，得分值为 0.69，随后是北京 0.54，上海 0.39，广州 0.37。

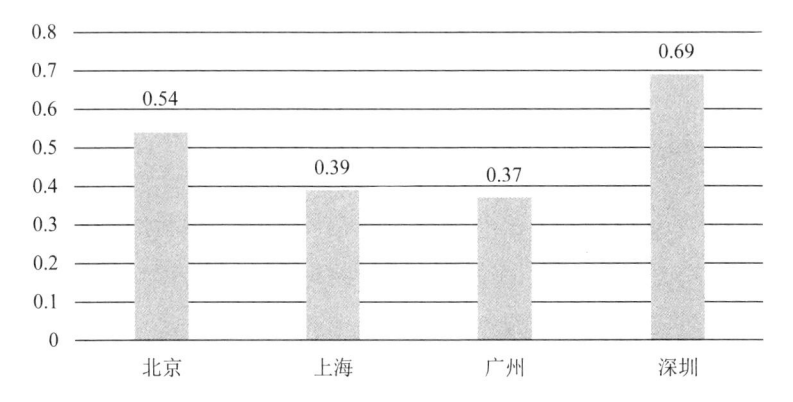

图 3-18　北上广深城市经济可持续评价总体情况

根据雷达图可以更为直观地看出深圳在城市经济可持续发展中

的优势和短板。在经济增长、绿色增长和创新驱动以及物质资本方面，深圳走在了四座城市的前面，尤其是创新、绿色和经济增长方面具有显著的优势，在城市资源和人力资本方面，深圳还有很大的改善空间。

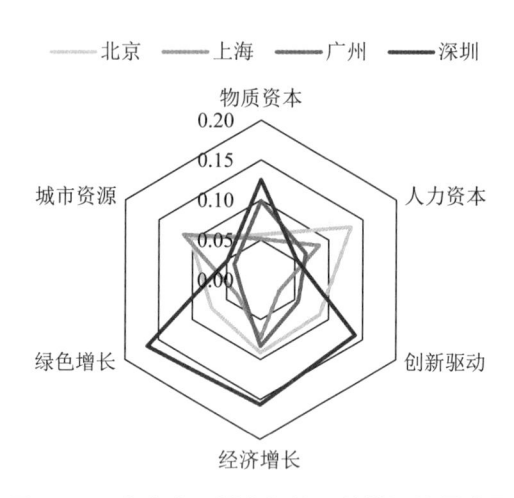

图 3-19　北上广深城市经济可持续评价雷达图

第四节　当今城市经济可持续发展的关键措施

一、前瞻培育先导科技产业

随着新技术、新产业浪潮的快速迭代，各领域新的科技革命和产业变革都蓄势待发、加速融合，新的科技革命为可持续发展的城市经济提供新的支撑。人工智能、生命科技、循环经济、智慧城市等与可持续城市经济密切相关的先导科技是引领城市经济可持续发展的重要基础条件。

先导科技产业通常处在世界科技前沿，能够决定社会生产力的发展方向，带动和提升其他产业的发展水平，并对人类社会的长远发展起到决定性作用。回望人类城市经济发展的历程，哪个城市能在先导科技产业上先行一步，并持续不断地将新的科学技术成果运用于城市经济运行的各领域中，这个城市就具有更高效率的经济运行基础，城市经济就会发展得更好、更持久。反之，某些城市即使依靠资源兴旺一时，未能培育下一代先导科技产业优势，最终都被时代抛弃。

政府在前瞻培育先导科技产业发展建设中具有重要作用，在促进先导企业、行业聚集，制订规划、政策指引、保护创新、优惠扶持、政府采购、营造产业生态等方面大有作为。

1. 大力推进先导产业的技术创新

科技创新是城市经济高质量可持续发展的根本动力。在当今全球化条件下，城市经济要可持续发展、高效发展，必须建立具有强大国际竞争力的先进的产业结构体系，必须在全球先导产业链上占有一席之地。目前，在全球进入人工智能和生命科技勃兴的时代背景下，特别要在以人工智能、生命科技等为显著特征的战略性新兴产业占领先机。要聚焦这两条科技主航道，集中资源加大基础研发、技术应用、系统集成、成果产业转化和市场推广等全链条政策支持。积极培育科研机构、高等院校、成果转化机构、科技企业、金融机构等形成先导科技产业化完整的生态链体系，围绕技术成果交易、科技项目孵化、产业化落地等重点环节，建设技术交易平台、项目孵化平台、技术和产品测试平台等，发挥政策引导优势，突出创投资本的牵引作用，吸引和汇聚全球高端科技人才，大力促进相关领域的技术创新。

2. 大力推进数字经济发展

在全球互联网、移动互联网、万物互联的物联网日益普及的环境下，城市经济可持续发展越来越离不开数字技术的支持。新型数字技术和人工智能是现代可持续城市最突出的特征。数字技术手段的广泛深入应用，不仅提高了城市经济的整体协同能力，还提升了城市经济质量、效益和时间效应，并形成了越来越庞大的新兴产业群体，即城市数字经济产业集群。主要包括：数字软件开发产业群，如大数据、云计算、基础智慧操作系统软件开发、城市智慧应用系统开发、系统运行维护服务、应用数据采集与分析服务、数据库、个人软件、办公软件、企业软件等产业；软硬一体化产业群：人工智能、传感器、物联网、通信技术等相关产业。当今先锋的国际化城市，首先应是数字经济前沿城市，应在信息基础设施、5G应用开发、各种智慧城市系统应用开发和基础数据技术研发、数据人才引进教育培训等方面走在全球前列。加快发展城市数字经济，要三管齐下：一要强力推动城市信息基础设施建设，加大投资力度，全面扶持提升基础通信设施系统——当前重点是推进5G系统全覆盖，并加紧6G系统技术筹备和研发；二要大力推进智慧应用系统的开发和普及，制订扶持政策，大力鼓励和扶持企业、园区、社区、各类社会组织和政府各主管部门开发智慧应用系统，并加快推进各类系统间的互联互通和数字共享；三是要大力扶持数字产业的聚集、发展和壮大——要制订专项产业发展规划和专项扶持政策，要规划建设一批数字产业园区，要扶持数字创新孵化器、数字科技产业平台、数字产业产学研发展联盟，要创办数字科技论坛，想尽办法为数字科技产业发展添砖加瓦。

二、构造全球开放的竞争环境

在影响可持续发展城市经济的多种因素中，具有决定性的是开放的竞争环境的形成。开放的竞争促使城市经济运行各参与方及时转换角色，在全球资源配置的大环境中，充分吸收利用国际性人才、资本和技术等生产要素，为城市经济可持续发展发挥积极作用。

竞争是经济学的核心概念，可持续发展的城市经济必然是一种城市内各市场主体通过竞争达到优胜劣汰、不断自我完善的过程。全球开放的竞争环境为信息、人才、资本和技术等各种生产要素自由充分流动提供可能，使其有机会以最低成本公平参与到城市经济活动中来，共同激发城市经济的发展潜能。在这样的环境下，优秀的企业不断涌现，并相互融合影响，城市产业或本身具有的资源禀赋的比较优势竞相迸发，新技术、新产业、新业态层出不穷，创新创业活跃高涨，城市经济的活力、竞争力和可持续力尽情彰显。

构造一个全球开放的竞争环境绝非易事，对于城市经济体而言尤为如此。其依赖于一整套提高城市市场经济运行的法制化措施，维护开放、透明、包容、非歧视性的市场秩序，保障市场主体公正公平，降低经济活动的交易成本，促进贸易投资自由化便利化，增强对全球范围内各种生产要素资源的吸引力。与此同时，其得益于市场在资源配置中决定性作用的充分发挥，当城市的信息市场、技术市场、生产资料市场、资本市场和人才市场等各类市场载体，充分与全球市场运行规则接轨，高效运行，城市经济的可持续发展才有源源不断的养分和能量。

三、建设先进的政务服务环境

政务服务能力是城市经济运行能力的重要内容之一。先进的政务服务环境是城市复杂系统化体系正常运行的根本保障，也是提升城市功能的重要基础，影响城市安全、社会稳定和可持续发展。

通常而言，政务服务是指政府根据法律法规，为城市中各种商事主体和个人提供的许可、确认、裁决、奖励、处罚等行政服务。政务服务改进一小步，便民惠民迈出一大步。先进的政务服务有效减少城市运行成本、提升经济效率，能让市场主体和公民充分享有城市发展成果。

先进的政务服务环境，其主要特征可概括为政务服务集约化、智能化和信用化程度较高。从集约化来看，就是从城市居民办事需求的角度，设计政务服务场景和服务产品，将各类政务服务集中、无差别受理，尽可能实现跨区域、跨层级、全流程办理。从智能化来看，就是在政务办理的过程中，充分利用现代信息技术，多数事项能在申报和审批中仅需居民一张脸、一个指纹等生物信息，达到秒报、秒批效果。同时，政务服务的各类信息，除涉密事项外所有事项能实现网上查、网上问、网上报、网上办、网上评。从信用化来看，就是构建以信用为核心的跨部门协同服务平台，为实现先办后审和更加高效、便捷的政务服务提供信用支撑。先进的政务服务环境使城市企业与居民办事更加方便、大众创业更加顺畅，增强城市居民获得感，有利于推动城市经济持续增长。

四、打造一流的生态环境和人居环境

生态环境和人居环境是一座城市生产力和竞争力的重要组成部分，也是城市经济实现有质量的稳定增长和可持续的全面发展的坚实基础和不可或缺因素。某种意义而言，城市之间的经济竞争在很大程度上也是生态环境和人居环境的竞争。

随着城市化进程的不断推进，人类利用自然改造自然的能力极大提升，过度集聚带来的外部成本上升不可避免。人口密度过大、生存空间狭窄、教育医疗供应不足、基础设施不堪重负、交通拥堵、环境污染、生活成本攀升等城市问题蔓延，城市生产和消费方式对城市生态系统的承载能力提出严重挑战，也对城市居民生活质量造成影响。

城市经济文明和可持续发展，特别要求建立起保障资源环境可持续利用的循环经济生产模式和消费模式。要把清洁生产和废弃物的综合利用融为一体，运用生态学规律来指导城市经济活动；要大力推动清洁生产,要在产品设计、生产、存储、运输和回收利用全过程中采用减能、降耗、减排措施,提高能源生产和使用的效率以及增加低碳或非碳燃料的生产和利用的比例,实现低碳发展。

一流的生态环境和人居环境是可持续发展城市经济的必然结果和基本追求,要以数字化、科技化、绿色化、集约化实现资源利用效率的最优化,达到为城市居民提供一个清洁、美丽、舒适的人居空间的目的,让城市经济增长回归人类生存的可持续性命题。

第四章

开放包容的城市文化

从词源学上看，英文中的Culture（文化）原本有栽培、培养以及培养基等含义，与cultivate（培养）同源。布罗代尔指出，作为一个较为古老的概念，它伴随着civilization（文明）这个新词的出现而重新焕发了活力，甚至或多或少地具有与文明相同的含义。[①]不过，在相当意义上，如同政治、经济、社会等概念及其所指称的特定领域，"文化"同样是现代分际的产物，既包罗万象，又专有所指。倘若按照人类学的视角，则"凡是一个人这样从他的社会群体里面得来的东西，统叫作它的'文化'（culture）的一部分"[②]。因此，"文化"首先与"传统"或"过去"内在地联系在一起，是人类文明传承延续的核心地带。英国学者雷蒙德·威廉斯在《文化与社会》中，

---

① 〔法〕费尔南·布罗代尔：《文明史纲》，肖昶等译，广西师范大学出版社2003年版，第24—25页。另外香港学者张信刚指出："历史学家把考古学家的成果借鉴过来，将某些特定的但范围较大的地理区域里较为固定的物质生活方式称为'文明'（civilization），而把较为抽象的信仰和价值观等称为'文化'（culture）。其实，这两个词都是欧洲人在18世纪根据拉丁语词根提出的新名词：civilization源自civilis，意为城邦公民；culture源自cultura，意为耕耘。它们经常被不同的学者赋予不同的意义，也时常被视作近似词而被互相代用。"参见张信刚《文明的地图》，中信出版集团2020年版。

② 〔美〕罗伯特·路威：《文明与野蛮》，吕叔湘译，生活·读书·新知三联书店2015年版，第3页。

将文化定义为整体的或整个"生活方式"。①在《漫长的革命》一书中，威廉斯指出文化的定义大致有三类，即"理想的""文献的"和"社会的"，而第三类定义上的文化可界定为"一种特殊的生活方式"。他进而指出："我更乐意把文化理论定义为对整体生活方式中各因素之间关系所做的研究。对文化进行分析，是试图去发现作为这些关系的综合体的组织的性质。"②

城市文化也同样如此。假如说城市文明是城市的生产方式和生活方式，则文化是城市文明的有机组成部分和城市生活方式的主要载体，它生成于城市人的生活之中，既具有城市创造出的不同于乡村的特异性特征，也因其代表着城市人的精神需求而推动着城市生活方式由传统到现代的不断变革。对于城市及其市民而言，城市从一开始就成为教育、艺术、宗教、商业、科学、技术等人类文明的积聚和发展中心，拥有报纸、电视、教堂、寺庙、宗祠、学堂、墓园、作坊、博物馆、论坛等一整套传习文化的设施和机构，成为提高人的"基本能力"的中心地带，这些能力更全面的城市人是城市文化的主要生产者和消费者。"城市是文化的容器……这容器所承载的生活比这容器自身更重要"，"最初城市是神灵的家园，最终成为改造人的场所。从城市中走出的，是大量面目一新的男男女女"③。因此，维持一种既面向世界（空间）也面向过去和未来（时间）的开放包容的文化发展局面，使得生活在城市中的人身心安顿受益，实乃现代城市文明建设的题中应有之义。

---

① 〔英〕雷蒙德·威廉斯：《文化与社会》，吴松江、张文定译，北京大学出版社1991年版，第21页。

② 〔英〕雷蒙德·威廉斯：《漫长的革命》，倪伟译，上海人民出版社2013年版，第55页。

③ 宋俊岭：《译者的话——城市的根本职责》，载〔美〕刘易斯·芒福德《城市文化》，宋俊岭等译，中国建筑工业出版社2009年版。

第一节　城市文化是件"百衲衣"

一、地域空间：城与乡

所谓"城市文化"，当然是相对于游牧渔猎文化或农耕乡土文化而言的。在展开二者的比对之前，我们不妨先从何为"城市"说起。

就人类文明发展而言，城市的兴起是个具有里程碑意义的历史事件。美国学者乔尔·科特金就此指出："城市的演进展现了人类从草莽未辟的蒙昧状态到繁衍扩展到全世界的历程。正如法国神学家雅克·埃吕尔曾经注意到的，城市也代表着人类不再依赖自然界的恩赐，而是另起炉灶，试图构建一个新的、可操控的秩序。"[1] 在科特金所建构的城市发展模型中，神圣、安全、繁荣是三个主要变量，三者既是世界城市发展的普遍特征（城市经历的普遍性），同时也是城市取得成功的关键所在：地点的神圣、提供安全和规划的能力、商业的激励作用是决定城市全面健康发展的三个关键因素，在这些因素共同存在的地方，城市文化就兴盛；反之，在这些因素式微的地方，城市就会淡出，最后被历史所抛弃。[2]

在中国古代，"城"的出现与存在，首先从字面意思上看是指包围在一定区域、依托某种地形而构筑的较大的军事防御工事，也即城墙。城墙之下往往有环形水道，称为"池"或"隍"，它所保卫的往往是某一区域的政治中心，因而它也是权力的象征，其中最典

---

[1]〔美〕乔尔·科特金：《全球城市史》，王旭等译，社会科学文献出版社2006年版，第1页。

[2] 同上书，第5页。

型的除了地方政府所在地,就是皇权代表的都城了,而人口在这些城的集中,从根本上说是基于政治、军事保护而获得安全的需要。

聚居是城市的自然形态:"舜耕历山……一年而所居成聚,二年成邑,三年成都"(《史记·五帝本纪》),而从聚居功能意义上的区位(区域)分化角度看,城市的普遍兴起主要在于贸易的驱动,这也就是科特金所说的"商业的激励作用"。即便是对于中国这样的"乡土社会"而言,虽然乡村的农家经济自给自足性很高(包括在农业之外发展起来的手工业),但相互的交换依然是必需的,其生活所需依赖于外来的货物供给,这就构成了乡村里的商业活动;同时依托于这种商业活动的开展,形成了货物的流通和人口的聚集,成为传统社会中"市",并与"城"相区别。与城不同,"市"(或街、墟、集)由于偏重于商业,往往位于交通较为便捷之地,它在某一阶段往往是临时性的,而随着商业活动的逐渐发达,市集的集合也逐渐频繁,囤积货物的仓库、商店、住所也产生了,并形成了永久性的社区,是为"市镇"。费孝通指出,"市"和"城"不仅在概念上可以分开,事实上也是常常分开的,如抗战时期的昆明,其附近就围绕着六七个很大的街子,虽然昆明城内的商业也很发达,但它并不是乡民所倚赖的市场。以呈贡县为例,县城只有一条街,市集不在城内,而在附近的交通要道龙街。就此而言,城里人主要是以官僚、地主为主,偏重于统治和安全,而市镇是作为商业中心存在的,且在经济上是有助乡村的,也就是说,城市与乡村是相辅相成的。[①]

在长达几千年的历史演进中,农业文明都是中国文明的内核,并由此也历史性地形塑了"乡土中国"的社会、文化特征。

在1947年出版的《乡土中国》中,费孝通指出,虽然也有影

[①] 费孝通:《乡土中国》,上海世纪出版集团2007年版,第265—267页。

响中国社会的其他体系，但"乡土本色"却是包含在具体的中国基层传统社会的一种特具的体系，它支配着中国社会生活的各个方面。为了说明中国社会的乡土性，他特别将分析的视线下放到靠种地谋生的基层乡村，指出"土"是乡民的命根，在数量上占据最高地位的神，是"土地"。正是由于直接靠农业来谋生的人是粘在土地上的，因此对他们而言，世代定居是常态，迁移是变态，所谓"安土重迁"是也。同时，基于水利合作、安全保卫等需要，"聚村而居"是中国农民的另一特点，村落成为中国乡土社会的基本单位，这也使得乡土社会极具地方性和孤立性。更重要的是，乡土村落社区虽然对外是相对隔绝的，但在内部却是个生于斯、长于斯的"熟悉"社会——所谓熟悉，既指乡民的生活环境是无须选择、生而与俱甚至是先我而在的，更指在长时间、多方面、经常性的接触中所发生的亲密感和信任感。就社会学而言，与现代的以陌生人为基础的"法理社会"相比，乡土社会是个基于血缘（家族）和地缘的"礼俗社会"，有着早熟、严整、稳定、有效的"礼治秩序"，并由此形成了极具伸缩能力的、讲究社会关系与伦理人情的"差序格局"，如鬼神、君臣、父子、贵贱、亲疏、爵赏、夫妇、政事、长幼、上下等。[①]

　　应该说，费孝通以上所论的对象虽仅限于中国，但无疑也具有某种世界普遍性，比如雅典等古希腊城邦就是如此。城邦远不只是一个城市，它起源于乡村聚落，本身通过城乡结合实现自给自足，这也构成了柏拉图和亚里士多德的理想。著名城市史学者刘易斯·芒福德在研究中世纪欧洲城镇的兴起时，同样指出了"城"的功能首先是基于安全需要这样一个历史事实："（欧洲）在9世纪就遭受了古代斯堪的那维亚人那次最后的打击。这次最后打击是致

[①] 费孝通：《乡土中国》，上海世纪出版集团2007年版。

命的……由于惧怕这些海盗的突袭，当地人一定组成一种新型社区……纯粹出于需要，一个重要历史事实被重新发现：面对简陋如9世纪时的西方军事进攻手段，如果有一座设防堡垒，耸立于难以攀缘的石壁之上，就足以保障相对无助的低地部族的安全需要。"[①]这当然仅是欧洲中世纪杂然交错的城镇化运动兴起的一个方面，但也足以揭示出人类文明发展的某种类似性，这也就是在政治、宗教的"神圣"之外，城市的出现基于"安全需要"和"保护功能"的历史事实。有趣的是，与中国城乡不分相仿，在欧洲，"除了一些少数拥挤的中心城市是例外，中世纪的多数城镇都不仅仅'置身于'农村环境里，而是'隶属于'农村，成为农村的一部分：粮食不仅种植在城外的梯田、果园和农田里，同样也种植在城墙里面"[②]。

可以说，这种"城乡不分"构成了人类早期城市发展史上一个普遍性特点，也是我们考察城市文化后来"独立"发展的一个出发点。

二、城市文化的生成

尽管人类城市存在着普遍的、长期的"城乡不分"，但城市毕竟是不同于乡土世界的区域空间，除了物质生活，其精神生活方式也随着时间的推移逐渐区别于传统的乡土文化，而它相对独立的形成和发展，自然跟城与乡不同的社会属性和功能特征内在地联系在一起。

首先，从发生学的角度看，"乡土文化"是熟人社会的文化，而"城市文化"则是生人社会的文化。著名史前考古学家柴尔德认为，城市的出现是人类文明史中一场具有深远意义的"城市革命"：大型居住区、财富集中、大规模公共建筑、出版物、表演艺术、科

---

① 〔美〕刘易斯·芒福德《城市文化》，宋俊岭等译，中国建筑工业出版社2009年版，第16页。

② 同上书，第27页。

学知识、对外贸易、从事非生产劳动的专业人员、阶级社会、以居住区而不是以亲属关系为基础的政治组织，成为表明城市文明到来的正式鉴别标准。① 作为人类文明史上的伟大创造和新型的人造环境，"城市"的形成及其经济结构、社会组织的演变，从根本上说是来源广泛的人口集中和社会分工协作的结果，"无论是对于富人也好，还是对这些下层群众也好，大城市纯粹由自由的个人组成"。这些自由的个人在"不断地相互接触、相互交换和共同发挥作用，然而在他们之间却没有产生共同体和共同体意志"②，人与人之间的联系松散，城市社会的人际团结只是建立在"由一些特别而又不同的职能通过相互间的确定关系结合而成的系统"③，因此从一开始就必须建立基于陌生人社会交往的一系列规则，形成不同于熟人社会的新的认知模式、相应的社会制度安排及文化、价值与道德秩序。而从文化的角度来看，路威认为，"文化怎样开始的？绝不会发轫于一个天才的灵感……文化要能成形，非那明星主角一上场便有好配角帮忙不可……是成群成派的人在那儿工作"，如此才能形成"文化的传统"。④ 总之，乡土中人所生发、习得的文化及其所遵循的社会秩序，是与城市中人非常不同的，因为两者的社会构成及其来源不一样。

可以说，与乡土社会是基于血缘和地缘的"礼俗社会"相比，现代城市总体上是以陌生人为基础的"法理社会"，这种法理社会所衍化出来的生活方式及其文化、价值样态，超越了此前制约人类

---

① 〔英〕戈登·柴尔德：《城市革命》，陈洪波译，陈淳校，上海三联书店2010年版。
② 〔德〕斐迪南·滕尼斯：《共同体与社会：纯粹社会学的基本概念》，林荣远译，商务印书馆1999年版，第334—338页。
③ 〔法〕埃米尔·涂尔干：《社会分工论》，渠东译，读书·生活·新知三联书店2000年版，第90页。
④ 〔美〕罗伯特·路威：《文明与野蛮》，吕叔湘译，生活·读书·新知三联书店2015年版，第3页、第7—8页。

关系的老式部落间和亲族间的联系，进而极其深刻地形塑了新的城市文明。在霍尔看来，古希腊雅典城邦这一体系并不只是地缘的产物，而且是文化的产物："从来不只是一个经济单位，它有双重本质：既是一片领土，更是市民的集合体。正如修昔底德所说的，有了人才有了城邦……公民就是国家，它体现在子民以及民众的理念中。城邦是一个法治的国度，对外战争、征收税赋、花费公共支出、划分边界等，都依法而行。"①换言之，市民形成了一个集体，共推法理实现城市治理，而希腊民主政治的发明，是伴随城邦这一"小而独立的国家"的发展而出现的。作为规范市民行为和社会运转的制度，城邦的民主政治显然不同于乡村的社会文化秩序，特别是与民主政治同时出现的"法"及由此衍化出来的法理文化，是区别于乡村社会的一个显著特点：城市的公共管理制度、市民的法律权利和义务都来源于城市的法理文化。不过，在传统城市，新的人际关系和社会秩序安排，既与乡土社会相区别，也相类似，传统的礼俗文化在其中扮演了突出的作用。因此，在相当意义上，这里所说的城市文化不过是更大区域范围的文化（文明）系统的一部分，从而与后者具有某种同构性，其自身并不见得具有多大的独异性，特别是在思想和价值领域，像儒家文化在中国、古兰经在伊斯兰国家的主导性，并不会因城、乡的空间区隔而有多大不同，而是受到城市社会的普遍遵循。

其次，相比于乡土文化，城市文化或城市精神生活更为多样化或多元化。这同样基于城市人群来源广泛的事实。城市人口来自四面八方，每个人来到城市，都会带着自身特定的文化经验和思想行为模式，参与到城市生活和社会分工中来，这就是城市的"文化输入"。他们或维持较为原生态的文化样式，或经过锻造"输出"为

---

① 〔英〕彼得·霍尔：《文明中的城市》（第一册），王志章等译，商务印书馆2016年版，第49页。

新的文化样态，前者的典型例子是西安"北院门"的穆斯林社区，后者的典型例子是中国京剧的形成。作为一条充满中国传统特色和穆斯林风情的古街，位于西安鼓楼北侧的北院门，至少自唐代以来就见证了历史的兴衰，并在晚清八国联军侵华期间因慈禧西逃至此辟为行宫而重新走向繁华，各种银号、店铺、酒肆应运而生，各式人等纷至沓来，其中就有穆斯林群体。而整个北院门因各种各样的清真食肆和摊点连成一片而出名，包括糕饼、干果、蜜饯以及烤肉串、涮牛肚等小吃，保存着历史悠久而极具地方历史特色的街道、清真寺院景观和回族生活方式，成为闻名海内外的"回民文化风情街"。如是情形也出现在欧洲、北美等城市少数族裔社区，如德国一些城市的土耳其社区、美国一些城市的墨西哥社区。这可以说是新的城市文化得以生成的重要来源和历史缩影。原先被北京观众称为二黄、皮黄或乱弹的京剧（平剧、京戏），有人误以为它是北京土生土长的地方戏，其实不然。作为中国影响最大的戏曲剧种，京剧的形成众所周知与徽班进京直接相关：清代乾隆五十五年（1790）起，原在南方演出的三庆、四喜、春台、和春四大徽班陆续进入北京，与来自湖北的汉调艺人合作，同时接受了昆曲、梆子的部分剧目、曲调和表演方法，又吸收了一些地方民间曲调的精华，通过不断杂交、融合，最终形成"京剧"。它首先得名于上海[①]，最终形成以北京为中心、遍及全国各地的京剧文化现象，其本身既可视为城市的文化输入和文化再造，也集中展现了其多样化的杂糅特点。

再次，作为"复杂社会"的一部分及其体现，城市文化的出现、形成在某种意义上是分层次的，城市各阶层文化具有相当的差异性。各式人等的集中，使得城市会自发地生长出文化需求和文化创造，为叙述的方便计，不妨大致将之区分为草根阶层的"市井文

---

① 沈鸿鑫：《京剧：形成于北京，得名于上海》，《联合时报》2020年8月4日。

化"和社会中高层的"高雅文化"。前者的典型代表是北宋汴梁的市民文化。

宋代是我国社会经济文化发展的重要时期,城市迅猛发展("东京养甲兵数十万,居人百万"),商品经济高度繁荣(城市行业"从隋唐时的一百一十二行发展到南宋时的四百一十四行"),使新兴市民阶层地位日益上升。同时,市井文化的崛起,更是直接影响了宋代市民的精神生活消费和自发的文化创造。其中除了讲史、说经,话本是当时城市中最受欢迎、普及最广、成就最大的市民文化艺术形式。北宋以前,民众的娱乐中心往往集中在寺院庙宇里,民间文化常常依附着佛教文化的传播而有所发展。到宋代,基于满足新兴的市民阶层精神生活的需要,在城市中产生了数量和规模都十分可观的专门娱乐场所——瓦舍和勾栏。《东京梦华录》卷二有关北宋汴京瓦子记载:"街南桑家瓦子,近北则中瓦、次里瓦。其中大小勾栏五十余座,内中瓦子莲花棚、牡丹棚……象棚最大,可容数千人。"勾栏艺人演出场面不仅在《东京梦华录》《水浒传》中都有描写,在著名画家张择端的《清明上河图》里更是得到了直接的视觉呈现,据此可推测出当时瓦子勾栏的普及状况。[1]

相比之下,"高雅文化"往往是社会中上层推动的产物,代表了中上层的精神生活方式。比如近代以来,随着西方文艺复兴和资本主义经济的发展,新兴的工商业资产阶级、中产阶级,逐渐形成了体现其阶层趣味的"城市文化",他们与宫廷、教会、贵族等群体一起,通过对艺术文化的大量赞助和"炫耀性消费",发展出了种种满足其艺术消费需求的文化形式,极大地主导了城市文化的发展方向和面貌。其中的典型例子是1400—1500年的佛罗伦萨。在罗马教会特别是美第奇家族的大力资助下,佛罗伦萨的绘画、雕塑和

---

[1] 刘华、曹玎玎:《北宋市井文化对张择端〈清明上河图〉的影响》,《美与时代》2010年第12期。

建筑走向了近代艺术的巅峰,众多艺术名家群星闪耀,彪炳千古。同样地,戏剧在16世纪伦敦的兴起、古典音乐在19世纪维也纳的极盛,同样与上述因素的驱动息息相关。① 而在中国,京剧之所以成为国剧,也是宫廷等贵族阶层的积极参与、推动的产物。清廷最高统治者喜爱戏曲,凡皇帝或皇太后祝寿,都要举行庆典演出并成为惯例,而第一次进京的"三庆徽班",就是在乾隆五十五年(1790)秋天为了庆祝乾隆帝八十寿辰而崭露头角的。此后清廷内宫演戏活动一直比较盛行,乾隆五年设"南府",至道光七年改组为"升平署",专门管理宫廷演戏事宜。光绪年间,因为慈禧太后和光绪帝喜爱京戏,光绪还是票友,能打鼓,京剧在内宫颇为兴盛,一批戏班被选入宫承差,程长庚、谭鑫培、杨月楼等名角均被选为内廷供奉。王公大臣玩票的也很多,遂成风气。②

最后,就长时段的历史言之,城市文化是基于城市生活经验慢慢积淀而成的区域文化,而城市在此意义上则是一个具有自身精神特质的"文化共同体"。从法国年鉴学派的观点来看,所谓长时段是以百年甚至千年为基本度量单位的。在这一长时段中,人们可以观察到城市政治、经济、社会、文化等结构性因素的变动,以此把握其总体的历史及其背后文明/文化的转型,"长时段的惯性在很大程度上是文明本身的一个特点,因为文明背着由无数古老因素组成的庞大的难以想象的重负"③。比如在城市文化中,作为社会精神生活核心的民俗民情是其重要组成部分,也是其表现。以天津为例,在天津的城市风俗中,尤以对妈祖/天后(天津人俗称"娘娘")的信仰崇拜为最炽。冯骥才就认为天津的妈祖信仰在长时段的历史

---

① 〔英〕彼得·霍尔:《文明中的城市》(第一册),王志章等译,商务印书馆2016年版。

② 沈鸿鑫:《京剧:形成于北京,得名于上海》,《联合时报》2020年8月4日。

③ 〔法〕费尔南·布罗代尔:《论历史》,刘北成、周立红译,北京大学出版社2008年版,第233页。

中，经历了由神话传说进入民间形态，又由民间形态宗教化，再由宗教化到世俗化的过程。在这个过程中，天津由一个渔盐漕运码头崛起为一座大城，与妈祖更是有着精神血缘的密切联系。到了清朝中期，西方入侵改变了人们对海的感受，妈祖的含义随之发生了变化，人们把一切愿望，包括生儿育女、发财致富、消灾解病，都放在妈祖身上，妈祖就变成了一个至高无上的民间偶像，"天津卫这里的'三界、四生、六道、十方'，都攥在娘娘的手心里"[1]。而这种浓郁的本土文化得以滋生、固守、延续的土壤无疑是城市的社会生活：城市及其文化不仅与生活于其中的每一代人、每一个人的生命紧密相关，且在长期的繁衍生息中，他们渐渐形成了独特的生活方式和文化形态，并在这种醇厚浓郁的本土文化气息的熏陶濡染中，形成一个人类学意义上的文化共同体。作为经济、政治和文化共同体的雅典城邦是这样，"它是乡村人口增长、土地压力加大、金钱至上的商业经济发展的结果"[2]，在两千年之后的现代城市也同样如此。正如德国著名作家茨威格在深情回忆起维也纳时所说的，在一个拥有严格的社会分层的城市里，人们仍然可以和谐轻松地共同生活，原因就在于他们对于艺术的共同热爱："大贵族住在位于城市核心区的府第里，外交使团住在第三区，工商界人士住在环城大道附近，小市民阶级住在第二区到第九区的内城区，最外面一层住着无产阶级。但是所有的人都会在城堡剧院和盛大的节日里彼此交往。"[3]

---

[1] 祝昇慧：《"地方性知识"构筑"文化共同体"》，《福建论坛·人文社会科学版》2013年第8期。

[2] 〔英〕彼得·霍尔：《文明中的城市》（第一册），王志章等译，商务印书馆2016年版，第48页。

[3] 同上书，第160页。

三、城市文化是件"百衲衣"

作为《文明与野蛮》一书的译者，吕叔湘先生在译者序中介绍说："著者告诉我们，文明是一件东拼西凑的百衲衣，谁也不能夸口是他'独家制造'；'转借'实为文化史中的重要因子。"如欧洲的拼音字母的创始者是尼罗河上的埃及人，经过了腓尼基人的手传到希腊，希腊人加了一番改造又传给了罗马人，罗马人又稍稍修改，才成为现在西欧通行的一式。现在举世通行的数字系统的发明者是印度人，而把它传入欧洲的却是中世纪的阿拉伯人；在这以前，连那聪明的希腊人也"没有零的符号，也不用定位法计数。因此很简单的算术，给他们演算起来就麻烦不堪"，因此，"从外国采取一种有用的意思，这并不是丢脸的事情。所有复杂的文化都是这样东挪西借地建立起来的，像中国文化那样借用了外来的花样因而激起创造的努力者，往往产生惊人的结果"。[①]

当路威说"文明是一件东拼西凑的百衲衣"，其实也是在说"文化是一件东拼西凑的百衲衣"，或者说，异族之间彼此的"接触"及其过程在人类文明发展上具有极端的重要性。在这方面，给予了最佳说明的，是来自人类学研究成果所呈现的事实。在长达十万年的人类文明（文化）史上，在分布于地球陆地的族群中，假如以现在为基点往回追溯，将会发现它们明显的不同步现象，某些族群比较进步而另一些族群则停滞不前。比如在近代的人种里，1877年绝种的塔斯曼尼亚人文化最低：他们没有草房子，只有极其简陋的障壁，他们不知陶器为何物，使用的石器甚至也不比三万年前的尼安特人高明，其根本原因就在于他们与外部世界完全隔绝；相反地，那些具有复杂文化的民族如古埃及和古巴比伦则相互影响，巴比伦人本身便是苏美尔人和

---

① 吕叔湘：《译者序》，载〔美〕罗伯特·路威：《文明与野蛮》，吕叔湘译，生活·读书·新知三联书店2015年版，第3页。

阿卡德人的混合物,中国人老早和这些高等文明接触,过后又从突厥人、蒙古人那里输入不少文明……正因为接触过的异族不知其数,使得我们的现代文明更是从四面八方东拼西凑起来的一件百衲衣。①

在这方面,美国演化生理学和生物地理学家戴蒙德在其杰出的研究中进行了更为深入的揭示。同样是对世界上不同地区的各个民族的历史发展速度和进程不同的现象进行解释,戴蒙德的结论是:"不同民族的历史遵循不同的道路前进,其原因是民族环境的差异,而不是民族自身在生物学上的差异。"②为了说明这一点,他以"为什么在不同的大陆粮食生产传播速度不同"为例,从美洲和非洲的主轴线为南北向而亚欧大陆的主轴线为东西向着眼,指出二者的差异对人类文明史有着至关重要的深远影响:轴线走向影响了作物和牲口的传播速度,可能还影响了文字、车轮和其他发明的传播速度。因为欧亚大陆为东西向轴线,位于同一纬度的东西两地,白天的长度和季节的变化完全相同,且往往具有类似的疾病、温度和雨量情势以及动植物生境或生物群落区(植被类型),这使得农业最早发源地的新月沃地向外传播的速度较南北向轴线的美洲和非洲大陆为快,包括人类在内的动物也一样,在东西向大致纬度生活的人群更容易适应与纬度相关的气候特点,在迁徙、接触、交流方面具有南北向大陆所不具有的环境优势,从而欧亚大陆文明普遍比美洲、非洲文明发达,就得到了相当有说服力的解释。这也就是人类文明史上的"幸运纬度带"③。更重要的是,戴蒙德指出,大陆轴线走向的

---

① 〔美〕罗伯特·路威:《文明与野蛮》,吕叔湘译,生活·读书·新知三联书店2015年版,第15页。
② 〔美〕贾雷德·戴蒙德:《枪炮、病菌与钢铁——人类社会的命运》,谢延光译,上海世纪出版集团2006年版,第16页。
③ 所谓"幸运纬度带",是从公元前13700年开始,大致为北纬20—35度的亚欧大陆和南纬15度到北纬20度的美洲大陆,它们中的部分地区的社会发展开始加速,超越了世界上所有其他地区。参看〔美〕伊恩·莫里斯《文明的度量——社会发展如何决定国家命运》,李阳译,中信出版社2014年版,第31页。

差异不仅影响粮食生产的传播,而且也影响其他技术和发明的传播,如公元前 3000 年左右在西南亚或附近发明的轮子,不到几百年就从东到西迅速传到了欧亚大陆的很大一部分地区,而在史前时代墨西哥独立发明的轮子却未能传到南面的安第斯山脉地区。同样,不迟于公元前 1500 年在新月沃地西部发展起来的字母文字的原理,在大约公元前 1000 年向西传到了迦太基,向东传到了印度次大陆,但在史前时期即已盛行的中美洲书写系统,经过了至少两千年时间还没到达安第斯山脉。[1]

可以说,路威和戴蒙德的研究为我们理解何为城市文化及其生成提供了极为有益的启示。由于城市的人口相比于乡村更多且更集中,不仅其社会分工因此更容易也更发达,内部"冒出"具有发明创造力的人的几率更高,而且其对外交往和接触其他文化并从中吸收养分的机会也就更多,文化输入频率和文化再造能力就更强,这一切无疑都会不断丰富城市的文化资源,并在历史的杂糅中形塑新的文明形态和样式。

由此,我们有必要强调"文化流动"对于促进人类文化发展和文明进步所发挥的极其重要的作用,我们甚至可以说,文化流动造就文明。在这方面能说明问题的材料很多,"从青铜之路到丝绸之路"就是典型案例。众所周知,"丝绸之路"促进了欧亚大陆文化的形成和人类文明的交流互动,不过早在"丝绸之路"存在之前,在夏商周三代就已形成了一条从西亚、中亚到中国的"青铜之路"。两者先后相继而方向相反,可以说是青铜之路诱发了丝绸之路,丝绸之路取代了青铜之路。根据世界考古发现,今天的叙利亚、土耳其、伊拉克等西亚国家,早在公元前 1 万年到公元前 6000 年间就出现了冶铜业,此后以这一地区为中心的青铜文明向外扩散,其中一个方向就是沿着欧

---

[1] 〔美〕贾雷德·戴蒙德:《枪炮、病菌与钢铁——人类社会的命运》,谢延光译,上海世纪出版集团 2006 年版。

亚大草原进入东亚，在公元前2000年左右到达新疆，在公元前1700年左右经由河西走廊进入中原。可以看到，正是这一"以时间换空间"的自西向东的"青铜之路"的开辟，使得青铜技术得以扩散之外，也同时带来了羊、羊毛、牛、牛奶、马、马车等驯化物种和技术的传播，这为后来汉唐宋元时代丝绸之路的兴盛定了基础。青铜之路将欧洲和东亚纳入了以西亚为中心的古代世界体系，后起的丝绸之路加强了东亚与西亚、欧洲的联系。[1] 这一历史为我们打开了理解欧亚大陆文化形成以及人类文明如何在相互交流中发展的大门。

丝绸之路是以城市为核心节点的。人类文明交流互动的所有因素几乎都可在城市中找到其踪迹，并在城市文化这件"百衲衣"的生成中发挥着或显或隐的影响。以丝绸之路的起点城市长安为例，有唐一代，政治、经济和社会生活相当开放包容，且由于与西域诸国、北方诸族在相当长的时间内保持着频繁的贸易往来，进入了全球贸易体系，大量来自中亚、西亚的商人居住于长安，长安因而成为全球首屈一指的大都市。根据历史人口统计，公元800年时，长安人口已达百万，而同年巴黎仅有2.5万人。也因此，从初唐到盛唐，整体上的社会文化氛围极为宽松多元，历史性地催生了大唐气象。我们今日所见的胡萝卜、胡椒等物种，即来自唐代的西域，那时的胡姬、胡服、胡乐、胡食、胡旋舞等，均是长安等大型都市里再日常不过的事物。正如任何一种文明都不是独立发展、所有伟大文明都是文化接触的结果，这一现象也说明了不能将某种"文化"进行本质化理解，即并不存在纯粹的"地域文化"或"地方性知识"。[2]

---

[1] 易华：《青铜之路：上古西东文化交流概说》，载南京师范大学文博系编《东亚古物》（A卷），文物出版社2004年版，第76—96页。

[2] 〔美〕克利福德·吉尔兹：《地方性知识——阐释人类学论文集》，王海龙、张家瑄译，中央编译出版社2000年版，第19页。

第二节　文化在现代城市文明中的功能地位

美国学者 Sharon Zukin 在其《城市文化》一书的开篇，曾这样论说文化在城市中的功能："城市经常因其代表了人类社会最低级的本能而受到批评。城市是建筑上的庞然大物与金钱崇拜的具体体现，是官僚机器的权力或者金钱的社会压力的地图。我们这些居住于城市中的人，倾向于把文化视作这一所在的粗俗视觉的解毒剂。那城市艺术博物馆或音乐厅的雅典卫城，时髦的艺术陈列馆与咖啡馆，把民族传统转化为烹饪标志的餐馆——据说这些文化活动可以把我们拔出日常生活的泥沼，升入仪式化的快乐的神圣空间。"[1]文化本身的存在，是城市生产、生活方式的有机组成部分，一方面承继了城市文明传统，另一方面又开创了新的城市文明空间。它在城市生活中的功能地位，需要从城市文明的高度和角度予以充分的透视。

一、作为城市基础设施和生活方式的"文化"

当芒福德说"城市是文化的容器……这容器所承载的生活比这容器自身更重要"时，他更加强调的是文化对于人与社会的教化改造之功："最初城市是神灵的家园，最终成为改造人的场所。从城市中走出的，是大量面目一新的男男女女。"[2]而这又回到了路威所说的文化的本源："凡是一个人这样从他的社会群体里面得来的东西，统

---

[1]〔美〕朱克英（Sharon Zukin）:《城市文化》，张廷佺等译，上海教育出版社2006年版，第1页。

[2] 宋俊岭:《译者的话——城市的根本职责》，载〔美〕刘易斯·芒福德《城市文化》，宋俊岭等译，中国建筑工业出版社2009年版。

叫作它的'文化'的一部分。"①

因此可以说，古往今来，从城市出现伊始，"文化"就构成了城市重要的基础设施和生活方式，是城市文明最为主要的构件之一。事实上，在对古老城市的考古挖掘中，我们会发现很多先民们的生产和生活物质遗存，其中就包括了大量的"文化"遗址及相关器物。比如古希腊时期的雅典卫城，比如我国春秋战国时期的楚国编钟，由此可以想见古人的精神生活及其文明创造。在科特金所建构的"神圣、安全、繁荣"城市发展模型中，"神圣"位居第一：作为人们认识世界、把握世界和改造世界的基本图式，宗教、信仰始终是人类文化起源、社会发展最重要的驱动力以及生活方式之一。正如科特金所指出的，"（建造城市）这种耗时巨大的努力需要一种道德和社会秩序以及人对自然的支配关系，以应对社会的复杂管理和对自然界更有支配力的关系，这是从已经维系了传统的乡村生活千年之久的家族血缘关系中脱离出来的重要一步。最早的城市正是作为这些社会变化的载体而兴起"。相应地，祭司、巫师等神职阶层成为新的城市秩序的主要组织者，他们负责阐释人高于自然的神圣法则，完善礼拜体系，在复杂的大型公共活动中规范很多往往看似无关的人们的活动，赋予城市以秩序和恒久的含义。正是基于其重要性，供奉诸神的神庙等宗教建筑位居城市中心并主宰了早期的城市轮廓就不足为奇了。这种古代城市宗教起源的相似之处，在古代的美索不达米亚、埃及、印度、中国和美洲皆可见，由此美国历史学家费林倍科认为，在世界各地早期城市的建造者中，存在着某种"心理一致"现象。②

---

① 〔美〕罗伯特·路威：《文明与野蛮》，吕叔湘译，生活·读书·新知三联书店2015年版，第3页。

② 〔美〕乔尔·科特金：《全球城市史》，王旭等译，社会科学文献出版社2006年版，第5页。

随着城市的发展，特别是随着古老城市向近现代城市过渡和转变，在神迹文化之外，世俗文化生活方式在城市开始大行其道。比如文艺复兴时期的佛罗伦萨，早期的一流艺术家由于受到基督教会的大力赞助而主要从事宗教绘画活动，以满足社会的宗教情感生活需求，而二流的艺术家则接受世俗的委托。随着城市新兴资产阶级（富裕商人）的涌现，他们取代了贵族和神职人员而充当了艺术的赞助者，他们大肆建筑大型工程、别墅和装饰房屋，世俗主题的绘画因此大量出现，形成一个独立于教堂、修道院之外的私人住宅的艺术市场，这使得文化复兴城市成为现代社会世俗文化的策源地。①

事实上，假如往前追溯历史，在基督教统一的、有组织的神学主导西方社会生活之前，也即"神学之光尚未普照"之时，西方城市的世俗文化可谓源远流长不绝如缕。在古希腊，尽管神祇在社会生活中无处不在，但诸神却各自分管着不同的人间事务，这使得神祇崇拜与世俗生活的社会管理功能合而为一，这一世俗性和人间味，在某种意义上决定了古希腊文明的方方面面，如数学、医学、天文学、文学、史学、哲学和艺术等，特别是热衷于公共事务的希腊人以城邦为政治单位所开出的政治实践、制度安排及哲学思考，如民主制、贵族制、君主制与僭主制等，取得了极其耀眼的政治文明成就。② 不仅如此，"公共空间"在雅典人生活中的地位无可取代，除了著名的阿戈拉市场，坐落在伊皮道鲁斯的依山开凿的大剧场，可以容纳14 000人，这些剧场除了上演戏剧，也包括酒神节庆典等展览、游行、祭祀活动，它们与奥林匹克运动会场馆和雅典卫城的巴

---

① 参看〔英〕彼得·霍尔《文明中的城市》（第一册），商务印书馆2016年版。
② 参看《民主的曙光：古雅典》，老安译，山东画报出版社、中国建筑出版社2001年版。

特农神殿等一起，构成了雅典社会的精神文化生活中心。①

从古代城市到现代城市，文化在城市生活中的重要地位日益凸显。16世纪以来的伦敦就是最好的例子。

伦敦是西方从中世纪转向现代的文艺复兴重镇之一，尤其在现代城市戏剧文化的兴起中扮演了极其重要的角色。而作为英国文艺复兴时期最伟大的诗人和剧作家，莎士比亚活跃于都铎王朝末期的伊丽莎白一世时代（1558—1603）和斯图亚特王朝初期的詹姆士一世时代（1603—1625）。众所周知，这时的英国正经历了民族崛起、国家扩张、商业繁荣和宗教论战，而处在神权政治与君权政治、封建农业社会与近代工商业社会、民族国家与世界性国家的历史交接点上，也即英国实现帝国霸业的关键时期。社会的发展与变化带来了英国文学的黄金时代，而戏剧则是这个时代的骄子。从1580年起，英国产生了数十位卓有成就的剧作家，见于记载的剧本达一千部左右。莎士比亚的前辈、同侪与后学，有李利（John Lyly）、马洛（Christopher Marlowe）、格林（Robert Greene）、皮尔（George Peele）、纳什（Thomas Nash）、基德（Thomas Kyd）、琼森（Ben Jonson）、弗莱彻（John Fletcher）等人，他们共同创造了历史剧、复仇悲剧、伟人悲剧、浪漫喜剧、宫廷喜剧、悲喜剧等戏剧样式，莎士比亚则集其大成而奠定了英国戏剧的伟大传统。②

在这一时期，英国（英格兰）的经济改革带来经济的快速发展（圈地运动、农业技术改进和海内外贸易），以及职业阶层的扩大和城市财富的积累，伦敦作为最大的受益者，超越安特卫普和里昂成为世界金融中心，成为人口集聚的最富足的城市，"炫耀性消费"迅速兴起，尤其是新富阶层创造了自身的娱乐需求，其代表就是剧场，

---

① 陈恒：《失落的文明：古希腊》，华东师范大学出版社2001年版。

② 张沛：《莎士比亚与"我们"：〈莎士比亚研究〉丛书总序》，《国际比较文学》2020年第4期。

"他们涌向伦敦,既有时间又有金钱去光顾剧院"。相应地,那也是剧作家们成长的理想场所,"只有在国际大都市,一个天才剧作家才能谋职养活自己"。因此,在霍尔看来,为什么伦敦会产生戏剧这个问题几乎不需要答案,伦敦戏剧兴起是因为观众的期盼,而观众的期盼是因为诞生了一个新富阶层,尽管他们还需建功立业,但却有足够的金钱和时间享受休闲,引用凯恩斯的话说就是:"莎士比亚大放异彩之时,我们恰好消费得起。"① 这也直接促成了伦敦西部中心"不仅是大资本家奢华宫殿云集的地区,而且还有一些提供给富裕朝臣和职业人士的新居所,以及可供这些精英客户购买奢侈品的市场",其中也包括剧场的大量修建:到1629年,当巴黎正在修建第2座公共剧院时,伦敦已经拥有了17座之多。时至今日,作为与纽约百老汇齐名的世界两大戏剧中心之一和英国戏剧的代名词,伦敦西区拥有49个剧院,它们大多集中在伦敦夏夫兹博里和黑马克两个街区,方圆不足1平方公里,平均每晚约3万人前来观看演出。在2014年的伦敦剧院报告中,2013年全伦敦剧院的观众总人数达到2200万,其中伦敦西区的观众人数占1/3,票房达到6.18亿英镑,超过了伦敦全年的电影票房。② 于此可见,文化在城市发展和社会生活中的基础性地位。

二、保障文化权利成为城市文明的标识

　　文化在城市社会中的功用,既可通过正式教育等途径达致,也可通过某种轻松愉悦的休闲娱乐方式实现。事实上,无论是正式教育还是娱乐休闲,都构成了人的基本需求。这种需求的满足既具精神生活价值,更是"文明"意义上的。不妨设想,一个连人的

---

　　① 〔英〕彼得·霍尔:《文明中的城市》(第一册),商务印书馆2016年版,第159—173页。
　　② 张蕾:《百老汇、西区与上海戏剧观众拓展比较分析》,《上海戏剧》2019年第2期。

精神需要都不能有效满足的社会,会是一个文明的社会吗?这点在集聚了大规模人口的城市就体现得更为明显。正如朱克英(Sharon Zukin)所观察到的:"近年来,文化也已更为明显地成为社会差别与城市恐惧引起冲突的场所。大量的新移民与少数民族给包括从学校到政党的各种公共机构,带来了要满足他们特定需要的压力。艺术博物馆与交响乐团等高雅文化机构也已经受到了压力,不得不将其展览与演出的内容扩展并多样化,以满足更广泛公众的需求。"[①] 她是在20世纪的八九十年代做出如是观察的,以此为基点可向过去和未来延展。时至今日可以发现,城市文化本身就是"为满足更广泛公众的需求"而出现的,是对市民精神需求及相应的生活方式的保障,不仅是文化的首要功能,且有利于公民文化权利的实现,本身是文明社会的内在要求,另一方面它又集中体现了人类"合意社会"的进步和正义原则,是文明的伸张。

关于"文化权利",它既是一个文化概念,更是一个人权概念。作为一个专门的现代法律用语,其起源至少可追溯到一百多年前,如1919年德国《魏玛宪法》第二编《德国人民基本权利及基本义务》中,就出现了"公民有受教育权和享受从事艺术、科学活动的自由,保护知识产权和文化遗产"等关于文化权利的法律规定。在国际层面,"文化权利"最早出现在1948年联合国大会通过的《世界人权宣言》中,其中有"每个人……有权享受他的个人尊严和人格的自由发展所必需的经济、社会和文化方面各种权利的实现"的表述,但这一概念为人所共知,则始于联合国大会在1966年通过的《经济、社会和文化权利国际公约》,此后得到了越来越广泛的关注和重视。

在学者秋风看来,要讨论文化权利,可从何为"权利"说起。

---

① 〔美〕朱克英(Sharon Zukin):《城市文化》,张廷佺等译,上海教育出版社2006年版,第1—2页。

他指出，权利在英文里对应的是"rights"，是个复数概念。而作为单数的"right"在17、18世纪出现时，它还很难说是我们今天所理解的"权利"。如在德语里它有三重意思，既指法律，又指正义，以及我们今天谈论的部分权利内容。现代的"rights"是伴随着关于人及其与世界的关系的哲学观念发生转变的产物：当作为一个独立的"自我"对世界提出要求时就构成了"权利"，因此它从一开始就带有某种要求、主张的含义，主张外部世界或他人对自己产生某种义务。由此所构造出的一套关于权利的观念和制度体系，主要包括生命权、宗教信仰权和政治权利等根本性权利，以及经济、社会和文化等发展性权利。文化权利由此可得到解释，即它意味着政府、社会或他人要提供某种便利，让公民能平等地接触到某种文化资源或受到文化的熏陶，如参观博物馆或接触一些文化产品等。而在一个现代国家，政府是有责任去满足公民的文化权利要求的。[①] 此外，意大利思想家葛兰西曾在《社会主义和文化》中所指出的，对于我们认识文化以及文化权利的重要性也具有指导意义："它（文化）是一个人内心的组织和陶冶，一种同人们自身的个性的妥协；文化是达到一种更高的自觉境界，人们借助于它懂得自己的历史价值，懂得自己在生活中的作用，以及自己的权利和义务。"[②]

当然，作为一个相当晚起的现代概念，"文化权利"及其相关理论的出现是很后来的事情，但这并不意味着在此之前的相关实践或事实就不存在。对于我们今天讨论的城市文明而言，城市文化的发展本身就是保障生活在城市中的人的文化权利的文明进步过程。在此，我们不妨从"阅读与城市"的角度对此进行必要的阐述和说明。

众所周知，文字的发明与阅读的拓展，是人类文明发展的驱动

---

① 秋风、杨立青：《通过文化来构造市民共同体》，载王京生主编《深圳十大观念》，深圳报业集团出版社2011年版，第246—250页。

② 〔意〕葛兰西：《葛兰西文选》，中央编译局译，人民出版社1992年版，第5页。

力，而城市的出现则使这一文明进程加速了。因为在城市兴起所产生的极为繁复的社会效应中，就包括了人口的集中和交换的需要，特别是知识、信息的交换需求。空间意义上的横向交换之外，是时间意义上的纵向交换，即通过口口相授、代代相传的方式了解和想象过去的历史。知识、信息交换总是依赖于某种媒介。基于原先的口头交流固有的局限，人类一直在追寻更长久有效的知识、信息媒介，以克服信息交流的时空限制。在此意义上，我们之所以说文字的出现是人类进入文明时代的标志，就是因为文字作为一种意义符号和人类信息交往的有用工具，它极大地克服了人们交往的信息难题。在文字出现以后，人们又开始寻找文字书写的工具和载体，如动物骨头、泥板、纸莎草纸、羊皮甚至树叶。在此过程中，中国人在汉代所发明的造纸术，不仅使纸张替代了简帛，改进了文字书写工具和降低了书写成本，而且随着后来印刷术的发明，一种新的信息交流媒介即印刷书便应运而生。对于印刷术在人类文明进程中的意义，孔多塞曾这样指出："印刷术无限地（而且花费很小地）增多了同一部著作的印数。从此，凡是懂得阅读的人就都有能力可以有书并按照自己的兴趣和需要得到书；而且这种读书的便利又扩大并且传播了进行教育的愿望和手段……知识变成了一种积极的、普遍的交流的对象。"[1]

城市是文化发展的容器，书籍是人类进步的阶梯。法国学者巴比耶在《书籍的历史》一书中特别强调了15世纪古登堡印刷革命对西方文明的意义："只要我们把话题扩大到一切与文字文明有关的因素，中世纪后期突现的'现代性'与各种图书资料的极大丰富便跃然纸上，一目了然。简言之，出现了三种截然不同的趋势：首先登场的是'专业化'趋势；然后，与前者恰恰相反，'大众化'趋势风

---

[1] 〔法〕孔多塞：《人类精神进步史表纲要》，何兆武、何冰译，生活·读书·新知三联书店1998年版，第101—102页。

起云涌；最后，图书逐渐成为社会指示物，或者引用皮埃尔·布尔迪厄的说法——'权力的象征'。"[1]

在专业化方面，一批新的知识分子当时已能熟练地驾驭文字书写，新的手稿形式应运而生并得到广泛传播；在大众化方面，文字和图书在大众中的普及率有所提高，文字也满足了大众的种种需求，日益受到人们的重视，手抄书生产规模日见扩大，发行量与日俱增，皇宫与城市手工场吸收了大批艺术家和手工匠。但与此同时，由于社会人口的识字率依然偏低，使得阅读文字和图书依然是属于少数特权阶级（如教士阶级）的专利和"权力的象征"。而古登堡印刷革命的深远意义正在于，它一方面通过技术有效地打破了特权阶级对阅读权利的垄断，使更大范围的社会化阅读成为可能，从而有利于社会识字率和知识传播速度的普遍提高。值得特别指出的是，由古登堡的印刷新技术所推动的活字印刷业，在地理分布上无不是在人口稠密、交通便利、经济繁荣、宗教地位优越、文化发达尤其是知识者汇集的城市地区，如英国的伦敦、牛津，法国的巴黎、里昂，德国的科隆、美因兹，意大利的罗马等，由此一方面可见城市在人类文明史上超乎寻常的地位，另一方面则见出城市阅读的发展及其对文化权利的保障所展现出来的文明进步意蕴。

三、城市文化的发展与城市文明的创造

如前所述，"权利"一词本身就具有"正义"的内涵，而印裔经济学家阿马蒂亚·森关于"正义"的理论主张则提供了一个新的取向，即基本能力取向。在他看来，基本能力是"一个人为实现有意义的目标所必须具备的功能组合"，而"有意义的目标"是指通常情况下社会认可的目标，如当医生、科学家、运动员等；功能则包

---

[1] 〔法〕弗雷德里克·巴比耶：《书籍的历史》，刘阳等译，广西师范大学出版社2005年版，第79页。

括免于饥饿的能力、行动自由、学习能力、一定的技能、健康等基本要素,是一个人按照自己的意愿生活、实现有意义的目标所必不可少的东西。森认为,社会的首要任务是为个体提供这些基本能力。从一个层面来看,这些基本能力并没有超出罗尔斯的基本物品的范畴,森的创新在于把人们的注意力引向个体,要求社会和政府关注每个人对基本能力的不同需求。[1]

由此出发,我们可以看到,城市的出现,显示了人类能够以最深远而持久的方式重塑自然的能力,表达和释放着人类的创造性欲望,它从一开始就是人类教育、艺术、宗教、商业、科学、技术的积聚地,就是普遍提高人的"基本能力"的中心地带,从而也为城市文明的创造奠定基础。

从文化角度看,以城市为中心的思想和行为方式主导、形塑了人类文明的走向和面貌。在古希腊,雅典、马其顿等城邦是其文明的发祥地,尤其是雅典,不仅会聚了当时最为知名的学者,而且经由他们的设坛讲学,使思考、辩论、阅读、撰述之风四处弥漫,营造了浓郁的城邦文化氛围。如著名的柏拉图学园,在柏拉图生前及身后,存在了几百年之久,它与亚里士多德所设立的吕克昂学堂等一起开创的精神生活和文教传统,不仅惠及希腊本土,而且透过后来的"希腊化运动",扩展到东方的小亚细亚和北非的地中海沿岸,并在亚历山大城结出巨大的异域之果:马其顿的崛起结束了希腊城邦政治,亚历山大大帝的东征将希腊文明散播到东地中海沿岸及波斯、阿富汗地区。从公元前3世纪开始,希腊文化的重心就逐步从雅典转移到尼罗河口的亚历山大城,而借助托勒密王室庞大的财富、权力、威望设立的亚历山大学宫,其图书馆建设规模极其庞大,不

---

[1] 参看阿马蒂亚·森:《以自由看待发展》,任赜、于真译,刘民权、刘柳校,中国人民大学出版社2002年版;姚洋:《作为一种分配正义原则的帕累托改进》,《学术月刊》2016年第10期。

仅包括书库、阅览室、编目室、抄录室等，而且在藏书方面，由于王室不惜成本各处搜集，全盛时期达到50万册之巨。亚历山大学宫对文化、科学人才和各种典籍的网罗，继柏拉图学园、吕克昂学堂后，成为当时的文化重镇和学术中心，不仅对希腊文明的传承有莫大之功，也使希腊文明的发展达到顶峰，其影响后来更是扩展到整个欧洲和伊斯兰世界。①

对于城市文化发展与城市文明创造之间关系的揭示，最好的例子莫过于伦敦。作为工业革命以来大英帝国首都，伦敦不仅是当时欧洲最大的城市和世界经济的中心，同时也是世界文化特别是知识生产的中心。在伦敦，不仅有大量的大学、图书馆、博物馆等文化设施以及发达的近代出版业，而且会集了一大批著名的作家、学者、艺术家，使伦敦成为现代知识的全球生产、传播中心，引领了世界文化消费的风尚和潮流，从而进一步强化了伦敦作为"世界资本主义首都"的功能地位和世界对大英帝国的文化想象。在今天这样一个所谓的后工业时代，我们一谈起知识经济、创意经济或创意产业这样的与城市文化相关的话题，伦敦依然是个绕不过去的巨大存在。之所以如此，当然是与伦敦在长达500年的现代化进程中作为"世界首都"所奠定的文化和知识根基密不可分的，它直接支撑或潜在支援了其后的文明创造："文化的民主化在欧洲其他城市清晰可见。技术的进步使普通民众有越来越多的机会接近书籍……这种新的精神在伦敦最为突出。在16世纪末伊丽莎白女王统治时期，伦敦变成了包括从戏剧到激烈的科学与技术辩论等一切展示新事物的精彩的舞台。长期以来被禁锢而且使人心生恐惧的知识，此时被看作最有

---

① 陈方正:《继承与叛逆——现代科学为何出现在西方》,生活·读书·新知三联书店2009年版,第235页。

价值的东西。"① 现代的科技、经济、政治、法律、工业、金融、邮政、体育等文明创造,之所以无一不是诞生、发源于英国,在相当意义上正因为它奠基于伦敦等中心城市发达的文化教育发展水平和强大的知识生产能力。

同样的情形也在法国巴黎和美国纽约等大城市出现。巴黎作为传统欧陆大国法国的首都,不仅有欧洲最古老大学之一的巴黎大学,有各式画廊、咖啡馆、书店、博物馆等文化设施和文化空间,有数量庞大的艺术家群体,而且巴黎人还讲着一度是欧洲最高雅语言的法语,在贵族夫人所主持的沙龙上侃侃而谈。一切的一切,都营造着、散发着独特的文化魅力,吸引着各地文化人前来定居生活。在北美,作为英国海外殖民的典范,位居哈德逊河口和大西洋交界处的纽约,以其独具的国际移民优势和港口地理优势,很快成为联系北美与欧洲经济的枢纽,并继伦敦之后崛起为新的全球文化中心。在远东,日本明治维新以来,东京在日本的功能作用迅速取代了京都的传统地位,而其在城市文化上的高度发展,最突出的表现之一是它迅速成为东亚翻译出版中心,其对大量西方文献的及时翻译出版,不仅使明治维新运动向更深入的方向发展,促进了日本近代文化的成功转型,而且其思想影响遍及东亚地区,其中就包括经日语转译的西方语词大量进入中国,间接地推动了中国文化的近代转型。在中国,上海作为1840年后开埠的港口城市,同样以其江海交汇的优越地理位置而崛起为"远东第一大城市",近代上海不仅工商业发达,而且也是中国近代文化的发祥地,特别是其发达的新闻出版业(如商务印书馆是全国最大的出版社,《申报》是全国发行量最大的报纸),使之超越了北京成为中国近代文化发展的中心,更加凸显其在中国首屈一指的城市地位。

---

① 〔美〕乔尔·科特金:《全球城市史》,王旭等译,社会科学文献出版社2006年版,第125—126页。

第三节　形塑开放包容的城市文化

一、开放包容是城市文明的标志

从城市出现的原点来看，不同于乡村的熟人社会，城市虽然可能是某一些部族基于某种原因（如集中安葬先人）在某地定期聚拢和永久定居的结果，但从本质上说是陌生人汇聚的地方，或者说从一开始城市就是开放包容的产物。"在城市成为人类的永久性固定居住地之前，它最初只是古人类聚会的地点，古人类定期返回这些地点进行一些神圣活动；所以，这些地点是先具备磁体功能，而后才具备容器功能的。这些地点能把一些非居住者吸引到此来进行情感交流和寻求精神刺激；这种能力同经济贸易一样，都是城市的基本标准之一，也是城市固有活力的一个证据，这同乡村那种较为固定的、内向的和敌视外来者的村庄形式完全相反。"①

城市这种几乎是自发自为的开放包容性在古希腊的雅典就已得到非常充分的体现。实际上，雅典完全称得上是一个以开放包容为特色的世界移民城。在公元前432年伯罗奔尼撒战争之初，当人口大致达到顶峰时，整个雅典城邦（包括城市和周边农村）约有21.5万—30万人，公民人数达到3.5万—4.5万人，公民及其家人有11万—18万人，外来人口（非公民）约1万—1.5万人，非公民及其家庭人口2.5万—4万人，奴隶8万—11万人。② 由此可见外来人口所占的比重之大——他们大多是受到雅典在经济方面的机会的引诱

---

① 〔美〕刘易斯·芒福德:《城市发展史——起源、演变和前景》，宋俊岭、倪文彦译，中国建筑工业出版社2005年版，第9页。

② 〔英〕彼得·霍尔:《文明中的城市》（第一册），商务印书馆2016年版，第38页。

而来的。虽然没有公民权,他们对雅典的经济和文化却有着举足轻重的影响。在比雷埃夫斯港湾,人们不时能看到停泊在那里的大货轮,正是这些船把比雷埃夫斯造就成整个东地中海的商业中心:它们从黑海沿岸运来了粮食,从北边的马其顿运来了木材,从埃及运来了亚麻和异国的牲畜,从迦太基运来了地毯,从阿拉伯运来了香料,从其他地方运来了象牙、羊毛、葡萄酒、奶酪以及其他商品。这些"外籍"人士与雅典人和平相处,他们不仅在穿着上与雅典公民别无二致,而且能够以平等的身份与公民交谈,甚至做同样的工作,挣到一样多的钱。总而言之,这些外来者受到了当地人的普遍欢迎。普通的劳工、熟练的工匠以及一些成功的企业家大半都是外籍人士。在艺术与科学领域,外籍人士也同样有优秀的代表,如被称为"医学之父"的希波克拉底和"历史之父"的希罗多德,还有哲学家阿那克萨哥拉。[①]

当城市的发展迈进现代的门槛,情况就更是如此。如伦敦在1550年时只有12万人口,1600年达到20万,50年间增长了67%,使其在英国和威尔士总人口份额中所占的比重从4%增至5%,人口规模远远超过英国其他城市;根据时人及后来的计算,1600—1660年其人口又几乎翻了一番,可能达到了50万。伦敦的扩张反映了人口的不断增长和快速流动:英国人口转移到南方,转移到城镇,特别是伦敦这样的大城市,其中就包括著名的莎士比亚——他本是英格兰中部城镇商人的儿子,放弃了拥有城镇最大的豪宅、家族盾徽和"威廉·莎士比亚是埃文河畔斯特拉特福德的一名绅士"这样的名号。[②] 人口的快速流动本身也折射了伦敦社会的开放包容及其蓬勃

[①] 艺衡、任珺、杨立青:《文化权利:回溯与解读》,社会科学文献出版社2005年版,第49—50页。

[②] 〔英〕彼得·霍尔:《文明中的城市》(第一册),商务印书馆2016年版,第159—161页。

的发展活力,二者相得益彰,形成伦敦作为现代城市得以崛起的最大内驱力。

同样地,在维也纳1780—1830年间的"音乐黄金时代",这座音乐之都拥有海顿、莫扎特、贝多芬和舒伯特等古典音乐巨匠。不过有趣的是,上述四巨头中,只有相对没那么出名的舒伯特出生于维也纳。如同莎士比亚不是生于伦敦而是生在埃文河畔的斯特拉特福德,海顿生于奥地利南部的劳罗,莫扎特生于萨尔茨堡的一个乐师家庭,贝多芬则生于德国波恩的一个贫穷之家。如伦敦的剧院和戏剧市场吸引了莎士比亚等前来进而确立伦敦世界戏剧舞台中心的地位一样,维也纳在音乐方面的社会氛围和至高权威使得音乐天才们与这座帝国都城在艺术上开放包容的发展相互促进、彼此成就。正如茨威格所回忆的,维也纳是一座极度古老的欧洲城市,它走过了几个世纪,吸收了无数不同的文化涓流和多样的艺术天赋:"七颗不朽的音乐明星——格鲁克、海顿、莫扎特、贝多芬、舒伯特、勃拉姆斯、约翰·施特劳斯都曾在这里生活过,向全世界放射着光辉;欧洲文化的各种潮流都在这里汇集……这座音乐之都的真正天才是,把一切具有极大差异的文化熔于一炉,使之成为一种新的独特的奥地利文化、维也纳文化……这座城市的每一个居民都在不知不觉中被培养成为一个超民族主义者、一个世界主义者、一个世界的公民。"①

在中国,近代上海的历史同样是一段移民的历史:自开埠以来,外地移民占到上海人口的80%,而土生土长的本地人只有20%左右。移民中除了外国人,国内则以江、浙、粤、皖、鲁等地人为主,如1936年上海华界总人口约215万,上述五省籍人分别为

---

① 〔英〕彼得·霍尔:《文明中的城市》(第一册),商务印书馆2016年版,第236页。

40.5%、19.2%、2.7%、4.4%、0.16%,合计占总人口的 66.96%。[①]不言而喻,上海的近代崛起与移民的大量涌入呈现出二位一体的历史关系:近代上海以其发展的活力吸引和改造着移民,反过来移民又为上海的近代发展提供源源不断的人力、资金等城市发展所必需的资源;同时,国内外大批移民的会聚,使上海人口迅速增长,刺激了消费和生产,为上海造就了巨大的市场,加速上海的社会发展。可以说,近代上海开放包容的城市文化性格,使得多元异质的移民形成极具活力的"五方杂处""远悦近来"的社会格局,从富商巨贾到贫苦市民,从专家学者、作家明星到负贩苦力,皆为上海的兴盛贡献了力量。

同样的案例还有当代深圳。作为改革开放中兴起的经济特区城市,深圳在高新技术产业、现代金融业、现代物流业、文化创意产业等领域的崛起原因当然有很多,比如毗邻香港、对外开放先行一步的政策优势等。但更为内在的原因在于它是个典型的移民城市,在短短四十年间会聚了超过 2000 万外来人口,造就了其开放包容的社会文化优势:较少传统文化的包袱和惯性思维的束缚,具有很大的开放性和开拓性,加上外来移民人口以年轻人居多,容易接受新生事物,容易进行新的探索和实验,特别是作为文化载体的人的迁移和流动促进了文化的流动和传播,各种文化相互碰撞、融合乃至创新,产生了一种以开放创新为特质的新文化,这既是深圳获得成功的内在原因,也是深圳保持蓬勃发展的活力所在。

而深圳包容文化的形成,从外部环境看,首先与改革开放后我国人口流动的制度性约束和板结化的社会结构开始松动有着直接的联系,这使得怀着各种动机和理想的以年轻人为主的国内移民向深圳这样的改革开放试验区流动汇集,这是深圳实现快速工业化、城

[①] 忻平:《从上海发现历史——现代化进程中的上海人及其社会生活》,上海人民出版社 1996 年版,第 56 页。

市化最大的人口红利，也是深圳乃至全国改革开放获得崭新动能和取得成功的关键。其次，深圳的率先对外开放和外向型经济的迅猛发展所提供的"机会激励"，也就是经济包容（如外资、民资、国资等多元混杂的商事主体），则为深圳这座包容之城奠定了物质上的牵引力。不同于以情理为中心的传统乡土社会，由于深圳经济特区从一开始就逐渐形成了现代法理型社会，讲究市场经济的契约关系及社会精神[1]，法律上的平等以及在此基础上形成的法治文化，为深圳市场经济体制的完善、经济上的极大包容提供了良好环境。在文化包容上，正如王石所说，契约精神是以平等、权利为内核的。而深圳作为新兴城市，本身虽然缺乏深厚的历史根基和传统文化积淀，但由于没有一种文化占据绝对优势，各类亚文化反而可以平等相处、交流、竞争，这其中就包括了各种思想观念的解放、物质和精神欲望的释放以及个性自我的充分表达等。换言之，与其他城市相比，由于是典型的移民城市，深圳并不存在本土力量过于强大而导致压抑、排斥外来人口的弊端，因此也就较少基于血缘和地缘的圈子文化，每个人都来自五湖四海，不同籍贯、年龄、就业、收入、教育水平的人，都会被城市相对平等地对待和接纳，每个人的努力故事和"凭本事"的成功都会得到应有的尊重和鼓励。

相应地，"包容"极大地降低了外来移民进入深圳的门槛。除了工业化、城市化和市场化大潮所提供的巨大吸引力和虹吸力，机会成本的降低以及选择的多样化，导致大量人口在短时间内的快速集聚，这一方面满足了深圳自身产业发展的需要，另一方面城市早期的野蛮生长，在生产之外也满足了外来者对于生活的多样化需求，

---

[1] 正如万科公司创始人王石所说："什么叫契约关系？第一讲的是平等的；第二讲的是自由的，比如说合同，强迫你签，你签吗？不签。一定是自愿的；第三签了合同要遵守的；第四个你不遵守也可以，那你要补偿的。你不补偿，你违法进监狱……这恰好是现代商业文明最本质的东西，如果说深圳的商业精神是什么，我觉得第一条，就是这种契约精神。"参看王石《深商与契约精神》，《万科周刊》2014年1月3日。

从而产生了巨大的包容性。举起要者，则首推城中村。城中村在某种意义上是深圳"野蛮生长"的代表和缩影。一方面，城中村建筑的高密度是违法、无序抢建的结果，相比商品房小区的干净有序，城中村因居住环境脏乱差甚至被称为"脓包"或"毒瘤"；然而在另一方面，恰恰是星罗密布的城中村，成为深圳得以成为包容之城的主要载体与平台。在城市规划专家王富海看来，在深圳的城市发展各阶段，城中村提供了不可替代的服务支撑，让深圳能够容纳从低到高的各种产业和多种收入的各类人群：在产业起步阶段，城中村成为招商引资的基本单元，并为工人提供简单的居住配套，适应了深圳在该阶段的产业和居住空间需求；在快速发展阶段，城中村为初入城者提供较近的、支付得起的生活环境，降低了城市综合生活成本，更好地支撑城市新功能的多元化发展；在创新驱动阶段，城中村发挥了低成本、齐配套、近距离优势，降低了创新创业的培育和后续经营成本，助力创新创业力量的繁衍壮大。总之，在深圳，城中村用地占1/6，住房面积占1/2，租赁住房占70%，居住人口占60%—70%，不仅构成了深圳独特的重要组成部分，其自组织的特性也赋予自身低成本的比较优势，塑造了"活的"空间基础。它更容易主动产生新的服务品类和更高的服务质量，通过市场机制和政府的政策引导，解决发展当中变化的需求，从而为不同个体提供多元化的选择机会，进而形成整体的活力，并对深圳的文化发展做出了突出贡献：它不仅是最能体现和传承深圳移民文化的场所，也是深圳进行现代城市文明教化的重要平台，其多元、包容、和谐的特征代表着深圳城市文化的底色。[①]

[①] 王富海：《包容模式：深圳的城市密码》。本文为深圳市政协常委、城市规划设计专家王富海在2021年10月16日的"深圳文化大讲堂"上的演讲。

图 4-1　深圳城中村　　　　　　　　张鹏摄

二、城市开放包容文化的曲折展开

然而，当我们说城市从一开始就是开放包容的产物时，并不意味着在历史的、事实的层面它理应或必然如此。在人类漫长的城市发展进程中，即便仅仅考察近五百年来的现代城市发展，以开放包容为文明标尺，其历史展开无疑也是无比曲折、跌宕起伏，甚至充满了黑暗和罪恶的。

一般而言，考量一个城市的开放包容程度，最直接的检验方式一是看其对外来移民的态度，二是观其城市文化的价值构成。

相比占全球绝大多数的"原住民国家"，美国无疑是最典型的移民社会。自"发现"美洲新大陆以来，随着外来人口（以欧洲人为主）的流入，北美最初的十三个殖民地人口在 1700 年前后就已经近 30 万，近百年之后的 1790 年增加到 400 万（其中 70 万是黑奴）。伴随着南北战争的结束，美国进入了工业化的高潮，加上开拓西部运动，促成了美国历史上最宏大的一次移民浪潮：在 1860 年到 1930 年间，3100 万人口进入美国，占美国诞生后 4400 万移民中的 70%。①

来自世界各地的人及其所带来的文化被接纳,在美国形成了一个多元化的社会,而美国则因此成为一个具有高度创新力的"社会熔炉"。这点在被称为"山巅之城"的移民城纽约可以说体现得最明显:与美国的发展壮大高度同步,到 19 世纪中叶,纽约就已成为美国最大的港口城市和国际大都会。如今,作为美国人口最多的世界级城市,纽约在商业和金融的方面成为"超级强权",直接影响着全球的经济、媒体、政治、教育、艺术、娱乐与时尚界,同时联合国总部也位于纽约,因此被公认为"世界之都"。作为"世界之都",纽约的高度开放包容也催生了高度繁荣的城市文化,拥有全球最先进、聚集程度最高的文化设施网络,如大都会博物馆、古根海姆博物馆、美国自然历史博物馆、MOMA、林肯中心以及时报广场、SOHO 等全球性文化集聚区。其中作为与巴黎卢浮宫、伦敦大英博物馆并称"世界三大博物馆"的大都会博物馆,收藏了来自世界各地的艺术珍品逾二百万件。最值得称奇的是百老汇的 41 家剧院进行的商业演出,每天约有 5 万张门票可销售;2011—2016 年,百老汇每年上演音乐剧等剧目在 68 部至 80 部之间,2014—2015 年度观演人数创造历史新高,达到 1310 万,其中 2/3 是游客,49% 是来自美国的游客(不包括纽约及其周边居民),18% 是来自其他国家的游客,2016 年票房高达 13.65 亿美元。②

如此看来,美国纽约成为开放包容的城市范例。然而,纵观历史,这仅是美国社会的一面。在另一面,我们可以看到,在开放包容的同时,美国及其城市的排外主义、种族歧视等背离现代文明的情形也如影随形,从而也成为我们考察相关议题时可供参照的一个斑驳的历史投影。1882 年,国会通过了臭名昭著的禁止接纳中国移

---

① 孙云畴等编:《美国史话》(上册),广西师范大学出版社 2002 年版,第 297 页。
② 张蕾:《百老汇、西区与上海戏剧观众拓展比较分析》,《上海戏剧》2019 年第 2 期。

民的歧视性法律，其后又禁止日本人入境。同年，国会还向每位申请移入者征收人头税，三年后削减合同劳工数目，穷人更是被排除在外。1921年国会通过法律，第一次限制了进入美国的移民人数。更重要的是，当1619年"二十多个黑家伙"到达詹姆斯顿时开始，长达几个世纪的黑人贸易不仅给非洲带来了巨大的灾难，也给到达美洲的黑人酿就了长期的悲惨命运。这一悲惨命运因长期的种族歧视而不断加深。直到1870年，废奴派温德尔·菲利普斯提出的第十五条修正案被批准时，他所呼吁的"我们把颜色从宪法里洗刷出去"才在联邦宪法上得以体现。而对黑人的种族歧视和种族隔离法，直到20世纪60年代末才在南方一些州最终废除，使得一切成年男性公民都获得了选举权。在教育上，1833年康涅狄格州通过了一系列"黑人法"，规定非经地方当局同意不得为州以外的任何有色儿童开办学校，类似的情形到了南北战争以后才有了根本性的改观：由于"自由民局"和许多教会的努力，南方黑人中有21%学会了阅读，几十所黑人学院成立了，南方也建立了广泛的包括黑人学校在内的公共教育制度。①

而在城市价值的构成中，文化不包容及其所带来的灾难性后果，在西方历史上的宗教裁判所身上得到了集中的印证。作为中世纪天主教会的司法机关，宗教裁判所的设立主要用于镇压思想异端，为此提供理论论证的著名神学家是号称"教会博士"的奥古斯丁（354—432年）和号称"天使博士"的托马斯·阿奎那（1225—1274年）。在13世纪，当宗教裁判所在全欧洲特别是在一些主要城市普遍建立起来，托马斯·阿奎那进一步发展了以往包括奥古斯丁在内的神学家关于对异端使用强制和暴力的观点，从理论上全面论证宗教裁判所存在的必要性和合法性。在《神学大全》中，他断定：

---

① 艺衡、任珺、杨立青：《文化权利：回溯与解读》，社会科学文献出版社2005年版，第284—289页。

异端者退出教会之前，强迫他们遵守对教会承担的责任是合法的，异端是一种罪行，犯有这种罪行的人不仅应开除出教，而且应剥夺生命。①

也就是说，当基督教会无法用说服的办法来感化异端，无法用和平的手段来战胜异端，而其他各种惩罚措施也制服不了异端时，那么对异端使用暴力、直至肉体上消灭则是必要的。从13世纪下半叶起，宗教裁判所就已遍布了西欧各国，其势力几乎渗透进欧洲城市和乡村社会的每一个角落。它建立了一整套严密的制度，包括法官（宗教裁判员）、告发、侦讯、审问、刑罚、判决等。房龙曾就此写道："在整整五个世纪里，世界各地成千上万与世无争的平民，仅仅由于多嘴的邻居的道听途说而半夜三更被从床上拖出来，在污秽的地牢里关上几个月或几年，眼巴巴地等待既不知姓名又不知身份的法官的审判。没有人告诉他们罪名与指控的内容，也不准许他们知道证人是谁……最后他们被处死时连遭到如此厄运的原因都不知道。"②与此相应，那些与异端思想、学说有关的艺术、哲学、政治、历史及其他著作，则在上了"禁书目录"之后，皆会被搜集、查禁并销毁，而等待这些作者的是迫害、审问、酷刑和判罪，或者干脆用火刑烧死。文艺复兴时期的意大利思想家布鲁诺的死仅是其中的一例——这一标志性事件及其内含的宗教思想不宽容是导致中世纪文明停滞不前乃至僵化的一个深层次原因。

同样地，城市文化不保持开放、流动的状态，也会导致城市及其文明的衰落和消亡。诚如布罗代尔所说："长时段的惯性在很大程度上是文明本身的一个特点，因为文明背着由无数古老因素组成的庞大的难以想象的重负。"当城市经由长时间的发展，它也会与传统

---

① 董进泉：《西方文化与宗教裁判所》，上海社会科学出版社2004年版，第61页。
② 〔美〕房龙：《宽容》，生活·读书·新知三联书店1985年版，第136页。转引自董进泉《西方文化与宗教裁判所》，上海社会科学出版社2004年版，第69页。

乡村世界一样，由刚开始的陌生人社会变为一个熟人社会，大家共同遵循同一的思想观念、价值标准和行为模式，形成一个城市文化共同体，而这一共同体一经发展成型，当然会不断加强其自身的文化特色和传统厚度，但也可能形成"庞大的难以想象的重负"，产生相当保守乃至对外排斥的力量。从文化地理学来看，因纽特人尽管发展出一种极具特色和高度适应性的北极文化，但同时这也使他们成了艰苦环境的囚徒，因为生存的首要任务耗尽了他们全部的精力。西南太平洋岛屿世界的许多孤立隔绝的社会也是这样，他们生活的自然和思想意识环境，阻滞了更大范围和富有伸缩性的社会的形成，塔斯曼尼亚人在1877年的绝种，就与此直接相关。

城市自然也是如此。中国中古时期的都城长安、洛阳，基于其优越的地理区位和大唐帝国极大的对外开放度，是何等的光辉灿烂，成为一种文明的中心和一种文化的代表，然而随着陆上丝绸之路的衰落、中国南方的发展特别是海洋文明的崛起，居于内陆的它们也就失却了开放的动力和能力，导致文化流动的相对停滞，城市活力不再，城市文明衰落。同样的故事也在撒马尔罕、君士坦丁堡、佛罗伦萨、威尼斯等辉煌一时的城市身上上演。之所以如此，当然由灾变等各种成因所造成，但文化上缺乏更多的对外开放和交流而导致停滞、没落和衰亡则是致命和摧毁性的。[①]

三、形塑开放包容的文化，打造城市软实力

当美国人类学家路威认为"凡是一个人这样从他的社会群体里面得来的东西，统叫作它的'文化'（culture）的一部分"时，意味着除了其历时性的维度，文化主要是被当作一种共时性的"地方性知识"而获得理解的，即它是区别于别的地方的知识系统和生活方

---

① 王京生：《文化是流动的》，人民出版社2013年版。

式。因此德国学者埃里亚斯在《文明的进程》中提出，可以把"文化"和"文明"做一个界定和区分，即"文化"是使民族之间表现出差异性的东西，它时时表现着一个民族的自我和特色，因此，它没有高低之分；而"文明"是使各个民族差异性逐渐减少的那些东西，表现着人类的普遍的行为和成就。换句话说，就是"文化"使各个民族不一样，"文明"使各个民族越来越接近。①

而之所以我们需要从文明的角度来观照"城市文化"，首先是因为文明或文化在事实层面是件在时间长河中东拼西凑的"百衲衣"，城市文化就更是如此。城市之所以是有魅力的，一方面当然是因为它是"特殊的"，有自己在历史发展中形成的区别于其他地方的文化生活特色，但更主要的是另一方面，它本身从一开始就是开放包容的产物，其更大魅力在于文化的多元及其展现的蓬勃的社会活力，也即芒福德所说的"先具备磁体功能，而后才具备容器功能"，这也构成了"城市固有活力的一个证据"。正是城市对多元文化（包括历时和共时）的容忍、容纳，使得它如"磁体"般吸引着各种文化背景的人在城市这一"容器"中共同生活，并在此基础上锻造、催生出"使各个民族越来越接近"的"普遍的行为和成就"，也即多元一体的城市文明，进而形成城市的软实力。当美国著名学者约瑟夫·奈从国际关系角度提出文化、价值观、影响力、道德准则、文化感召力等无形的"软实力"，并以之区别于科技、经济、军事等有形的"硬实力"时，②他所说的软实力当然是以国族为单位的，但显然也适用于城市——开放包容的城市文化（文明）及其生活方式感召力是城市软实力的源泉。

由此出发，站在21世纪的今天来看待城市文化，首先我们需要一种文明的眼光，以新的文明意识树立新的城市文化发展观。无数

---

① 葛兆光：《什么才是"中国的"文化？》，《决策探索》2015年第4期。
② 〔美〕约瑟夫·奈（Joseph S. Nye, Jr.）：《软实力》，马娟娟译，中信出版社2013年版。

的事例都说明了，人类文明的发展进步，从来都依赖于各种文化的交流协作和优势互补，而文明的僵化、退步乃至败坏，都与某种文化的故步自封有着内在的关联。这对于现代城市文化发展而言，具有极其深刻的警示意义和殷鉴价值。因此，着眼于未来的城市文化发展，我们首先需要确立的是新的文化资源观：对一个地区的文化开发而言，文化资源绝不仅仅是地域性的，我们要在更大空间中去理解城市资源及其配置问题。尤其是在今天的全球化时代，跨地域的文化流动使文化生产、文化消费也变得全球化了，文化人才、文化遗产、文化符号等，都将在更大的文化空间中予以配置。城市的文化竞争，是文化存量之间的竞争，更是文化增量之间的竞争，一个文化原来落后、文化资源原本贫乏的城市完全有可能因为其新鲜活泼的文化创造而后来居上，并在竞争中胜出。[1]那么，如何提高文化增量资源？答案当然主要在于以开放包容之态推动城市的内外双向交流、吸纳全球性的文化资源，在不断的对外接触、碰撞中锻造新的城市文明。这是空间意义上的开放包容。从时间意义上，文化上的开放包容还意味着它既是面向未来也是面向过去的，尤其是在对待传统文化的问题上，尽管布罗代尔说"长时段的惯性在很大程度上是文明本身的一个特点，因为文明背着由无数古老因素组成的庞大的难以想象的重负"，但新的文化的发生、新的文明的发展从来都不是无中生有的，都是建立在已有的文化传统和文明根基之上，因此至少在文化态度上，开放包容也意味着既要批判性承继文化传统，同时也要自觉对之进行"创造性转化、创新性发展"。唯其如此，我们才能更好地理解近代欧洲的文艺复兴是对古希腊文明传统的复兴，也唯其如此，我们才能在新的全球化时代语境下，明了中国"创造性转化、创新性发展"历史文化传统的当下价值和未来意

---

[1] 王京生：《文化是流动的》，《人民日报》（海外版）2014年8月13日。

义：构建刚健自信的国家文化认同，推动中华民族的伟大复兴。这些，都构成了意识或观念层面的革新，也是城市文化发展、城市文明再造的起点。

其次，通过有效的社会政治制度安排和文化政策创新，增强城市的文化开放包容度。长安之所以在中古时期成为前所未有的国际大都会，首先与大唐较为清明的政治有着直接的关系。作为具有两面性（同时面向东亚农耕世界和内亚游牧世界）、对世界事务和地区秩序有着重大影响力的帝国，大唐的开放性不仅是指政权的开放性，即分享权力给不同群体（如科举取士、授予外国人官职）和民族集团，也意味着社会构成的复杂性以及文化上的兼容并蓄。比如安禄山是粟特人，李光弼是契丹人，官至御史中丞、封光禄大夫的阿倍仲麻吕是日本人，李白在《少年行》等诗中多次提到的"胡姬"，则是来自粟特的商家女子："五陵年少金市东，银鞍白马度春风。落花踏尽游何处？笑入胡姬酒肆中。"这种政治上的开放、社会上的宽容、文化上的多元、权利上的相对平等，特别是对不同价值取向和生活方式的容忍和接纳，是大唐盛世得以出现、长安得以成为国际化大都市的必要条件，从而也对我们今天推进开放包容的兼顾古今中外的城市文化政策、增进市民的社会福祉带来积极有益的启示。

再次，通过城市经济的不断开放增进文化创新活力，形塑城市软实力。有论者指出，在现代商业社会，非文化的因素尤其是经济动因往往成为现代社会各种资源配置的决定性因素，因此要促进文化的流动及其增量，需要增强它的经济推力（其重要领域及其体现是文化产业的发展），发挥财富的推动作用，使各种传统与现代的全球文化要素的流动与配置更为有效，达致"凡工商业发达之地，必文化兴盛之邦"。因为在现代社会，随着资本运营方式进入文化生产领域，如果没有大规模的财富推动，文化生产几乎是不可能的。

城市是经济、文化、人等各种资源高度聚集的空间，城市的生产和消费也都是规模化的，没有规模化的文化生产，文化的剧烈流动和扩张就难以想象。①而城市经济要发挥如上作用，则其自身首先必须是高度开放型的，只有不断开放的、充满活力的城市经济才能为文化横向、纵向的流动和文明的持续进步注入源源不断的动力；相反地，不开放或封闭化的城市经济体，其文化的繁荣发展是无从谈起的。像深圳这样的年轻城市，如果从文化的积淀和留存来看，它当然远远比不上众多历史文化名城，但它之所以能产生较大的文化影响力，主要原因在于它依托极具活力的开放型城市经济以及移民城市特有的社会包容度，在短短四十年间吸纳各种新鲜的文化养分推动文化观念、文化制度和文化科技的创新，从而在文化产品和文化服务等领域大放异彩，进而形塑出崭新的城市文明形象和城市文化软实力。

最后，值得认真思考和深入探讨的是，对于城市的开放包容而言，从反向的消极的角度看，我们还需要警惕和防止城市内部产生的"社会排斥"机制。在社会科学中，社会排斥指的是某些人或地区遇到诸如失业、技能缺乏、收入低下、住房困难、罪案高发环境、丧失健康以及家庭破裂等交织在一起的综合性问题时所发生的现象。1974年，法国学者拉诺尔用社会排斥（Social Exclusion）的概念指认那些没有受到社会保障的保护，同时又被贴上了"社会问题"标签的不同类型的人。到20世纪80年代末，社会排斥概念被欧洲委员会所采纳，并将其作为形成社会政策的核心，把社会排斥概念更紧密地和社会权没有充分实现这一理念联系起来，认为社会排斥涉及公民的社会权，涉及一定的生活水平和参与社会生活的机会。从维度或面向上看，社会排斥可大致分为经济排斥（指个人和家庭未

---

① 王京生：《文化是流动的》，《人民日报》（海外版）2014年8月13日。

能有效参与生产、交换和消费等经济活动)、政治排斥(指个人和团体被排斥出政治决策过程,这些个人和团体缺乏权力,没有代表他们利益的声音)、文化排斥(社会中一些主导性的价值和行为模式对那些表现出不同模式的人的排斥)、关系排斥(个人和群体在社会地位上被排斥出其他个人、群体乃至于整个社会)、制度排斥(个人和团体不具有公民资格而无法享有社会权利,或者即使具有公民资格也被排斥出某些国家福利制度)等。[①]显而易见,社会排斥是与开放包容背道而驰的,是城市包容的敌人,因此,如何在经济、政治、文化和制度上有效避免社会排斥机制的形成和生长(如目前很多大城市的高房价所形成的城市门槛或进入壁垒及其客观存在的对于某些社会成员强大的社会排斥力),并予以必要的制度安排,无疑是我们的城市政府和社会各界所面临的重大课题。

要而言之,开放包容对于城市而言,是一种与生俱来的社会基因,是一种值得追寻的生活价值,同时也是一种生存和发展的能力,是有利于城市创造和铸就城市繁荣、城市伟大的文明密码。但与此同时也应看到,正如本书后面所论及的那样,基于人类几乎是与生俱来的社会类别化倾向而导致的价值观冲突,也形成了包括城市在内的现代世界面临的一种全新威胁,这一威胁与城市社会结构和文化结构的多元化也有着微妙而深刻的关联:它大大增强了现代人的社会类别化倾向。这可以说也是亨廷顿所说的"文明的冲突"或张旭东所说的"全球化时代的文化认同"难题出现的根源:"当简单化的'全球化意识形态'被资本主义市场、地缘政治、民族国家主权形态、不平等与阶级冲突、种族问题乃至'文明冲突'一层层剥去它'含情脉脉'的面纱时,普遍与特殊的辩证法、文化内在的政治性或生活世界的'存在强度'等问题,就再次咄咄逼人地出现在了

[①] 参看〔英〕安东尼·吉登斯《社会学》(第四版),赵旭东等译,北京大学出版社2003年版,第409—419页。

我们面前",而"新旧世纪之交经济、文化领域里的全球化势头带来种种乐观憧憬,也带来隐隐的困惑和忧虑,其中个人认同和集体认同的问题尤其突出而尖锐,因为它既是全球化的产物,又似乎同全球化带来的世界新秩序、身份的多重性和游移、新的普遍性甚至标准化观念处在一种紧张的、至少是需要'协商'的关系中"。[1]但尽管如此,对于生活于不可逆的全球化时代的人们而言,城市的开放包容度依然构成了一种社会文化环境,构成人们观察、考量城市文明状况的一把价值标尺,进而也成为能否有效建构人们城市认同、丰富人们生活方式的关键所在。在此意义上,形塑开放包容的文化,就不仅仅是打造城市软实力的问题,而实与人类未来的文明走向、与我们每个人的生活乃至生命息息相关。

---

[1] 张旭东:《全球化时代的文化认同:西方普遍主义话语的历史反思》(第三版),上海人民出版社2021年版。

第五章

全面发展的现代市民

　　城市文明的发展伴随着经济领域的高质量和可持续发展、城市治理体系和治理能力的现代化、生态领域的人与自然和谐共生等,最终还是要落脚到实现人的全面发展。马克思认为:"一切民族,不管他们所处的历史环境如何,都注定要走这条路,以便最后都达到在保证社会劳动生产力极高度发展的同时又保证人类最全面的发展这样一种经济形态。"①人的全面发展最根本的是指人的劳动能力的全面发展,即人的智力和体力的全面、和谐、充分的发展;同时,也包括人的才能、志趣和道德品质的多方面发展。纵观人类历史,城市的出现和现代化的推进是实现人的素质提升和全面发展的最重要途径。城市是人口聚集、交易、生产、生活、学习的集中场所,市民必须要具有与之相配的技能、修养,才能更好地适应城市生活。现代化所引发的劳动分工和机械化、电气化生产进一步提升了劳动的复杂程度。城市现代化在推动人的现代化同时,也促进了现代市民的全面发展。

---

① 《马克思恩格斯全集》第19卷,人民出版社1979年版,第130页。

第一节　现代化与全面发展的现代市民

一、现代化如何影响人的全面发展

在现代城市文明形成过程中，现代化起到很大的促进作用。从生产方式看，现代化进程中的工业化生产方式取代了传统农业生产方式；从生活方式看，现代化推动现代生活方式的形成；从人的发展看，可以说人的全面自由发展是现代化的最终目标和必然结果，而现代化则是实现人的全面自由发展的必经阶段，所以论述人的全面发展必须要对现代化特别是人的现代化进行系统分析。学界关于现代化的界定很多，这里不一一赘述，普遍得到认可的是现代化标志着从传统社会向现代社会的转型，其动力主要是工业化和市场经济，并体现在经济、政治、社会、生态、文化等多个方面，这种转型既是一种社会结构的转变，同时伴随着现代性的生成和现代观念的形成。

现代化对于市民全面发展的影响主要体现在人的现代化，人的现代化是现代化的核心。美国学者英格尔斯较早研究人的现代化，他通过跨国家、跨区域、跨文化的比较，认为人的现代化应该有以下标准：准备接受社会的改革和变化，准备和乐于接受他未经历过的新的生活经验和新的行为方式，思路广阔、头脑开放、尊重并愿意考虑各方面的不同意见，注重现在与未来、守时惜时，强烈的个人效能感，有计划性，重视知识，可依赖性和信任感，重视专门技术，乐于让自己和他的后代选择离开传统所尊敬的职业，相互尊重和自尊，了解生产及过程等。而教育、工厂工作经验、大众传播媒介、科层组织、家庭环境等因素则对人的现代化起到较大的影响。[①]中国台湾社会心理学家杨国枢把人的现代化放到社会大背景中去考量，进而提出，个人现代化受社会环境和背景因素影响，知道一个人所处的环境与背景，就可以推断他的现代化程度，而知道了他的现代化程度，又可以了解和预测他的行为。[②] 中国科学院中国现代化研究中心主任何传启研究员是中国现代化研究方面的专家，他提出了二次现代化理论——第一次现代化主要是从农业社会向工业社会转型，第二次现代化则是从工业时代向知识时代转型。他认为和现代化的阶段一样，人的现代化也分为两个阶段："第一次人的现代化特点是公民化、职业化、阶级化、世俗化、平等化、民主化、经济化、政治化、社会化；而第二次人的现代化的特点是网络化、生态化、知识化、个性化、多样化、国际化、休闲化、自主化、创新化等。"[③] 从学界对于人的现代化研究来看，现代化人的特征与全面发展的现代市民有异曲同工之处，正是现代化的思想解放、制度安排、生产手段革新、生活方式的转变推动了现代性的产生，进而促进人的全面发展，而这种推动作用主要反映在以下几个机制上。

首先，现代化与文艺复兴紧密结合，促进人的全面自由发展。欧洲的现代化进程是伴随着文艺复兴、宗教改革展开的，文艺复兴运动是新兴资产阶级在思想和文化上的斗争，打破了宗教神秘主义的一统天下，否定了封建特权。比如薄伽丘的《十日谈》通过讲故事的方式告诉世人天性的无法阻挡，彼得拉克的《十四行诗》和托马斯·莫尔的《乌托邦》表达了对禁欲主义的蔑视和对世俗生活的向往。受思想解放的冲击，欧洲社会产生了重商主义的经济思想，

[①] 〔美〕英格尔斯：《人的现代化——心理·思想·态度·行为》，殷陆君编译，四川人民出版社1985年版，第237—239页。

[②] 杨国枢、瞿海源：《中国"人"的现代化——有关个人现代性的研究》，"中央研究院"民族学研究所集刊，1974年第37期。

[③] 何传启等：《中国现代化报告2011》，北京大学出版社2011年版，第186—193页。

特别是英国率先在制度上推行一系列重商主义政策，直接促进了资本主义的繁荣和现代化的快速推进。没有现代化对人本身的解放，就不可能发挥人的主观能动性。对于中国来说同样如此，尽管中国现代化进程从晚清就已经开始，但是由于没有从思想上突破封建社会的桎梏，现代化进展缓慢，也没有推动现代性人格的产生。清王朝灭亡后，在新文化运动的推动下，中国开始真正意义上的思想解放，然而此时中国仍然存在强大的封建制度的束缚，特别是在广大的农村地区，它仍然强有力地制约着人的现代化进程。这种桎梏的打破是从新中国成立开始的，而改革开放引发的思想解放也对中国人的全面发展起到重要的推动作用。由《实践是检验真理的唯一标准》引发的大讨论其实是中国历史上一次伟大的思想解放运动，冲破了"两个凡是"的思想禁锢以及"姓资姓社""姓公姓私"的思想禁区，解放了思想和生产力，加快了中国的社会主义现代化建设，也推动了人的全面发展。

其次，现代化的生产生活方式有力推动了人的社会化和现代化。与传统个体商户和简单分工的作坊式生产方式不同，现代化的生产方式推崇科层制的管理、组织化的生产、大规模和精细的劳动分工，并且追求效能和计划性，现代化的人的一些特征，如计划性、效能感、包容性就是在这种生产方式中熏陶而出。现代化带来一系列让人眼花缭乱的新事物、新的生产和生活方式、新的认知，现代化的人必须要保持包容的态度去接受，不因循守旧，不盲目信赖传统权威，甚至要勇于创新。从国内现代化的情况来看，最早开展现代化的城市也是市民素质提升最快、现代性特征最充分、市民最能得到全面发展的城市，比如北京、上海、广州等老牌城市。以深圳、东莞等为代表的新兴城市更是如此，深圳从一个30多万人口的小县城发展成2000万人口的超大城市，与经济发展、城市建设、人口增长速度相比，人的素质更是得到大幅度提升。深圳被誉为世界工厂，每年都有几百万人口流进流出，大量农村和中小城镇的市民来到深圳创业就业，在深圳经过几年现代化的洗礼之后再流向其他城市或原居住地，也把现代化的生产方式进行广泛传播。一个经过现代化洗礼的人可以影响到他的家人朋友，以及那些与其密切交往的群体，就像"同心圆"一样一圈一圈地向外扩展和传播。

作为"世界工厂"的深圳其实也是"现代化的摇篮"，这也和英格尔斯的研究有相似之处，英格尔斯发现，那些自愿离开工厂的人往往是那些具有更多现代化特征的人，他们会有创业的抱负。以富士康为例，富士康是我国最大的电子代工企业，其员工最多时高达120万，仅仅深圳的龙华和观澜两大片区巅峰时员工就达到50万人。富士康公司的人员流动特别大，其近三年中国大陆地区员工的新进率分别是7.5%、7.6%和6.5%，员工的月均离职率分别为6.7%、5.6%和5.8%。[①] 可以说，每年可能有60%—80%的员工更换一遍。因为人员的流进流出，富士康几乎常年招工。富士康是一个将现代化工厂的管理模式运用到极致的公司，工业区内拥有员工宿舍、餐厅、园区梭巴、教育培训、超市购物等配套设施，是一个完备的复合空间。员工离职或向富士康其他园区流动，也会将其在园区耳濡目染的现代化生产生活方式向外传播。

二、现代市民的主要特征

正是在现代化的推动下，现代市民具有一些基本的现代化特征，概括起来主要有以下几个方面：

能力素质的现代化。因为现代社会的分工越来越复杂，经济增长的方式也从粗放型增长和简单劳动向集约型增长转变，特别是依靠科技进步来推动各项事业发展，这就要求现代市民要拥有较高的文化素

[①] 《鸿海科技集团2020企业社会责任报告书》，据富士康科技集团官网：http://www.foxconn.com.cn/responsibility，访问日期2022年6月8日。

养和能力素质。人才是现代化的第一生产力，作为亚洲第一个发达国家，日本在现代化的过程中就非常重视教育对于提升市民素质和促进经济社会发展的重要作用。早在明治维新时代，日本就把普及初等教育放在第一位，同时高度重视技术教育，致力于将日本的民族文化同西方先进的科学技术进行结合，形成了由初、中、高三等级配套的教育网络，而且较早推行义务教育，这种普及的平民教育为日本经济发展和科技进步培养了大批人才。"二战"以后，日本虽然沦为战败国，但对于教育的高度重视使得其迅速从战争的废墟下恢复过来。1947年日本出台了《学校教育法》和《教育基本法》，在原先六年制的义务教育上增加了三年制的初中教育，保证了日本国民能够接受最低九年的教育水准。同时为了适应经济发展从劳动密集型向知识密集型转型，对中等教育和高等教育进行一系列改革，使日本迅速再度崛起，并一举摆脱中等收入陷阱迈入发达国家行列。

中国同样长期致力于提高市民的教育水平和能力素质，特别是改革开放以来，始终把教育摆在优先发展的战略位置，在推行九年义务教育的基础上，努力发展全民教育、终身教育，让14亿人民享有更好更公平的教育。全社会教育投入占GDP的比重从1997年的3.18%上升到2018年的5.02%[1]，而且连续8年比重超过5%。各个现代化水平比较高的城市，其居民的能力素质也相对较高，2020年北京大专以上人口占常住人口比重超过42.0%，为全国各大城市之首。深圳市虽然高校较少，但凭借着较强的人才吸引力，其大专以上人口比重也达到了28.8%。近年来，随着生活节奏的不断加快，在知识能力现代化之外，身体素质也逐步被列为国民素质的基石被越来越多的国家和地区所重视。联合国人类发展指数的一个核心指标就是人均预期寿命；我国提出了"健康中国"的概念，并在《"健康中国

---

[1] 数据来源：根据《中国统计年鉴2021》计算。

2030"规划纲要》的序言中明确提出:"健康是促进人的全面发展的必然要求,是经济社会发展的基础条件。实现国民健康长寿,是国家富强、民族振兴的重要标志,也是全国各族人民的共同愿望。"[①]

思想观念的现代化。观念现代化是人现代化的灵魂,一个人必须对现代化有感知,有现代化的思维方式,才能称得上是现代化的人。现代化思维方式最重要的是创新。创新是一个国家和民族进步的灵魂,也是发展的动力源泉,必须要不满足于现状,敢于打破固有的思维习惯和行为方式,勇于探索和求知。起源于欧洲的文艺复兴就是一次对知识和精神的空前解放,体现了新兴资产阶级在精神上的创新意识和现代化观念。波兰天文学家哥白尼提出了日心说,打破了长期以来居于宗教统治地位的"地心说";意大利思想家布鲁诺进而提出了太阳只是宇宙中的一颗恒星,并非宇宙的中心,宇宙在空间和时间上是无限的。从最早的农业社会形态,到蒸汽时代、电气化时代,再到原子时代、量子时代、数字化时代等,现代化各阶段的每一次科学进步都是在创新引领下对既有桎梏的冲破,目前国际上对于创新人才培养的重视程度已经到了前所未有的高度。创新性思维习惯不仅表现在科技创新上,同样体现在体制创新上,中国特色社会主义现代化道路就是将马克思主义同中国具体实际相结合,同中华优秀传统文化相结合,同时吸收人类社会有益的文明成果,走出来的一条现代化道路。思想观念现代化的第二个重要特征是开放性,就是要摒弃落后的传统,接受并创造前所未有的新观念、新方法、新理念,只要是符合历史前进方向的事物都可以拿来为我所用。当今世界是一个具有开放性的世界,更需要现代人具有开放性的个体,善于用现代化的思维方式去思考问题、解决问题。随着

[①] 中共中央 国务院印发《"健康中国2030"规划纲要》,据中华人民共和国中央人民政府网站:http://www.gov.cn/zhengce/2016-10/25/content_5124174.htm,2016年10月25日发布。

中国现代化进程的推进,从60后、70后,到80后、90后,甚至00后,每一代人在开放性和创新性方面的进步明显,其现代性的特征愈发突出。

行为方式的现代化。主要表现在自主性、责任感和有计划性。自主性方面,人的现代化是人们能够展示自主意识,更充分地发挥主观能动性的过程,这样人就逐步脱离了自身依赖性的束缚,成为更有独立人格的个体,能够理性思考并做出独立判断,使自己真正成为历史的主人。而社会责任感是更乐于参与公共事务和社会事务,富有公共精神。因为公共精神具有合作性和利他性等特点,公共精神和社会责任意识的增长可以为国家治理和社会现代化提供价值引领,从而推动现代化和现代城市的发展。在西方现代化理论和政治学理论中,一直比较强调市民对于社会公共事务的参与,培养公共精神,突出表现为选举政治和社会组织的参与性,日本在2008年每一万人就拥有97个社会组织,美国则是63个。中国同样高度重视个人的自主性和责任感,自十九大报告提出建立"共建共治共享"的社会治理格局以来,不断丰富和完善社会治理制度的表述,十九届四中全会通过的《中共中央关于坚持和完善中国特色社会主义制度 推进国家治理体系和治理能力现代化若干重大问题的决定》进一步提出要"完善党委领导、政府负责、民主协商、社会协同、公众参与、法治保障、科技支撑的社会治理体系,建设人人有责、人人尽责、人人享有的社会治理共同体"[①]。行为方式现代化的另一个表现是计划性。尊重现代生产生活中的规则,计划性地安排自己的工作和生活。

文明素养的现代化。现代化和人的全面发展不仅表现在综合素质的全面提升、个性的全面发展、思想素质的全面加强,同时也表

---

① 《中共中央关于坚持和完善中国特色社会主义制度 推进国家治理体系和治理能力现代化若干重大问题的决定》,人民出版社2019年版,第28页。

现人的道德品质的健全完善。建国初期中央就提出要培养德智体美劳全面发展的社会主义建设者和接班人，就把道德品质放在第一位。在发展过程中又进一步提出有理想、有道德、有文化、有纪律的"四有新人"，同样把有道德摆在极其重要的地位。2020年10月14日，习近平总书记在深圳经济特区建立40周年庆祝大会上的讲话中指出："要深入开展群众性精神文明创建活动，广泛开展社会公德、职业道德、家庭美德、个人品德教育，不断提升人民文明素养和社会文明程度。"①

第二节　城市化与全面发展的现代市民

在现代市民综合素质提升和全面发展推进的过程中，现代化起到决定性作用，但并不是唯一的作用因素，另外一个重要影响因素是城市化。

一、城市化下的现代市民

城市化也称为城镇化，有狭义和广义之分，狭义上的城市化是指农业人口逐步转换为非农业人口的过程，广义上是指从以农业为主的传统社会向非农产业为主的现代城市型社会转变的过程，包括经济社会形态的全面转型。不同学科对于城市化的理解不同，经济学主要关注产业结构和经济形态变化；人口学侧重于农业人口和非农人口比例上的相对变化；地理和城市规划学主要关心城市空间和区域扩大，以及地理形态与城市发展的关系；而社会学则比较关心生活方式从农村向城市的转变。而正是在这个意义上，形成了现代市民。

---

① 习近平:《在深圳经济特区建立40周年庆祝大会上的讲话》，据中国共产党新闻网：http://cpc.people.com.cn/n1/2020/1014/c64094-31892124.html，2020年10月14日发布。

从对现代市民的影响来看，城市化和现代化既有区别也有联系。从联系上看，城市是现代化的重要场域，城市化是实现现代化必经的一个过程，正是因为农业人口进入城市后，经济关系和社会关系被深度嵌入到城市生态体系中，受到城市各种要素的冲击和洗礼，最终成为现代化的人或现代市民。从动力上看，工业化对城市化和现代化都有重要的推动作用，工业化要求告别传统较为分散、个体户和小作坊式的小农经济，需要生产要素的高度聚集，而城市就是资源聚集的最佳场所。两者最主要区别是，城市化主要发生的场域是城市或城镇，城市具有与农村完全不同的生态体系，城市人口高度聚集，而农村较为分散；城市的生活节奏比较快，效率更高，而农村节奏相对较慢；城市的基础设施和公共服务相对完善，数量和质量都远非农村可比；城市是陌生人社会，异质性较强，不同区域、不同民族、不同背景的人在城市里和谐共处，而农村则是熟人社会，同质性较强；城市比较讲究规则，农村则更强调人情等。以上种种特性决定了城市居民更容易接受现代化的洗礼，更容易具有现代市民的特质。

现代化可以发生在城市，也可以发生在农村，城市和农村最大的差别还是它的异质性和陌生人社会。传统农村社会是一个熟人社会，人与人之间是通过亲缘、姻缘和地缘联系在一起的。费孝通先生用"差序格局"来描述中国农村的社会关系，费孝通认为中国的社会结构与西方国家不同，中国就像把一块石头丢在水里一样，以他为中心一圈一圈向外扩展[1]。在差序格局中，社会关系是私人联系的增加，是一个个私人网络形成的圈子，在圈子里面的人是自己人，在圈子外面的是外人，熟人社会中人们的行为主要靠人情和道德伦理来调解。城市主要是一个陌生人社会，劳伦斯·弗里德曼这样形

---

[1] 费孝通：《乡土中国 生育制度》，北京大学出版社1998年版，第27页。

容城市的陌生性特征："我们打开包装和罐子吃下陌生人在遥远地方制造和加工的食品，我们不知道这些加工者的名字或者他们的任何情况，我们搬进陌生人的建造的房子。我们生活中的很多时间是被锁在危险的、飞快运转的机器里面，如小汽车、公交车、火车、电梯、飞机等里面度过……因此我们的生活也掌握在那些制造和运转机器的陌生人手中。"[1]在熟人社会中，人们因血缘、姻缘、地缘等因素而彼此信任，而陌生人社会中的这一基础比价薄弱，或只是在小范围里运转，而城市社会的高度复杂性和不确定性更需要信任的支持。在社会分工和市场经济的推动下逐步形成一种契约型信任或合作型信任，这种信任的基础是功能性的，缺乏亲密感或实质性信任。在熟人社会中，人们主要相信自己的经验，或是信赖乡村精英或父母的权威，人们总是可以从熟悉的人群那里获取力量。而在陌生人社会中，交往有一定的匿名性，人们更信赖于技术权威，比如证明一个人的能力强，通常需要提供大学的毕业证书和学位证书，穿什么衣服、吃什么类型的食物都需要相关的专家进行指导，甚至连自己是什么人，也需要公安机关或居委会开具的相关证明。互相陌生、不信任的人群必须通过法律、契约而让彼此信任。熟人社会之间的关系是一种强关系，而陌生人社会主要是靠弱关系进行调解，当人们进入到城市面临完全陌生的工作和生活环境，各种不适应接踵而来，就会去寻求建立一些组织进行互相联系和支持。托克维尔在《论美国的民主》一书中提出，美国是一个充满志愿精神的国家，而这种志愿精神和庞大的市民社会直接来源于移民社会，来源于从农村到城市的聚集。从熟人社会到陌生人社会的转变可以看出，现代市民需要拥有较强的法治意识、契约精神和志愿精神。

首先是法治意识。法治是构建城市精神文明的内在要求，是城

---

[1] 弗里德曼：《论现代法律文化》，载高洪鸿钧主编《清华法治论衡》（第4辑），清华大学出版社2004年版，第305页。

市文明的底色，也是守护城市文明秩序的力量。从一个城市的发展来说，法治是城市维护社会秩序、构建现代化营商环境的基础，只有通过立法、执法来规范人们的行为，才能更好地维护城市运转，只有通过法律才能让各种社会行为有章可循。从个人来看，法治是个人融入城市生活、调节与他人之间关系的基础，要形成办事依法、遇事找法、解决问题用法、化解矛盾靠法的行为习惯。从世界范围看，无论是香港、东京，还是纽约、巴黎，这些国际一线城市都是法治建设较为完善、市民法治意识比较强的城市。中国内地同样如此，上海、深圳、北京等城市的法治建设也一直走在其他中小城市前列。以深圳市为例，1994年，深圳就在全国地方政府中首次提出建设法治政府城市的目标，经过多年发展，已经培养出一批具有法治精神和法治意识的市民。2019年，深圳市全市法院受理各类案件599 223件，结案数总量继续位列全省第一，其中深圳中院收、结案总量均位列全国中级人民法院之首，而2015到2019年，深圳市法院的受理案件从20多万件增长到近60万件[1]，充分反映了深圳市民遇事找法的精神。

  其次是契约精神。契约精神最早来源于古希腊的商业贸易，古希腊为了其海洋经济的持续繁荣，与其他国家订立契约以保障经济的公平交易。古罗马进一步发展了契约交易。在文艺复兴时代，契约精神作为商品经济和现代文明的重要基石作用进一步得以发挥，契约精神体现了平等、自由、公平和民主的精神，没有契约精神的文明不可能是真正的现代文明。一般来说，商品经济越发达的地区，越是倾向于依靠契约而不是人情关系来处理经济社会中的交易和行为，这就不难理解，作为商品经济和对外开放程度较高的深圳，为什么其契约精神也远高于内地其他城市。深商与中国历史上以地域

---

[1]《2020年深圳市中级人民法院工作报告》，据深圳市中级人民法院网站：https://www.szcourt.gov.cn/article/30101586，2020年1月19日发布。

区分的商业群体（如徽商、晋商等）有很大区别，徽商、晋商主要是以宗族、血缘和地缘连接商业群体，深商因为是来自于五湖四海、全国各地的商人汇聚而成，弱化了血缘、地缘的影响，逐步形成基于平等、诚信的契约关系。这种契约精神不仅是企业家的鲜明特征，也塑造着城市的气质和风骨。在2015年12月29日的"首届中国深商大会"上，与会深商表示："深圳商人靠的是契约，契约精神是深圳商人内在的基因。"可见，深圳企业的快速崛起除了天时地利，还有人和的因素，这里的"人和"可以理解成深商企业家们内在的气质与精神，其中之一便是契约精神。

受城市化影响，现代市民的第三个特征是公共精神和志愿精神。公共精神是现代城市社会对市民的一种最基本的美德要求，它并不是要求人们必须要在行为上完全利他，而是让市民在关注个人利益的同时也要关注群体而至于整个城市的利益。在陌生人社会中，关注公共精神，主动帮助别人，把爱心、志愿精神、公共精神在市民之间有效传递，最终受益的是每一个城市市民。志愿精神和公共精神的突出表现是市民普遍愿意做志愿者，社会组织发达。表5-1可以看出，北京、上海、深圳、广州等国内一线城市都是社会组织比较发达的城市，其中北京、上海、深圳等城市的社会组织数量已经超过一万家。以深圳市为例，2019年，深圳的万人拥有社会组织数达到8.02家，已经达到不少中等发达国家水平。深圳市从2013年开始开展无偿献血，开创了中国街头无偿献血的先河，而且也在全国率先实现无偿献血100%满足临床用血需求。截止到2020年11月，深圳共有注册志愿者208万，占常住人口比例达到11.8%，平均不到十个人就有一个注册志愿者。国内其他发达城市也有较好的志愿精神，2019年，杭州市有327万名注册志愿者，有3.2万个志愿服务组织，杭州市以3052.7万余小时的志愿服务记录位居全国最热志愿服务城市榜首。①

表 5-1 2019 年北上广深社会组织情况

城 市	社会组织总数	万人社会组织数
北京	12 849	5.97
上海	16 880	6.95
深圳	10 777	8.02
广州	8 137	5.32

资料来源：社会组织总数来源于北京市、上海市、深圳市、广州市民政局网站，万人社会组织数根据常住人口计算而得。

二、新型城镇化与现代市民

城市化并不是千篇一律的，不同的城市化发展模式决定着不同的市民品格。欧美国家在经过工业化和现代化的洗礼后，城市纷纷进入后工业时代，第三产业已经逐步成为城市的主体经济；巴西、阿根廷、墨西哥等国家更多的是靠贫困人口在城市过度聚集来推动城市化，甚至在城市出现大量贫民窟；沙特、阿联酋等国家依靠石油等资源推动城市建设和收入水平快速提高，走的是另外一种城市化道路。改革开放以来，中国大陆的城市化也经历了曲折的发展阶段。改革开放初期，地方政府普遍缺少资金进行大规模的城市建设，国家大力提倡"离土不离乡"的乡镇企业，进入小城镇发展阶段，农村剩余劳动力的解决也是以小城镇为主，以大中城市为辅；20 世纪 90 年代以来，随着邓小平南巡讲话，以及上海浦东新区开发等一批城市开发浪潮，城市化进入全面推进阶段，国家提出了大中小和

---

① 《"中国最具幸福感城市"杭州有新数据显示：300多万名注册志愿者服务时长达3000多万小时》，据杭州宣传网：http://hzxcw.hangzhou.com.cn/wmhz/content/2019-12/09/content_8984538.htm，发布日期 2019 年 12 月 9 日，访问日期 2022 年 6 月 8 日。

小城镇协调发展的基本思路，在全国普遍建立经济开发区，推动城市建设快速发展，城市化也从沿海向内地全面召开，城市规模逐步扩大，分工协作的城市群逐步形成，在全国形成了京津冀、长三角、珠三角三大城市集群。

传统城市化在推进过程中遇到一些问题，比如大城市与中小城市协调性较差，粗放的城镇化发展方式造成资源消耗大、利用效率低和环境污染等问题，农民工难以融合城市生活，城乡关系紧张。就是在这一背景下提出了新型城镇化的概念。在党的十八大报告中，新型城镇化是与中国特色新型工业化、信息化和农业现代化一起提出的。新型城镇化没有统一的定义，但同传统城市化相比，新型城镇化有几大特点：一是体现以人为本的执政理念。发展是为了人们获得感、幸福感、安全感的提升，城市化不仅是"物"的意义上的转型，更重要的是人的全面发展，让人的发展和参与成为城镇化的根本动力。这就需要更关注农民工的市民化、公共服务的均等化以及缩小居民之间的贫富差距和收入差距。二是城乡协调性。不是城市优先发展，也不是搞一样化发展，不能把农村都变成城市的统一模式，而是要传承自身的文脉，重视自身的特色，要造城但不能单一造城、千城一面。三是可持续性。关注环保、低碳和生态安全，提升市民的健康水平。

新型城镇化就需要将城市化和现代化的先进制度和人的基本素质进行有机结合，在新型城镇化的视角下，强关系和熟人社会并不只是传统社会的特质，在城市社会中同样需要。外来人口进入到城市内开始城市化进程后，会面临完全陌生的工作和生活环境，会有极大的生活不适应，"他们首先能够依托和寻找到的就是初级社会关系，也就是强关系，正是这种初级社会关系，把人们按照差序格局和关系的距离黏合在一起，逐步形成农民工在城市社会中生存、竞争、整合以及进一步发展的基础"①。在各种初级关系中,最为核心的是血缘关系和地缘关系,这也就是北上广深等大城市有这么多"浙江村""河南村""湖北村""湖南村""安徽村"的原因。从这个意义上看,建立在血缘、地缘基础上的强关系为市民城市化提供了强大的社会支持网络和社会融合基础。②强关系不仅保证了文化资本的延续,同时也推动了强关系内部的文化流动。新市民要在城市里进一步发展,除了利用现有的同质关系外,必须扩展新的社会关系网,也就是与城市社会结成网络,来获得新的信息、机会和资源,以及必要的社会支持。如果说强关系是线性的点对点交流的话,那么弱关系就是网状结构的面线式交流,从强关系到弱关系极大提升了社会融合和文化流动的速度和广度,使得农民逐步形成现代化的城市生产生活方式,进而促进人的全面发展。

深圳市是我国城市化水平最高的城市之一,是全国第一个本地农民全部转型为现代城市市民的城市,城中村的改造也可以看出是新型城镇化的拓展。2004年的调查显示,深圳市共有行政村级别的城中村309个,自然村级别的城中村1725个,几乎平均每平方公里就有一个城中村。城中村容纳了大量的人口,高峰期的时候,大约有将近三分之二的人口居住在城中村,在2016年市规土委的调查中,深圳市的城中村还居住着700万外来移民。③城中村作为一个集经济、社会、文化各种功能于一体的复合空间,在外来人口社会文化融合以及其现代性的培育中发挥着重要作用。深圳市著名的城市规划设计专家王富海在做客深圳市民文化大讲堂时表示:"城中村是最能体

---

① 柯兰君、李汉林主编:《都市里的村民——中国大城市的流动人口》,中央编译出版社2001年版,第28页。

② 倪晓锋:《开放多元的移民社会》,载乐正主编《深圳之路》,人民出版社2010年版,第228页。

③ 《深圳700万人住在城中村》,据深圳晚报:http://wb.sznews.com/html/2016-07-28/content_3580908.htm,2016年7月28日发布。

现和传承深圳移民文化的场所,是深圳进行现代城市文明教化的重要平台,其多元、包容、和谐的特征体现着深圳城市文化的底色。"[1]

图 5-1 深圳市未改造城中村一角 张鹏摄

近年来出于城市发展空间需要,全国不少城市纷纷开展城中村改造,为了进一步提高空间利用效率,大多倾向于对脏乱差的城中村进行拆除重建、推倒重来,建成高楼大厦、中央 CBD 等现代化的生产生活空间,也带来了房价和租金上涨,城市运营成本增加,大量外来人口向更偏远地方迁移,权益无法得到全面保障等问题。城中村原本作为社会文化融合的重要公共空间,给了市民更多多元化和包容性的选择,其在降低生产生活成本的同时也有助于现代交往方式和现代化的培养。一拆了之,全部建成千篇一律的现代化都市空间不仅不利于文化传承,而且也影响了外来人口现代市民特征的形成。2019 年深圳市出台的《城中村(旧村)综合整治总体规划(2019—2025)》提出,除了部分存在严重安全隐患的城中村需拆除

---

[1] 《市政协委员建议深圳规划建设"持续包容",城市建设应杜绝"贵族化"》,据深圳市社会科学网:http://www.szass.com/szskzk/kycg/djt/news/content/post_738513.html, 2021 年 10 月 18 日发布。

重建外，大部分城中村以综合整治和有机更新为主。在综合整治过程中提倡不急功近利，不大拆大建，注重人居环境和历史文脉传承，高度重视城中村保留。为了提高综合整治的品质，还与知名房地产开发商合作开展。比如深业集团与水围村合作的"水围柠盟人才公寓"，就是将城中村"握手楼"改造成人才保障性住房的典型案例，项目改造后由政府返租补贴，低于市场价租给企业人才。原本水围村有35栋农民房，深业集团将其中的29栋改造成504间人才公寓，改造中保留了原有的建筑结构、城市肌理以及城中村特色的空间尺度，通过配建电梯、提升消防和市政配套设施，改造成符合现代标准的居住空间。而且改造并没有消除原城中村的公共空间，而是通过空中连廊和室内连廊，将"握手楼"进行有机串联，改造成更符合市民聚会、交流、休憩、连通的公共空间。改造也没有形成商品房小区一样的封闭社区，而是与村里的古井遗迹、市集商街相连通的开放社区。通过旧建筑和新文化的有机结合，保留了城中村集体记忆，同时形成一个公共空间和平台，推动社区新旧居民的参与与融合，也推动了市民现代性的培育。

图 5-2　福田区水围柠盟人才公寓公共空间一景　张鹏摄

三、制度文化影响下的城市特性和人的全面发展

尽管人类文明的现代化进程和城市化进程都需要经过工业化、市场化以及从传统社会向现代社会的转型，但不同制度背景、不同历史文化传统对人的现代化和现代市民基本素养形成的影响具有较大的差异性。英格尔斯对不同国家的人的现代化进行比较发现，同样是发展中国家，虽然有着相似的教育和职业背景，但是阿根廷人的现代化水平要远高于孟加拉国。同样的道理，虽然沙特、阿联酋等阿拉伯国家的教育水平和生活富裕程度和一些欧美国家相差不大，但在现代性方面具有较大差距。日本和美国、德国、英国等国家同是发达资本主义国家，日本的现代化过程完全受欧美模式影响，甚至是复制欧美的现代化模式，但由于处在不同的文化圈，日本长期受东亚传统儒家文化影响，在现代性和现代市民的基本素养方面与欧美国家也存在较大差异，欧美国家比较强调个人主义和个性发展，日本则比较强调团体主义和家庭。制度对于人的现代化和现代市民形成同样重要。虽然中国和日本同处东亚儒家文化圈，但由于制度背景不同，在人的全面发展上存在较大差异。中华民族历经五千年历史，传统文化中的重民主义、天人合一、仁者爱人、尊老爱幼、温良恭谦让等精神传统已经成为现代市民基本素养的一部分。

城市是人的社会化最重要的场域，各种文化要素、制度要素、生产要素最终要在城市容器中聚集发酵，不同的城市有不同的文化传统，也孕育出不同的城市品格和城市精神。美国纽约是一个典型的移民城市，外来人口所占比例比较高，有一半人在家里说英语之外的语言，有三百多万市民不在美国出生，在各种移民的碰撞中，纽约成为最为多元化、创新能力最强的城市之一。而自从1876年自由女神像在纽约落户以来，纽约也成为自由的象征，追求自由、包容性较强、创新能力强、追求梦想等已经成为纽约市民的城市品格。

作为曾经的英国殖民地，香港是中西文化的交汇处，形成了独特而迷人的城市品格，这也浸透在香港人的市民精神中，甚至已经成为香港人独特的生活方式。香港既有大量佛教寺庙，也有众多基督教堂；既追求自由平等和个性解放，也有很强的家族观念和家庭意识，遍地都是的集合中西方优质小吃美食的茶餐厅可以说是一个典型的象征。另外，香港是一个面积较小、人口众多、资源匮乏，又经历过英国殖民的城市，生活的不安全感和不确定感使得香港人逐步形成一种勤奋拼搏、刻苦耐劳、开拓进取、自强不息的精神，也被称为"狮子山精神"，已经成为香港长盛不衰的力量源泉和宝贵财富。上海是近代形成的移民城市，民国时期曾经是亚洲第一大城市，现在也是中国经济最发达、人口最多的城市。上海在吴越文化基础上融合了开埠之后传入的西方工业文明，逐步形成了一种独特的海派文化，海派文化的最大特点是海纳百川、兼容并蓄，阳春白雪和下里巴人、雅和俗、洋和土、精英文化与通俗文化可以在上海和谐共生，上海人既有江南文化的雅致，也有国际大都市的时尚与现代。在上海可以体会到人与人之间的多元化，不同背景的人能够和谐相处，人们互相尊重隐私，只要不影响到他人，可以做自己喜欢的事情。在多元化之外，认真、讲道理、守规矩可能是上海市民最大的特征，无论做生意还是做人，上海人有股别的城市难以企及的认真劲，在全国人民当中，上海人也有可能是最守规矩的。而且在大男子主义、重男轻女盛行的中国，上海人的男女平等意识可能也是最高的，以至于上海男人被一些外地人称之为毫无"男子汉"气概。

深圳同样如此，深圳是改革开放之后的新生城市，在短短四十年时间内成为国际化大都市，现代化水平和现代市民素养位居全国前列，深圳的发展历程是城市文明建设的缩影。同纽约、香港等城市类似，深圳也是一个移民城市，多元性是深圳社会最显著的文化特征。深圳虽然发源于岭南文化，但同北京、上海、广州等城市不同的是，本地文化并没有占据主导地位，来自不同区域、不同民族的新市民带来了多元文化融合，而这种多元性催生了深圳市民的第二大重要特征——包容性。深圳可以说是全国最为包容的城市，任何地方的人都可以在深圳找到适合自己的生活方式，每个人都对别人的生活方式习以为然，"来了就是深圳人"就是一个典型的表现。2010年，由市民和专家共同评选出的"深圳最有影响力十大观念"，充分体现了深圳现代市民的素质素养，也和人的现代化和城市文明相契合。其中"时间就是金钱，效率就是生命""空谈误国，实干兴邦"体现了深圳人对于现代化效率的追求；"敢为天下先""改革创新是深圳的根、深圳的魂""鼓励创新，宽容失败"体现了深圳骨子里的创新精神；"让城市因热爱都市而受人尊重""实现市民文化权利"体现了深圳市对于知识的尊重；"送人玫瑰，手有余香"体现了深圳市的责任意识、志愿精神和公共精神；"深圳，与世界没有距离"体现了深圳人的开放精神；"来了，就是深圳人"体现了深圳人的包容精神，可以说"深圳十大观念"从能力素质、思想观念、行为方式和文明素养等四个方面均充分体现了人的现代化。

经过长期努力，中国特色社会主义进入了新时代。经过四十年的发展，深圳也进入一个新的发展阶段，即高质量发展阶段。新发展阶段必将孕育新的城市精神，市民的全面发展也将迈入一个新的台阶。2020年，"新时代深圳精神"正式出炉，与以往相比，"敢闯敢试、开放包容、务实尚法、追求卓越"[1]的新时代深圳精神除了保留创新性、开放性、包容性、务实性等特征之外，又增加了一些新的内涵，体现了对于法治和卓越的追求，依法而治、循法而行，推动知行合一。

---

[1] 中共深圳市委宣传部、深圳市社会科学院编：《新时代深圳精神》，海天出版社2020年版。

第三节　全面发展的现代市民指标体系

一、人的现代化相关指标体系

人的全面发展受到现代化、城市化等因素的综合影响，通过指标体系可以更加直观、全面地反映现代市民的全面发展，其中人的现代化在人的全面发展中占据比较重要的位置。人的现代化体现为能力素质、思想观念、行为方式、文明素养的现代化，用指标体系来衡量会更加清晰。国内不少研究团队和学者对人的现代化指标体系进行了深入探讨。2012年，南京大学宋林飞教授在设置《我国基本实现现代化指标体系》中分别从经济现代化、社会现代化、生态现代化和人的现代化四个方面进行分析，其中人的现代化则是从平均预期寿命、大专以上人口比重、文教娱乐服务支出比重，以及家庭拥有的电视机数、移动电话数和千人宽带用户数等方面进行衡量，更多地体现"物"的方面的指标。

表5-2　我国基本实现现代化指标体系[①]

一级指标	二级指标	单位	目标值
经济现代化	人均地区生产总值	美元	≥20000
	R&D经费支出占GDP比重	%	≥2.5
	百亿元GDP发明专利授权量	件	100
	科技进步综合水平指数	%	≥70
	服务业增加值占GDP比重	%	≥55

[①] 宋林飞：《我国基本实现现代化指标体系与评估》，《南京社会科学》2012年第1期。

续表

一级指标	二级指标	单位	目标值
经济现代化	农业机械化水平	万瓦/公顷	≥3
	进出口总额占GDP比重	%	≥60
	城镇居民人均收入	元	≥60000
	农村居民人均收入	元	≥25000
	城镇恩格尔系数	%	≤30
	农村恩格尔系数	%	≤35
社会现代化	城市化水平	%	≥70
	城乡基本社会保险覆盖率	%	100
	城乡居民收入比		≤2∶1
	万人拥有社会组织数	个	12
	城市每万人拥有公共交通车辆	标台	≥15
	万人社区服务设施数	个	≥8
	城镇人均居住建筑面积	平方米	≥30
	农村人均居住建筑面积	平方米	≥40
	城镇登记失业率	%	≤4
生态现代化	空气质量良好以上天数比重	%	≥95
	工业废水达标排放率	%	100
	生活垃圾无害化处理率	%	100
	单位GDP能耗	吨标准煤/万元	≤0.5
	三废综合利用产品产值占GDP比重	%	≥2
	城镇绿化覆盖率	%	≥45

续表

一级指标	二级指标	单位	目标值
人的现代化	大专以上人口占总人口比重	%	≥16
	居民文教娱乐服务支出占家庭消费支出比重	%	≥20
	百户城镇家庭拥有电视机数	台	≥200
	城镇居民家庭拥有移动电话量	部/百户	≥200
	千人互联网宽带用户拥有量	户	400
	千人拥有医生数	人	≥2.6
	平均预期寿命	岁	≥78

刘志山以深圳为研究对象,提出人的现代化应该包括以下发展指标:公共教育支出占GNP的比重、人民预期受教育程度、中小学教育水平、大学教育水平、思想道德水平、文化体育指标、医疗卫生指标、社会保障指标、社会治安指标等。[①]肖路遥以广州为研究对象,提出了广州迈向全球城市的现代化指标体系,将现代化指标体系分为人的现代化、经济现代化、社会现代化、城市现代化、文化现代化、治理现代化、城市全球化等七个方面,在人的现代化方面,选取了人类发展指数、平均预期寿命、平均受教育年限、居民社会参与能力、居民幸福指数等5个指标。[②]戴木才则将人的现代化分为人口类型的现代化、人的身体素质现代化和人的主体素质现代化。人口类型的现代化指标主要有人口生育率、人口出生率、人口增长率、非农业劳动者人口比重、城市人口比重、第三产业人口比重。人的身体素质现代化的指标主要有平均预期寿命、婴儿死亡率、每

---

① 刘志山:《人的现代化:深圳现代化的人学维度》,《深圳大学学报》(人文社会科学版)2005年第3期。

② 肖路遥:《广州实现社会主义现代化指标体系研究》,《区域经济与发展》2019年第2期。

个医生服务人口率、恩格尔系数等。人的文化素质现代化指标体系包括社会成员受教育程度和掌握科学文化知识的程度、成人识字率、大中小学生占相应适龄人口的比重、劳动力人均受教育年限、人口文盲率、每万人口科技人员数等。[①] 王欢和黄健元的研究比较有代表性,他将人的现代化分为人的再生产现代化、人的结构现代化、人的素质现代化和人居生活现代化。

表5-3 人的现代化指标体系[②]

一级指标	二级指标
人的再生产现代化	自然增长率
	总和生育率
	净迁移率
	平均世代间隔
	净再生产率
人的结构现代化	人口负担系数
	出生人口性别比
	总人口性别比
	城镇化率
	非农就业人口比重
人的素质现代化	婴儿死亡率
	出生缺陷发生率
	平均预期寿命
	每万人专利授权数
	劳动年龄人口平均受教育年限
	研究人员占总人口比重

---

① 戴木才、尚泽伟:《全面建设社会主义现代化与实现人的现代化》,《理论视野》2019年第6期。

② 王欢、黄健元:《我国人的现代化指标体系的构建》,《统计与决策》2016年第6期。

续表

一级指标	二级指标
人居生活现代化	恩格尔系数
	人均 GDP
	每万人拥有的医院、卫生院床位数
	社会养老保险综合参保率
	社会医疗保险综合参保率
	城镇居民人均住房面积
	人均公园绿地面积

万资姿从物质条件、社会条件、政治条件、文化条件、环境条件、能力全面、机会平等、选择自由、主观幸福等9个一级指标、32个二级指标以及161个三级指标来构建人的全面发展评价指标体系。

表 5-4　人的全面发展评价指标体系[①]

一级指标	二级指标	一级指标	二级指标
物质条件	物质福利；居住条件；公共设备	能力全面	生产能力；知识能力；获得资源的能力
社会条件	人口与家庭；社会参与；社会保障；社会服务；公共安全	机会平等	分配机会平等；城乡机会平等；两性机会平等
政治条件	政治参与；政治稳定和反暴力；法治和控制腐败；公民权利	选择自由	自由闲暇；职业自由变动
文化条件	文化生产；文化消费；文化活动条件	主观幸福	知足充裕满足感；身心健康愉悦感；自我实现成就感；人际关系认同感；心态平衡自信感；婚恋家庭幸福感

---

① 万资姿:《人的全面发展：从理论到指标体系》，中央编译出版社2011年版，第143页。

续表

一级指标	二级指标	一级指标	二级指标
环境条件	环境质量与利用程度；环境破坏与污染程度；环境治理与保护程度		

二、全面发展的现代市民指标体系

综上所述，国内学者在分析人的现代化或人的全面发展指标体系时主要有两种倾向，一种是将人的现代化与教育、医疗、文化体育、社会保障等社会领域的指标进行有机结合，比较典型的是刘志山教授的研究；另一种是突出人口的再生产和对于经济社会发展的支撑作用，比如王元的人的现代化指标体系中就比较突出总和生育率、净再生产率等人的再生产指标，以及出生人口性别比、人口负担系数、城镇化率等人的结构指标等。构建现代市民的指标体系则需要考虑以下几个因素：第一，是在现代化推动下的现代市民，要突出现代化的特征，尽量体现能力素质、思想观念、行为方式、文明素养现代化等方面内容；第二，是要从"人"的角度而非"物"的角度去设置指标；第三，要遵循可操作性、简约性、科学性原则，选取有代表性、有普遍性的核心指标，不需面面俱到。

根据以上考虑，现提出一种新的现代市民指标体系。其中人均预期寿命和平均受教育年限分别是从身体素质和知识能力素质的角度衡量，家庭文化教育消费比重主要是反映文明素质的指标。一级指标人的观念现代化整合了人的观念以及行为方式现代化的内容，其中基层民主参选率、每万人社会组织数主要是从思想观念、社会责任的角度进行衡量，注册志愿者人数占常住人口比重、每万人拥有律师数则反映现代市民的行为方式和文明素养。生活质量现代化主要从医疗、住房、收入、社会保障以及社会安全等不同角度进行衡量。

表 5-5 现代化、城市化视角下的现代市民指标体系

一级指标	二级指标
人的素质现代化	人均预期寿命
	平均受教育年限
	家庭文化教育娱乐消费占家庭消费比例
人的观念现代化	基层民主参选率
	每万人社会组织数
	注册志愿者人数占常住人口比重
	每万人拥有律师数
生活质量现代化	基尼系数
	人均可支配收入
	人均住房建筑面积
	万人刑事案件立案数
	小学、中学、大学综合毛入学率
	每万人执业（助理）医师数
	社会保险综合参保率

第四节 实现人的全面发展的途径和策略

全面发展的现代市民必须以高度发展的社会文明作为支撑，如前所述，在人的现代化指标体系中，除了人的能力素质、行为方式、思想观念、文明素质之外，更多需要教育、卫生、社会保障、社会福利等一系列社会制度和保障。《中共中央关于制定国民经济和社会发展第十四个五年规划和二〇三五年远景目标的建议》（以下简称《建议》）明确将"国民素质和社会文明程度得到新提高"作为国

家 2035 年基本实现现代化的远景目标之一。民生直接关系到人的全面发展的程度和水平，有品质的社会可以激发人的现代化，要"在发展中补齐民生短板、促进社会公平正义，在幼有所育、学有所教、劳有所得、病有所医、老有所养、住有所居、弱有所扶上不断取得新进展"。只有大幅度提高民生发展水平，满足人民日益增长的美好生活需要，才能从满足主体需求方面激发人的全面发展。实现人的全面发展应该从以下几个方面着手。

一、打造高质量的现代化教育体系

在公共服务和社会文明体系中，教育与人的现代化和全面发展有着直接而密切的关系，学校不仅可以系统传授适应城市生产生活的知识体系，而且可以通过游戏、集体活动等方式培养人际交往规则、开拓思维，这些都为人的全面发展所需要的规则意识、开放意识、创新意识、重视效率等打下坚实基础，高度发达的社会文明需要有现代化的教育体系进行支撑。纵观人类文明历史，每一次科技革命都给现代化带来强大动力，也给人的全面发展带来全新挑战，人们不停地反思，现有教育体系能否适应一次次科技革命所需要的人才，能否实现新时代人的全面发展？

构建高质量的现代化教育体系需要关注一下几个问题：首先是以人为本的素质教育，包括身体素质、心理素质、科学文化素质和思想道德素质。身体素质和心理素质是人全面发展的基础，应该着力增强人的体质、体力和身心健康状况。科学文化素质是人们融入现代化和城市生活的基本条件，应该以终身教育理念为指导，提供优质均衡发展的义务教育、多元特色发展的高中阶段教育、公平融合发展的特殊教育，以及面向未来全球科技竞争、人才竞争、产业竞争和城市综合实力竞争的职业教育和高等教育体系，增强科学文化素质的实用性，特别是应该推动高等教育从"大众"阶段向"普及"阶段转型。思想道德素质有助于培养正确的价值取向和健康的人格，应该将思想道德素质培养上升到国民教育的高度加以重视。人的全面发展是一个终身推动的过程，需要构建终身学习体系，国内有不少城市有很好的发展经验。以深圳为例，深圳曾经被认为是文化沙漠，为了推动市民素质不断提高，深圳市确立了文化立市的发展理念，是全国最早举办全民终身学习活动的城市之一。1994年制定的《深圳经济特区成人教育条例》开全国成人教育地方立法先河，2016年还颁布了《深圳经济特区全民阅读促进条例》，实施全民素质提升计划被写入市政府工作报告，市民文化大讲堂、读书月、社会科学普及周、创意十二月、终身教育学习周等一批学习品牌相继推出，极大提升了市民文明素养水平。

其次是要关注教育的公平性。教育公平是增强市民素质、应对贫富差距，以及推动发展中国家迅速进入现代化的重要举措，教育不公平将会带来社会阶层的自我复制以及生产效率的低下。最近几十年，教育公平问题一直都是国际社会关注的主要领域之一。教育不公平主要存在于性别、种族、贫富差距等各个领域，美国的教育不公平主要是种族不公平和阶层不公平，黑人以及部分少数族裔的平均受教育年限明显低于白人，哈佛大学等部分高校甚至给亚裔学生设置了名额限制，另外富人阶层的裙带关系是美国教育不平等的重要表现之一，不少高校在招生时会优先考虑校友子女或具有影响力和突出贡献的家族后代。中国同样有教育不公平问题，早期受重男轻女思想影响，性别的教育不公平不平等问题比较突出，近年来在性别不平等现象得到极大改善的同时，城乡之间、大城市与中小城镇、名校与普通学校之间的教育不均衡问题比较突出，"寒门难出贵子"的情况时有发生，学区房热与择校热引发的教育不平等已经逐步成为市民普遍关心的社会问题。现代教育体系必须公平正义地保障所有公民的受教育权，让每一个市民都能够接受适合的教育。

二、实现更加充分和更高质量的就业

经济基础和物质条件是实现人全面发展的基础。如何缩小区域之间、人群之间在收入水平和财富占有上的差距，保障每一个人都能获得较为平等的物质基础和现代化、社会化条件，成为摆在当今各个国家和地区的一大难题，推动更加充分和更高质量的就业是一个有效的实现途径。即使是在现代化水平较高的美国，由于贫富差距逐渐拉大，不同族群、不同民族的居民收入差距越来越大，导致一些黑人、亚裔、拉丁美洲群体的现代化水平明显低于白人。美国的华人街、亚裔聚集区和黑人聚集区就是一个典型的例子，虽然同样是在国际化大都市，但这些聚集区自成一个封闭体系，很多华人可能大部分活动空间都是在华人街，甚至连英语都不熟练，平时只是用汉语交流，人的现代化水平和全面发展严重受限。贫富差距拉大还导致民粹主义甚至极端民族主义在世界范围内抬头，排外的煽动性和网络种族主义言论泛滥。一个有品质的社会应该是一个有充分就业的社会，应该有效解决大学毕业生结构性就业错配、高技能人才短缺、隐形失业显性化、重点人群就业难等问题，通过职业技能培训缓解结构性就业矛盾，预防失业，促进更充分更高质量就业，保障劳动者收入水平。一个有品质的社会还是一个有着合理分配格局的社会，一个发展成果更多更公平惠及全体人民的社会，一个中等收入比重占多数的"橄榄型社会"。应该着重保护劳动所得，增加劳动者特别是一线劳动者的劳动保障，提高劳动报酬在初次分配中的比重。健全资本、劳动、知识、土地、技术、管理等生产要素由市场评价贡献、按贡献决定报酬的机制，进一步增加市民财产性收入的渠道。同时要强化政府调节再分配的能力，通过税收、社保、转移支付等进行合理调节，让发展成果使更多劳动者受益。

三、构建均等化的公共服务体系

除了教育之外，公共服务还体现在就业、医疗、住房保障、社区服务等各个领域，发展均等化的公共服务体系有利于提高人的生活水平。发展均等化的公共服务，这是实现人的全面发展和人的现代化的基本途径，就是要从制度安排上消除社会中的发展不均情况，保障人的基本需要。公共服务体系包括基本公共服务、普惠性公共服务以及普通生活服务，其中基本公共服务体系主要是由政府负责，保障全体人民生存和发展基本需要的公共服务，政府承担兜底责任；普惠性公共服务是为了满足市民更高服务需求、保障社会整体福利水平所必需但市场自发供给不足的公共服务，价格体系以大多数人可以承担为准；其他生活服务主要是由市场供给、居民付费享有，满足市民多样化、个性化需求的服务。政府应该建立公平共享、弹性包容、均等化的公共服务体系，重点是基本公共服务和普惠性公共服务，而且可以根据经济社会发展水平和政府财力予以动态调整。从服务对象上，应该构建覆盖全年龄段的公共服务保障体系，比如妇幼健康服务体系、0—3岁的普惠性托育服务体系、养老服务体系等。同时在城市来说，还要实现基本公共服务常住人口全覆盖，不论是户籍人口还是常住人口，都应该享有匹配的公共服务。从服务的半径来看，应该提升公共服务的便利性，根据服务需求和特性，构建十分钟、半小时等公共服务圈。从服务的公平性来说，应该逐步消除不同区域、不同群体公共服务供给上的不均衡性。

四、构建有温度的兜底慈善救助保障体系

一个社会的贫富差距总是没有办法完全消除，也不应该消除，但是可以通过建立一系列社会保障和社会福利机制保障人的全面发展，有温度的社会拥有更加公平可靠的多层次社会保障体系。16世

纪，以英国为首的西欧国家进入了工业化早期，伴随着圈地运动，很多农民被迫离开土地，社会矛盾频发，英国早在1601年就颁布了济贫法，确认国家拥有救济贫民的职责，标志着社会保障制度的萌芽。而真正建立比较完善社会保障制度的是德国，时任德国铁血首相的俾斯麦先后颁布了《疾病保险法》《工伤事故保险法》《老年和残障保险法》，在全世界第一次建立了比较完备的工人社会保障制度。之后，美国在大萧条后期颁布了《社会保障法》，英国经济学家贝弗里奇教授发表了《社会保险报告书》，进一步完善了社会保障和社会福利制度。社会保障和社会福利制度有很多内涵，其中最低工资、最低生活保障、社会救助可以保障城市最低收入群体能够获得基本的生存权和发展权，社会保险制度为市民的生老病死提供基本保障，既可以维护社会稳定，促进社会和谐，更可以解除市民的后顾之忧，能够将更多资源投入到人的全面发展中去。而随着房价水平的上涨，住房保障越来越成为城市必需，应该加快构建以保障性租赁住房为主的住房保障体系，有效增加保障性住房供应，全面提升居住品质。一个有温度的社会还应该保障特殊群体需求，残疾人因为种种身体技能上的缺陷在城市生活中会遇到很多困难，无论是受教育、就医还是就业都有诸多不便；儿童因为尚未成年，在身心发育方面都不成熟，在城市生活中会遇到很多困难和诱惑；妇女因为身体和生理原因，对于女厕和母婴室等公共设施有特殊需求，也容易遭受家庭暴力和性骚扰的困扰；老年人因为体力下降、行动不便，不仅需要专业的养老设施，更需要整个城市有老年友好的设计；引进的人才特别是境外人才会在语言交流、就学就医、工作生活等各个领域遇到一系列困难，需要有针对性的应对措施。

第六章

人与自然和谐共生的城市家园

人与自然的关系,是一个恒久而深远的话题。从人类在地球诞生之日起,人与自然的此消彼长、相爱相杀就伴随着整个人类社会发展历程。我们现今所处的时代,地质学家冠之以"人类世"之名。这个时代的主要特征是人类由农业社会向城市社会的大规模转变。"人类世"是城市居民的时代。①

根据中国社科院与联合国人居署共同发布的《全球城市竞争力报告（2019—2020）：跨入城市的世界300年变局》,全球城市化进程是一个由慢到快的过程：1750年到1950年,全球城市化率从5.5%上升到30%左右,两百年间只提高了25%左右,但从1950年到2050年,全球城市化率将从30%左右上升到70%左右,这一百年间全球城市化率有望提高40%。目前,英国、美国、日本等发达国家的城市化率基本在80%以上。而据2019年统计公报显示,2019年我国城市（镇）化率为60.60%,这是我国城市（镇）化率首次突破60%大关。有关专家指出,按照国际经验,在城镇化率超过60%后,人口会加速往大都市圈转移,尤其是向直辖市、省会城市、

---

① 〔美〕伍德罗·W. 克拉克Ⅱ,格兰特·库克：《智慧生态城市——走向碳中立的世界》,孙宁卿译,中国建筑工业出版社2019年版,第Ⅸ页。

计划单列市等中心城市集聚。①

在城市化进程中，人与自然的矛盾空前突出。人类肩负着守护地球的责任担当，应当如何正确对待自然，如何处理好人与自然这一对主要矛盾，把城市这个人类主要居住地建设成为共同的美好家园，这是塑造现代城市文明必须反思和回应的问题。

第一节　我们的生活就是城市生活

从全球人口流动及城市化发展趋势来看，城市，尤其是经济发达的大城市、特大城市、超大城市，业已成为人类最大的栖息地。正如澳大利亚纽卡斯尔大学社会学博士德波拉·史蒂文森（Deborah Stevenson）所说："城市主义成为大多数人口的核心居住体验和生活方式。"②而澳大利亚塔斯马尼亚大学社会学教授阿德里安·富兰克林（Adrian Franklin）也说："我们大多数人生活在城市，我们的生活就是城市生活。"③

工业革命的发生发展，加速发展的城市化，创造了日益增长的全球财富，同时也带来了一系列新的问题。"城市生态病"就是其中最突出的问题之一，诸如交通拥堵、能源短缺、环境污染、气候异常等，世界上大部分城市都存在着类似问题，而在人口1000万以上甚至在2000万以上的超大城市，则表现得尤为复杂且突出。为此，我们有必要对"城市"，这个人类共同生活的家园进行充分再认识。

---

① 国家统计局：《中华人民共和国2019年国民经济和社会发展统计公报》，《中国统计》2020年第3期。

② 〔澳〕德波拉·史蒂文森：《城市与城市文化》，李东航译，北京大学出版社2015年版，第17页。

③ 〔澳〕阿德里安·富兰克林：《城市生活》，何文郁译，江苏教育出版社2013年版，第1页。

一、城市是一个有机生命体

城市是包括自然、经济、社会等方面在内的复合生态系统，是一个伴随着人类文明形成而不断发展着的有机生命体，城市的演化和发展是一个生命体的成长发育和有机完善的过程。

首先，城市是有生命的。城市有自身内在的遗传基因、生成肌理和发展规律，城市是人类生存的场所，是人类生命不断繁衍和生息之地，城市的生命力和吸引力在于城市与人相依共存。正所谓"一方水土养一方人"，城市虽然不一定是人的出生地，但人把城市当作家园一样守护、建设，由此，人得以安身立命，而城市也因此获得其生命力。如果有一天，人在城市中成为心无所依的漂泊者、流浪者，城市就成为一堆钢筋水泥废墟，失去其鲜活的生命，城市的生成过程也就戛然而止了。这是人对于城市的意义所在。

其次，自然是城市的基底。由于城市所具有的独特而强烈的人类特征，最初人们往往把城市作为纯粹人类的空间，把其与非人类的自然隔离开来。在人们的心目中，自然更多的是指原始的或者野生的自然，例如普遍不受人类活动干扰的森林、原野、溪谷等等，至少也应该是地广人稀的乡村、郊区，而人类活动频繁的城市似乎与自然并不相干。但实际上，城市是在自然基底上堆砌起来的，"自然提供素材，而人类则在概念上和具体操作方面设计了其机构"[①]。如果把城市比作一个身体，那自然就是其血肉和气息。

美国城市规划师简·雅各布斯（Jan Jacobs）曾经引入生命科学理论来试图让人们理解城市："城市就像生命科学一样也是一种有序复杂性问题。它们处于这么一种情形中：'十几或者是几十个不同的变数互不相同，但同时又通过一种微妙的方式互相联系在一起'。

---

① 〔美〕刘易斯·芒福德：《城市文化》，宋俊岭等译，中国建筑工业出版社2009年版，第354页。

另一个与生命科学相同的地方是，城市这种有序复杂性问题不会单独表现出一个问题（这样的问题如果能够被理解就能解释所有的问题）。但是，就像生命科学一样，可以通过分析将其分化成这么多个互相关联的这样的问题。这些问题表现出很多变数，但并不是混乱不堪，毫无逻辑可言；相反，它们'互为关联组成一个有机整体'。"①

组合成城市这个复杂生命有机体的各种因素比如自然、经济、社会、居民等互相交织，互相作用，形成微妙、有序的逻辑关系，其中的任何一种因素发生变化，都会引起城市整体的变化，因此如果放任其中的某些因素不加限制地走极端，就有可能打破整体的有序平衡，造成不可挽回的严重后果。例如，城市居民的生存生活离不开阳光、空气、水，城市的正常运转离不开土地、能源、资源。如果经济发展无度，城市扩张无序，对自然生态的干扰破坏无休止，最终将是能源资源枯竭、生态环境恶化，进而威胁人类生存和城市发展。

二、现代大城市发展与生态危机

（一）第一次工业革命以来的城市生活

18世纪下半叶至19世纪上半叶，以蒸汽机的发明为标志，欧洲经历了第一次工业革命，大规模工业生产方式逐渐代替过去分散的、个体化的手工业生产方式，从而也彻底改变了过去人们的生活方式和居住方式。19世纪初，英国人口超过2万人的城镇只有15个，到了19世纪末，数量就达到了185个。1800年时欧洲只有2.2%的人口居住在拥有超过10万人的城市，而现在，整个欧洲都已经高度城市化和工业化了。

---

① 简·雅各布斯：《美国大城市的生与死》，金衡山译，译林出版社2006年版，第397—398页。

工业革命是人类力量对自然的伟大胜利。工业革命产生于欧洲，从思想史的角度溯源，与西方机械自然观和人类中心主义价值观有着深远关系。在西方思想体系里，人与自然的基本关系是对立的、疏离的，人高于自然，以征服自然为目标。英国哲学家洛克就认为"对自然的否定，就是通往幸福之路"，法国哲学家笛卡尔则倡导"借助实践哲学使自己成为自然界的主人和统治者"。在机械自然观和人类中心主义价值观指导下，人是终极目标，其他一切（包括自然）都是手段。因此，西方很早就产生了科学主义思想，以科技衡量人类的进步，为了彰显人类的伟大力量，对科学技术的探究达到了痴迷甚至滥用的程度。

而工业革命，恰恰是人对自然的宣告胜利。工业革命极大地提高了生产效率，使资本积累的速度大大提升。大规模工业化生产的需求，迫使大量农民、手工业者聚集到城市，变身为产业工人。人口迅速聚集扩张，使得村庄变成乡镇、乡镇变成城市，城市迅速扩张成大都会，城市化的脚步势不可挡。然而，工业革命带来的城市生活，远远超出了城市基础设施的承载能力和城市管理能力。甚至，人们在工业革命前就已经形成和普遍遵守的卫生习惯也被抛诸脑后，乱扔垃圾成为新的恶习，脏、乱、差成为城市的普遍景象。恩格斯在《英国工人阶级状况》和《论住宅问题》等著作中对当时的城市贫民窟有详尽的分析和描述。即使是上流社会的富人居住区也好不到哪里去，只要居住在城市，就避免不了拥挤混乱的交通、肮脏污秽的街道，以及终日烟尘滚滚的空气。

恶劣的、难以为继的城市生活，唤醒了越来越多的思想家，他们开始寻求改变，寻求以某种方式重建工业城市，使城市生活得以改善，使城市生活回归到理想的乡村状态，各种旨在挽救生态危机、促进人类生存环境与自然环境达到生态平衡状态的方案应运而生。

（二）生态危机是什么？

继第一次工业革命人类进入机械化时代之后，19世纪下半叶到20世纪初，人类又历经第二次工业革命，进入了电气化时代，并在20世纪中叶经历第三次工业革命（科技革命），迅速迈进信息时代。就在人们欢呼对自然的胜利并进一步高歌猛进之时，也有一些思想家保持着清醒的头脑。恩格斯在《自然辩证法》里曾告诫："我们不要过分陶醉于我们人类对自然界的胜利。对于每一次这样的胜利，自然界都对我们进行了报复。"[①]

事实正是如此。人类社会经济迅速发展的同时，人类以更迅速更彻底的手段扩张城市规模，使得环境污染加剧，自然生态遭受掠夺式破坏，人类与自然界的矛盾和冲突不断加剧，世界各大城市出现严重的环境问题，因高度城市化而导致的生态危机在以下几个方面表现尤为突出。

第一，能源短缺。世界上绝大多数国家普遍使用的能源，如煤炭、石油、天然气，都是不可再生能源。"有关机构对50个国家的相关数据统计表明，人均GNP与人均能源消耗为正向关系：当人均GNP不到1000美元时，人均能耗在1500千克标准煤以下；当人均GNP达4000美元时，人均能耗在10000千克标准煤以上。由此可见，人类的经济繁荣和生产发展以掠夺式地开发和利用自然资源为代价。"[②] 大城市是人口密集的经济中心，对能源的过度消耗更为严重。

第二，自然资源逐渐匮乏。首先是耕地匮乏，土地荒漠化现象严重。快速城市化大量低效地消耗着土地资源，许多城市"摊大饼"式扩张，过度占用耕地资源，建设用地粗放。据统计，1996—2004

[①] 恩格斯：《自然辩证法》，中央编译局译，人民出版社2018年版，第313页。
[②] 周光讯、武群唐：《新世纪全球性"生态危机"的加剧与生态文明建设》，《自然辩证法研究》2008年第9期。

年中国城镇化扩张的用地一半以上源于耕地。[1]同时城市化扩张加剧土地荒漠化趋势,全世界每年有500万—700万公顷土地变为沙漠。[2]全世界受荒漠化影响的国家有100多个。1996—2004年我国水土流失面积达356万平方千米,盐渍化土地81.8万—100万平方千米,荒化、沙化土地分别占国土总面积的27%和18%。[3]其次是森林面积锐减。世界人口急剧增长和城市建设对土地、牧场、木材的需求剧增,导致森林过度砍伐和开垦。五百年前地球2/3的陆地覆盖着森林,总面积达76亿公顷,到2007年减少到不足40亿公顷,约占地球土地面积的30%。在2000年至2005年间,世界森林面积以每年730万公顷的速度减少。[4]再次是淡水资源告急。在仅覆盖地球表面积1%的可用淡水中,25%为工业用水,70%为农业用水,只有5%可供饮用和其他生活用途。但是,这1%的可供人类使用的淡水资源,却在被大量滥用、浪费和污染,以致淡水更加短缺。1990年,全球有28个国家共计3.35亿人口淡水资源短缺;2005年有80多个国家淡水资源匮乏;据预测,2030年全球大约有2/3的人口缺水。[5]

第三,环境污染严重。城市化和工业化持续大量消耗化石燃料,大规模使用机动车,过度砍伐森林、开发土地,生产生活排放的有害物、污染物剧增而又管理不善。种种原因直接导致大气污染、土壤污染、水体污染。酸雨是大气污染的典型反映,会造成一系列严重危害,包括酸化土壤和湖泊、破坏植被和生态系统、腐蚀建筑材料、金属结构和文物等。目前世界上遭受酸雨危害的森林植被受损

---

[1] 张若曦:《国际生态城市实践中的理念与方法——基于案例库构建与分析》,厦门大学出版社2016年版,第2页。

[2] 王木林:《生态伦理问题及其对策》,《理论探索》2008年第2期。

[3] 张若曦:《国际生态城市实践中的理念与方法——基于案例库构建与分析》,厦门大学出版社2016年版,第2页。

[4] 李风云:《试论全球性生态危机的加剧及其成因》,《台州学院学报》2010年第5期。

[5] 陈宗兴、刘燕华:《循环经济面面观》,辽宁科学技术出版社2007年版,第41—42页。

面积日益扩大。①因"温室效应"导致全球气候反常,极端灾害天气事件频发,也是大气污染的典型反映。而"温室效应"的直接原因就是二氧化碳的大量排放。据气象学家研究,近万年来,地球年平均气温变化幅度不超过2℃,但在过去一百年间,北半球气温升高了0.76℃。②而产业发展使用的化肥、农药、重金属、放射性物质和病原菌等污染物向自然环境排放,被土壤吸收积累,并直接污染地表水体,导致土壤污染、水体污染日益严重,土壤中的污染物含量越来越高,水环境恶化,黑臭水体随处可见。当前,环境污染对全球生态和人类生存的威胁和危害已经是人尽皆知,最著名的"十大环境公害事件"至今仍让人心有余悸。

第四,生物多样性减少。人类狂捕滥杀野生动物的行为以及生态环境恶化,使得动物灭绝的速度已超过自然灭绝速度的1000倍。③如果说城市居民对野生动物灭绝的感受还不是那么直观的话,那么城市居民对身边原本常见的那些普通动物的减少,感受应该很深刻了。就如17世纪时伦敦常见的颧鸟,"它们自非洲出发的季节性迁徙在高楼林立后终止,同时也因为越来越多的靠近城市的沼泽地出于农业和建筑原因被车干④"。还有,"由于中产阶级化和新的建筑技术关闭了大多数屋顶和排水沟的入口,英格兰麻雀,长期以来一直是伦敦人的象征,它的数量快速且十分令人遗憾地减少了"。⑤美国生物学家蕾切尔·卡逊(Rachel Carson)1962年出版的著作《寂静的春天》,就以生动而严肃的笔触,描写因过度使用化学药品和肥料而导致鸟类、鱼类和益虫大量死亡,害虫却因产生抗体而日益猖

---

① 田启波等:《生态正义研究》,中国社会科学出版社2016年版,第9页。
② 同上书,第10页。
③ 同上书,第11页。
④ 原文如此,疑为"抽干"之误。
⑤ 〔澳〕阿德里安·富兰克林:《城市生活》,何文郁译,江苏教育出版社2013年版,第10页。

獗，人们即使在春天也再听不到小鸟、昆虫的鸣唱，春天从此变得寂静。这部著作第一次披露了生态环境遭到破坏后可能出现的可怕前景，对推动全球绿色环保运动起了重要作用。

三、生态文明与现代城市

经济过快发展和城市无序扩张造成环境污染、资源枯竭，城市生态恶化，随之而来的是疾病丛生、瘟疫流行，人类的生命和健康受到威胁，业已成为全球各国面临的严峻问题。2019年底以来，新冠肺炎疫情暴发并在全球持续蔓延，使各国经济社会发展雪上加霜。全球气候灾害事件频发，生态环境治理面临前所未有的困难，迫使国际社会暂时放下政治、国家、信仰、种族等成见，共同召开"领导人气候峰会"。2021年4月22日，习近平同志在峰会上发表了题为《共同构建人与自然生命共同体》的重要讲话。生态危机问题、人与自然的关系问题，已经成为世界各国共同关注的重大议题。

关注生态，就是关注人类的生存；而关注城市的生态意义，实质上就是关注城市对人类的生存意义。美国社会哲学家刘易斯·芒福德（Lewis Mumford）主张建立那种在指导理念上尊重自然、保护自然、利用自然，使人与自然和谐共存的城市，"使城市恢复母亲般的养育生命的功能"[1]。可见，生态文明是现代城市文明的重要组成部分。

（一）什么是生态文明？

生态文明概念萌芽于人类对自身所面临的现实生态危机的理论反思。面对日益严重的生态危机，城市经济社会的进一步发展也陷入困境，"如何协调经济发展同环境保护以及社会进步三者之间的关系，维持经济—环境—社会大系统的内部稳定性"[2]，已经成为人类文

---

[1] 〔美〕刘易斯·芒福德：《城市发展史——起源、演变和前景》，宋俊岭等译，中国建筑工业出版社2005年版，第586页。
[2] 盛晓娟：《城市生态文明评价理论与实证》，中国经济出版社2019年版，第6—7页。

明发展进程中亟须解决的关键问题。

20世纪70年代后,人类社会面临的生态危机开始显现全球性维度,环境恶化、生态破坏以及能源危机带来全球性恶果,世界各国的专家、学者和执政团体逐渐意识到在工业文明的制度框架下无法解决全球性生态危机,靠消耗资源和破坏环境的粗放式发展模式已难以为继,开始在新的文明形态即生态文明视域下探索和建构新的社会经济发展模式。

1972年,联合国在瑞典斯德哥尔摩召开人类环境会议,倡导人类在寻求经济发展的同时要善待地球环境、保护人类唯一的地球家园。1992年,联合国环境与发展大会提出全球可持续发展战略《21世纪议程》,提出环境友好的理念。随后,全球各经济体如德国、英国、美国以及中国等都根据该议程提出了促进环境保护、生态友好的经济发展政策和具体措施。大多数学者从人类文明演进历程视角,将生态文明看成是超越于工业文明基础之上的一种新型文明形态。如俞可平认为:"生态文明就是人类在改造自然以造福自身过程中为实现人与自然之间的和谐所做的全部努力和所取得的全部成果,它表征着人与自然相互关系的进步状态。生态文明既包含人类保护自然环境和生态安全的意识、法律、制度、政策,也包括维护生态平衡和可持续发展的科学技术、组织机构和实际行动。如果从原始文明、农业文明、工业文明这一视角来观察人类文明形态的演变发展,那么可以说,生态文明作为一种后工业文明,是人类社会一种新的文明形态,是人类迄今最高的文明形态。"[1] 2006年时任中国国家环保部部长的潘岳指出:"生态文明是指人们在改造客观物质世界的同时,不断克服改造过程中的负面效应,积极改善和优化人与自然、人与人的关系,建设有序的生态运行机制和良好的生态环境所取得的物质精神制度的总和。"[2] 也有部分学

---

[1] 俞可平:《科学发展观与生态文明》,《马克思主义与现实》2005年第4期。
[2] 潘岳:《生态文明:延续人类生存的新文明》,《中国新闻周刊》2006年第37期。

者认为，生态文明是文明的一个方面，与物质文明、政治文明、社会文明和精神文明相并列。要对生态文明做出较为全面的界定，应在考察人类文明发展演进史的基础上，结合当前生态文明在国内外的理论进展和实践进程进行理解和界定。一般来说，生态文明"指的是人们在利用和改造自然界的过程中，以高度发展的生产力为物质基础，以遵循人与自然和谐发展规律为核心理念，以积极改善人与自然关系为根本途径，以实现人与自然和谐永续发展为根本目标，进行实践探索所取得的全部成果"。①

（二）现代城市生态文明思想的理论渊源

1. 马克思主义生态文明思想

人与自然和谐相处的思想是马克思主义生态文明思想的逻辑起点。马克思认为自然界是人类赖以生存和发展的基础和前提，人类是自然界的有机组成部分，二者同属于一个有机整体中。②马克思在人与自然、自在自然和人化自然、自然史和人类史等几对关系的深刻论述中，科学阐明了平衡自然、人类和实践等生态要素的重要性，揭示了人与自然、社会以及自身等生态关系的内在联系，提出和谐是人与自然关系的本质，人类是实现生态和谐的主体，从生产方式和社会制度方面解决人与自然之间的矛盾等观点，为现代生态文明建设过程中处理人与自然的紧张关系问题、促进人与自然和谐相处提供了科学的世界观和方法论指导，也为现代城市生态文明建设提供了理论基础。③

---

① 李宏伟：《当代中国生态文明建设战略研究》，中共中央党校出版社2013年版，第3页。

② 孙冬：《习近平生态文明建设思想研究》，长安大学2018年硕士学位论文，第46页。

③ 赵成、于萍：《马克思主义与生态文明建设研究》，中国社会科学出版社2016年版，第41页。

2. 可持续发展理论

可持续发展理论的形成和提出是人类发展观上的一场深刻革命。1987年2月,联合国世界环境与发展委员会在《我们共同的未来》中提出"可持续发展"基本纲领,将"可持续发展"定义为"既满足当代人的需要,又不对后代人满足其需要的能力构成危害的发展"。1992年6月,联合国环境与发展大会通过作为"世界范围内可持续发展行动计划"的《21世纪议程》,这标志着人类正式开启生态文明发展道路,寻求人、自然、社会的可持续发展。追求可持续发展是当今世界的时代潮流。绿色发展是一种典型的可持续发展模式,在状态上要求可持续发展,在速度上要求生态循环,在效率上要求低碳高效。现代城市是人与自然共生共存的生命共同体,在追求经济可持续增长的过程中,应追求自然环境系统、经济系统和社会系统之家的耦合,实现城市复合系统的协调健康发展。[①]

3. 城市生态系统理论

一般来说,"城市生态系统是以城市人群为主体,以城市次生自然要素、自然资源和人工物质要素、精神要素为环境,并与一定范围的区域保持密切联系的复杂人类生态系统"[②]。城市生态系统的组成要素主要包括生命系统(由城市人群、自然生物组成)和环境系统(由次生自然环境、人工环境和广域环境组成);城市生态系统的结构主要包括食物链结构、资源利用链结构、生命—环境相互作用结构和要素空间组合结构;城市生态系统有生产、消费和还原三种基本功能。现代城市作为一个复合的生态系统,需要实现自然、经济、社会等方面在内的生态系统良性运行,城市内各个系统具有综合的

---

① 刘举科等主编:《中国生态城市建设发展报告(2019)》,社会科学文献出版社2019年版,第4页。

② 王发曾:《城市生态系统基本理论问题辨析》,《城市规划汇刊》1997年第1期。

持续性和协调性。[①] 1971 年，联合国在"人与生物圈计划（MBA）"中提出生态城市概念，将城市作为以人类活动为中心的生态系统进行研究。从此以后，人们从复合生态系统视角逐渐关注城市建设，相关理论研究成果层出不穷，主张合理规划人类定居地城市及其城市群落，实现社会、经济和环境的共同最大利益，并在实践层面得到进一步落实。

（三）生态文明与现代大城市发展

现代城市尤其是人口众多的特大城市、超大城市业已成为人类最集中的栖息地，而且，从人口增长趋势和城市扩张速度来看，非洲人口增速最快，而全球最大的城市将越来越多地集中在亚洲（见表 6-1）。

表 6-1　全球人口最多的特大城市（2014 年）[②]

城市名称	所在国家	人口（单位：千万）
东京-横滨区域	日本	3.7
雅加达	印尼	3.0
德里	印度	2.4
首尔-仁川区域	韩国	2.3
马尼拉	菲律宾	2.2
上海	中国	2.2
卡拉奇	巴基斯坦	2.1
纽约	美国	2.1
墨西哥城	墨西哥	2.0
圣保罗	巴西	2.0

[①] 张若曦：《国际生态城市实践中的理念与方法：基于案例库构建与分析》，厦门大学出版社 2016 年版，第 6—7 页。

[②] 〔美〕伍德罗·W. 克拉克 II，格兰特·库克：《智慧生态城市——走向碳中立的世界》，孙宁卿译，中国建筑工业出版社 2019 年版，第 5 页。

亚洲有全球约56%的人口。亚洲占据全球规模最大的前10座城市中的7席，但在这10座城市中，只有3座城市（东京、首尔、纽约）是高收入城市。以目前的趋势看，到2020年代中期时，东京将成为全球规模排名前10的城市中唯一的高收入城市。[①]聚集在城市的大规模人口意味着基础建设、食物产量、就业岗位、交通运输等需求的大幅增长，同时必然意味着对城市生态环境造成的巨大压力和隐患。一方面，片面追求城市发展扩张而罔顾自然生态，已被证明是饮鸩止渴的行为；另一方面，城市经济发展水平（可直观反映为收入）越低，应对生态危机的能力越弱。如何平衡保护生态与发展经济的关系，成为现代大城市，尤其是发展中国家城市建设的核心问题，生态文明被提上城市建设的重要议题。2015年12月12日，于法国巴黎召开的联合国气候变化大会达成了一个具有里程碑意义的《巴黎气候变化协定》（Paris Agreement）。协定指出，全球将尽快实现温室气体排放达峰，21世纪下半叶实现温室气体净零排放。发达国家将继续带头减排，并加强对发展中国家的资金、技术和能力建设支持，帮助后者减缓和适应气候变化。应对生态危机，是全球性重大问题，发达国家应该充分发挥其先发优势，帮助发展中国家后来赶上。

新中国诞生、发展及建设的历程，恰恰与世界第三次产业革命的发生与发展基本同步。中国很早就开始反思西方发达国家"先污染、后治理"的经济发展方式，在中国特色社会主义道路上艰辛探索人与自然和谐相处之道，从重视环境保护，到倡导科学发展观，再到提出生态文明建设战略思想，不断深化对生态文明建设规律的认识。在批判吸收马克思主义生态文明建设思想的基础上，毛泽东倡导合理利用资源和布局工农业，植树造林建设美丽中国；邓小平

[①]〔美〕伍德罗·W.克拉克Ⅱ、格兰特·库克:《智慧生态城市——走向碳中立的世界》，孙宁卿译，中国建筑工业出版社2019年版，第4页。

提出从人口控制、科技创新、制度建设这三大方面加强生态文明建设；江泽民倡导节约资源与保护生态理念以及国际化治理生态理念；胡锦涛提出科学发展观以及和谐社会的理论。在新的时代背景下，习近平同志阐明了关于人与自然是不可分割的生命共同体思想，提出要正确认识人与自然的共生关系，树立和谐共生观，准确把握经济社会发展规律和自然生态规律。

2018年2月，习近平同志在视察四川省成都市天府新区时指出："天府新区要突出公园城市特点，把生态价值考虑进去，努力打造新的增长极，建设内陆开放经济高地。"公园城市是在复杂、开放的城市空间生命共同体中，以实现共荣、共治、共兴、共享为城市发展目标，实现经济系统绿色低碳、政治系统多元共治、文化系统繁荣创新、社会系统健康和谐、生态系统山清水秀的城市发展高级形态。[①]在新时代推进城市生态文明建设，要坚持以人民为中心，统筹生产、生活、生态三大布局，走内涵式、集约型、绿色化的发展路子，努力创造宜业、宜居、宜乐、宜游的良好环境。

2016年9月，中国正式加入《巴黎气候变化协定》，成为第23个完成了批准协定的缔约方。2020年9月22日，习近平同志在第七十五届联合国大会一般性辩论上发表重要讲话时指出："中国将提高国家自主贡献力度，采取更加有力的政策和措施，二氧化碳排放力争于2030年前达到峰值，努力争取2060年前实现碳中和。"[②]这是中国在《巴黎气候变化协定》承诺基础上，对碳排放达峰时间和长期碳中和问题设立的更高目标。中国也是全球主要排放国里首个设定碳中和限期的发展中国家。

---

① 史云贵、刘晓君：《绿色治理：走向公园城市的理性路径》，《四川大学学报》（哲学社会科学版）2019年第3期。

② 习近平：《习近平在第七十五届联合国大会一般性辩论上的讲话》，据新华网：http://www.xinhuanet.com/politics/leaders/2020-09/22/c_1126527652.htm，2020年9月22日发布。

2021年4月22日,习近平同志在领导人气候峰会上明确提出:"中国将生态文明理念和生态文明建设写入《中华人民共和国宪法》,纳入中国特色社会主义总体布局。中国以生态文明思想为指导,贯彻新发展理念,以经济社会发展全面绿色转型为引领,以能源绿色低碳发展为关键,坚持走生态优先、绿色低碳的发展道路。"[①]

2021年11月1日,习近平同志向《联合国气候变化框架公约》第二十六次缔约方大会世界领导人峰会发表书面致辞,强调中国秉持人与自然生命共同体理念,坚持走生态优先、绿色低碳发展道路,加快构建绿色低碳循环发展的经济体系,持续推动产业结构调整,坚决遏制高耗能、高排放项目盲目发展,加快推进能源绿色低碳转型,大力发展可再生能源,规划建设大型风电光伏基地项目。[②]

习近平同志在关于人与自然生命共同体思想以及公园城市建设的思想中,阐明了现代城市文明发展的内在规律和现实需求,为现代城市生态文明建设提供了理论支撑和行动指南。[③]可以预期,中国将会为发展中国家现代大城市生态文明建设探索出一条新发展道路。

第二节 生态城市:美好城市就是美好生活

1972年6月发布的《联合国人类环境宣言》指出:"现在已达到历史上这样一个时刻,我们在决定某一重大行动的时候,必须更加

---

① 习近平:《共同构建人与自然生命共同体——在"领导人气候峰会"上的讲话》,据新华每日电讯:http://www.xinhuanet.com/mrdx/2021-04/23/c_139901365.htm,2021年4月23日发布。

② 习近平:《习近平向〈联合国气候变化框架公约〉第二十六次缔约方大会世界领导人峰会发表书面致辞》,据新华网:http://www.news.cn/politics/leaders/2021-11/01/c_1128020064.htm,2021年11月1日发布。

③ 习近平:《习近平谈治国理政》第三卷,外文出版社2020年版,第360—361页。

审慎地考虑对环境所产生的影响及其后果。由于无知和不关心，我们可能给自己的生活和幸福所依靠的地球环境造成巨大的无法挽回的损失，相反，如果我们掌握比较充分的科学知识，采取比较明智的行动，就可以使我们自己和我们的后代在一个比较符合人类需要和希望的环境中过着较好的生活。"保护生态环境就是保护人类的美好生活，逐渐成为人们的共识。生态环保意识的觉醒，推动全球城市特别是大城市在规划、设计、建设、管理等方面都出现了不同程度的"生态转向"。把生态文明理念贯穿城市规划、设计、管理的一系列活动中，建设"生态城市"，成为越来越多城市的共同目标。

一、生态城市及其类型

什么是生态城市？我们首先要消除一个误解，就是生态城市绝不仅仅是指自然环境优美的城市。环境优美只是生态城市的其中一个表现。1971年，联合国教科文组织在"人与生物圈计划"（Man and the Biosphere Programme）中首次提出现代"生态城市"概念，并将生态城市定义为：借鉴生态系统的运行方式，加强城市系统内部的循环与优化，实现物质与能量的高效利用，从而尽可能地节约资源与能源，减少对自然界的侵害。同时，充分利用与城市相依的自然力，创造可持续发展的、社会和谐的、经济高效的、生态良性循环的人类居住区形式，形成自然、城市与人融为有机整体的互惠共生的结构。[①] 由这个定义可知，把城市这个人类居住区看作一个自然循环运作的生态系统，坚持可持续发展理念，把生态文明思想贯彻于城市有机体生存和发展全过程，就是生态城市建设。

"生态城市"具有以下几种类型特征。

第一，智慧规划型城市。针对现代城市发展初期用地不足、资

[①] 王春艳、孔永波：《国内外生态城市的探索与实践》，《河南科技》2010年第14期。

源缺乏等问题,很多城市谋求向外扩张,不断扩大城市边界,向郊区延伸,呈现"摊大饼"式的城市扩张模式。然而,城市向周边环境无止境扩张蔓延并不能根本解决城市发展的瓶颈问题,反而周而复始衍生出新的问题。对此,城市规划学界开始提出"紧凑城市""精明增长""增长管理"等理论,这些新的城市规划理论,可以归纳为"智慧规划理论",在这些理论指导下规划的城市,就是智慧规划型城市,其目的是有效控制城市无序蔓延;促进城市的再发展和中心区的二次开发;适度开展旧城更新,建设多中心或卫星城镇;限制对郊区和农村地区过度开发,保护城市周边的自然资源和自然生态环境;实现更高的城市密度和功能混合的用地布局,等等。(图6-1)哈佛大学经济学教授爱德华·格莱泽(Edward Glaeser)曾以美国休斯敦的"平面扩展"为案例,分析城市向郊区扩张的好处与隐忧,并敏锐地提醒:"最令人担心的是,发展中国家可能会像美国的大部分地区一样采用以汽车为基础的生活方式","郊区化在印度和中国将会继续,这是一件好事情,因为停留在农村的贫困中是没有出路的。但是,如果他们的城市化人口居住在围绕着电梯修建的、人口密集的,而非居住在围绕着汽车修建的、平面扩展的地区,那么这对地球来说是大有益处的"。[①]

第二,绿色低碳型城市。绿色、低碳等城市规划理论的提出与全球气候变化、能源危机等问题息息相关。城市迫切需要改变发展方式,一方面控制碳排放,降低环境污染风险,另一方面树立绿色、节能、环保等理念,实现资源节约、回收、循环利用,提高资源利用效率。2003年,英国政府发表能源白皮书《我们能源的未来——创建低碳经济》(*Our energy future: creating a low carbon economy*),首次将低碳经济定义为"通过更高的资源生产率,以更少的自然资

[①] 〔美〕爱德华·格莱泽:《城市的胜利》,刘润泉译,上海社会科学院出版社2012年版,第183—184页。

源消耗和环境污染获得更多经济产出,实现更高的生活标准和更好的生活质量"。低碳城市成为新兴城市发展战略在全球范围内被广泛采纳与构建。伦敦出台全面而系统的低碳行动策略与规划推动其低碳转型与技术发展。丹麦首都哥本哈根宣布将于2025年成为第一个"碳中和首都"(Carbon Neutral Capital),通过新能源技术、低能耗效能系统、低碳社区等兴建低碳城市,成为全球低碳城市发展的典范。发展中国家也开始意识到节能减排对城市未来发展的重要性,中国是较早开始倡导低碳发展方式的发展中国家。2008年初世界自然基金会在北京启动"中国低碳城市发展项目",上海、保定成为首批入选的试点城市。2011年8月,国家发改委启动天津、深圳、杭州、厦门、重庆、贵阳、南昌、保定8市的低碳试点工作,拉开了我国大规模开展低碳城市实践的序幕。①

张鹏摄

图 6-1　深圳福田中心区景观:莲花山公园大片绿地
与高密度摩天楼群毗邻,实现张弛有度的混合用地布局

---

① 张梦、李志红、黄宝荣、李颖明、陈劭锋:《绿色城市发展理念的产生、演变及其内涵特征辨析》,《生态经济》2016年第5期。

第三，环境保护型城市。由于城市建设理论的生态转向，20世纪60年代以来，生态规划开始引入英美传统的自然资源保护研究方法，城市规划与生态学、环境科学等学科融合的趋势越来越显著。将区域环境视为一个包括土地、大气空间、水域和各种能源、资源等诸多因子的环境容量系统，在量化之外还加入对地理空间的分析，如土地空间使用的分布模式，以此作为城市规划的重点依据，也是生态城市规划的重要内容。[①]简单说，环境保护型城市就是在主动把环境保护纳入城市整体规划，确保城市规划和发展过程中，对土地资源、水资源、生物资源等的利用不会产生过度干扰以致超过其能承受的极限，对自然生态环境始终秉持友好态度，一方面尽可能保护原生态的自然环境，另一方面必须进行人工干预时，也尽可能采取因地制宜、适度开发的节制态度。"山水城市""公园城市"等理念，就是环境保护型城市的代表。

第四，可持续发展型城市。可持续发展型城市是基于可持续发展理论和城市生态系统理论而规划建设的城市，目的是把城市建设成为一个可持续发展的生态经济复合系统，使其既可以获得较高的经济效益，同时又有利于自然循环的良性发展。其侧重在于，一方面强调生态保护与经济发展之间的协同关系，包括生态系统的经济价值、可持续经济发展的生态特征、影响生态变化的社会经济因素以及生态经济复合系统的发展规律等；另一方面强调实现生态与经济的协同发展，包括如何明确经济发展的环境边界，实现生态与经济协同发展的手段、方法、途径，生态和经济构成的复合系统的结构、功能、行为、运行机制及其规律性，等等。[②]习近平同志曾经提出"绿水青山就是金山银山"的理念，并强调："这是重要的发展理

[①] 张若曦：《国际生态城市实践中的理念与方法——基于案例库构建与分析》，厦门大学出版社2016年版，第18页。

[②] 同上书，第19页。

念,也是推进现代化建设的重大原则。绿水青山就是金山银山,阐述了经济发展和生态环境保护的关系,揭示了保护生态环境就是保护生产力、改善生态环境就是发展生产力的道理,指明了实现发展和保护协同共生的新路径。绿水青山既是自然财富、生态财富,又是社会财富、经济财富。保护生态环境就是保护自然价值和增值自然资本,就是保护经济社会发展潜力和后劲,使绿水青山持续发挥生态效益和经济社会效益。"[1]"绿水青山就是金山银山"是可持续发展理念的典范。

需要指出的是,以上几种"生态城市"类型,并没有明确的界限,它们之间往往是重合、交叉甚至是包含的关系,按其侧重点将其进行类型化分析,只是便于讨论,以帮助我们更深刻地理解"生态城市"的内涵特征,理解生态文明对于现代大城市发展的重要意义。

二、生态城市的优势

随着全球性可持续发展战略的确立,生态文明走进人们的视野,逐渐成为规范社会行为的指导原则,生态学、环境科学等日益受到重视,并与越来越多的学科共融,学科发展已使冠以"生态"为名的学科不下100余门,生态学成为名副其实的"21世纪的科学",科学家甚至预言"21世纪可能是人类由'黑色文明'过渡到'绿色文明'的新世纪"。[2]"绿色文明"就是生态文明,由此,生态文明当仁不让占据了城市文明的一席之地,成为城市规划者、建设者、管理者的关注点,生态城市建设在全球范围内成为新潮流。

---

[1] 习近平:《习近平谈治国理政》(第三卷),外文出版社2020年版,第361页。
[2] 李道增:《21世纪生态建筑与可持续发展》,"城市管理世纪论坛2001"会议论文,上海,2001。

与传统城市相比,生态城市的优势在哪里呢?

第一,经济成本优势。与传统城市建设相比,生态城市具有投资成本和建设成本较低的优势。具体表现为:(1)基础设施投资较少。由于生态城市的理念是建设紧凑型、智慧型城市,避免城市"摊大饼"式的无序扩张,因此城市无须在街道、污水和给排水管网等建设方面进行过多投资。(2)交通成本降低。生态城市提倡绿色出行、短距出行,提高步行、自行车和公共交通出行比例,通过高密度的生态城市多中心线性规划,发展轨道交通、升级公共交通运力,减少对私家汽车的依赖,减少对有限且不可再生的、日益昂贵的能源资源的依赖,从而大大降低交通成本。(图6-2)(3)能源和资源损耗成本降低。生态城市提倡建设低能耗建筑、智能建筑,提倡充分利用可回收材料和可再生资源,提倡使用坚固耐用的建筑材料以延长建筑寿命,减少维修维护或更新成本。(4)社会经济运行成本降低。生态城市提倡最大限度减少对自然环境的污染和破坏,因此城市因应对生态负面影响(如环境污染事件、气候变化引起的自然灾害、自然资源枯竭、疫病流行等)而损耗的成本相应减少。当然,必须指出的是,这种经济成本降低特别是整个城市社会经济运行成本的降低并不是立竿见影的,而是体现在城市长期发展过程甚至贯穿于城市发展的全生命周期。而且,有时候生态城市建设初期投资甚至会比传统城市更多(例如特殊建筑材料和可再生能源的使用及其配套设施的投资建设,因保护生态环境而限制建设用地开发使用等)。因此,生态城市建设要求城市管理者具备长远目光和全局规划管理水平,而不是囿于眼前利益,走"先污染、后治理"的老路。

244　城市文明论

张鹏摄

图6-2　深圳地铁3号线木棉湾站（3号地铁轨道与龙岗大道立体平行）：高密度城市与发达的公共交通系统，提升城市运行效率，减少能源消耗

第二，自然环境优势。与传统城市建设相比，生态城市能最大程度地保护和修复自然生态环境。自然环境是除了人类自身外最容易被人为干扰和影响的对象。生态城市对自然环境的保护体现在以下方面：(1) 保护原生态的自然环境。紧凑型、智慧型城市规划理念，反对向郊区无度扩张，反对盲目开发耕地、森林、草场，从而尽可能减少建设用地规模和硬化地表，由此保留更多的自我循环、自然绿地。这些原生态的自然绿地，既可以为人类服务，也可以为其他生物提供栖息地，维护各种自然过程，维持生物多样性，净化自然环境，保护生态平衡。就如耶鲁大学历史学博士薛涌为爱德华·格莱泽《城市的胜利》一书作序时评论道："在他看来，人类是对自然有极大破坏力的物种。如果人类热爱自然的话，最好的办法不是到自然中去，而是离自然越远越好"，"如果你热爱自然的话，就远离瓦尔登湖，到拥挤的波士顿市中心去定居"。[①] (2) 净化、美

---

① 〔美〕爱德华·格莱泽：《城市的胜利》，刘润泉译，上海社会科学院出版社2012年版，序言。

化城市内部区域环境。通过低能耗建筑、智能建筑以及减少或高效使用机动车交通、集中供暖等措施，减少化石燃料消耗；通过减少二氧化碳和其他温室气体排放，净化城市空气质量，改善区域气候环境，应对气候变化；通过城市水体净化、建设公园、绿道、社区花园等绿化、美化措施，改善城市区域小环境，营造良好人工自然环境。也就是说，通过绿色低碳生产方式和生活方式，使集约、紧凑的城市中心区环境逐步得到净化、美化，改变传统城市拥挤、污染、混乱的印象。

第三，宜居优势。城市对人的吸引力，最关键的莫过于其是否能够安居乐业。生态城市在居住方面的适宜度表现在以下方面：（1）交通便捷性。生态城市通过高效能交通体系建设，为居民提供便捷的公共交通，使通勤、上学、购物、娱乐等短途出行轻松简便，节省大量时间和精力。（2）居住舒适度。生态城市提供高品质的公共空间，公园、绿道、社区花园等自然绿地有良好的可达性，居民在家门口就可处身优美环境、享受悠闲生活，一方面可舒缓情绪，缓解快节奏城市生活的紧张感；另一方面促进社区邻里关系和谐，降低犯罪率。同时，城市空气质量、气候环境改善，有利于提高居民身体健康水平，增加居民幸福感。（3）人口发展模式适应性。现代城市家庭小型化、人口老龄化趋势越来越明显，生态城市建设的社区环境和生活条件，对儿童、老人等特殊人群出行、生活提供便利、安全的设施和条件，对城市人口发展模式有良好的适应性。（4）创造具有美感的生活。现代城市是技术化世界的典型体现。但是，城市归根结底不仅仅是人居住的容器，更是人身心安顿的家园，技术化只是手段，诗意的栖居、美感的生活才是目的。我国当代著名作家沈从文曾经这样动情地写道："我的感情流动而不凝固，一派清波给予我的影响实在不小。我幼小时较美丽的生活，大部分都与水不能分离。我的学校可以说是在水边的。我认识美，学会思索，水对我有极大的关系。"[①] 人的情感归属与其所居环境有密切关系，所谓"乡愁"往往来自于对陌生环境的不适应、不相容。生态城市建设，在最大程度上保护自然之美，创造人与自然的和谐，用理性的技术手段，体现感性的家园观念，使得哪怕是移民，也能从中找到家园的舒适感、美感。兼具科学性和人文性，是其最大优势。（图6-3）

张鹏摄

图6-3 深圳观澜河湿地公园：通过黑臭水体净化改造，建设人工湿地，吸引水鸟栖息，恢复良好自然生态，使城市具有良好亲水性，成为市民家门口的休闲胜地

三、世界先进城市生态建设的借鉴与启示

世界先进城市生态建设起步早，且多集中于发达国家，为应对后工业化时代带来的环境污染应运而生。目前，起步较早的先进城市，在生态建设方面已形成完备体系，并致力于向更高阶段、更好

---

① 沈从文：《我读一本小书同时又读一本大书》，载《沈从文散文选》，人民文学出版社2004年版，第10页。

的质量发展。我们选取若干有代表性的世界先进城市作为案例进行分析，有助于借鉴其成功经验，从中获得有益启示。

（一）"花园城市"——新加坡

新加坡是一个资源稀缺的小岛国，国土面积仅有724.4平方千米，人口570万（2019年），有限的资源与经济社会发展之间的矛盾日益突出，因此，新加坡对节能减排、可持续发展理念格外重视，其政府、企业、市民，都有强烈的生态环保意识。新加坡生态城市建设从法律制度、城市建设和公众参与等多维布局规划。

城市规划设计长远。新加坡曾是街道拥挤、公共卫生差、居住环境恶劣的城市，为改变当时的状况，新加坡政府在建国初期就提出建设花园城市的设想。1965年，新加坡政府聘请国内外知名专家为城市整体布局、城市发展规模、土地合理利用、交通网络建设、产业发展战略等提供全方位的指导。20世纪60年代，致力于环境整治、种植树木、建设公园，要求每个镇区中应有一个10公顷的公园，距居民区500米范围内应有一个1.5公顷的公园；70年代，重点进行道路绿化，要求每条路两侧都有1.5米的绿化带；80年代，实施长期生态保育战略计划，将5%的土地设为自然保护区，要求每千人享有0.8公顷的绿地；90年代，建设连接各公园的廊道系统，建设绿色基础设施。

鼓励发展绿色建筑。新加坡绿色建筑起步早，涉及的建筑类型范围较广，除住宅外，还包括了办公楼、商业区等。新加坡绿色建筑以政府引领为核心，通过制度保障绿色建筑的推广。2008年，新加坡政府要求所有新建建筑都必须达到绿色建筑最低标准，超过5000平方米空调面积的新建公共建筑达到绿色标志"白金"评级，既有公共建筑到2020年超过1万平方米空调面积的要达到绿色标志"超金"评级。政府出售土地时，要求工程达到较高层绿色标志评级（白金和超金）。

水资源循环利用。新加坡政府采用开源与节流并举的方式进行水资源循环利用的"新生水"项目。通过对生活污水和雨水的微过滤以及逆渗透技术，处理成饮用水。新加坡采取了多种措施来实现水资源的收集和循环利用：要求非居民用户安装节水设施、新建筑安装的抽水马桶必须使用低容量水箱、扩大城市积水区域、设立雨水储水池，对城市污水进行净化处理再利用等。新生水使新加坡不仅解除了水资源匮乏的困境，实现高效的水资源利用，也使其走在世界污水治理领域的前列。

制定健全的法律法规。新加坡法律法规体系之严格世界闻名。1968 年颁布《环境公共卫生法》，对保护公共环境卫生进行全面规定，并对违法行为制定了严厉的处罚标准。1971 年颁布了《清洁空气法案》。次年，新加坡政府成立环境部（后更名为环境与水源部），成为继日本后全亚洲第二个设立环境管理部门的政府。20 世纪 90 年代至今，新加坡政府又出台了多项环境管理制度和环境信息披露制度，并对之前的制度进行修订。完善的法律体系和严格的城市管理，为"花园城市"的美誉打下了坚实的基础。

（二）"世界上最绿的城市"——温哥华

加拿大温哥华市总人口为 63.2 万人（2016 年）。为应对日益突出的环境问题，温哥华不断将城市生态环境建设和绿色低碳发展作为城市发展的重要方向。

温哥华市的城市生态建设主要依靠于长远的战略目标，通过制定中长期的行动规划，引导经济、环境和社会的可持续发展。温哥华通过城市规划手段对城市开发进行合理控制，有效保护了生态资源环境、提升了居民的生活质量，是大城市建设生态宜居城市的典范。

2009 年，温哥华出台了具有战略意义的报告——《温哥华 2020：一个明亮绿色的未来》。该报告在绿色经济和绿色工作、更绿的社区以及人类健康三大领域提出了十项远期目标。其中,《温哥华最绿城市行动规划2020》是此次战略中具体的行动方案和指南,它致力于将温哥华打造成为世界上最为绿色环保、健康宜居的生态城市。温哥华的生态城市建设更加注重将目标分解和细分,通过时间节点规划和不同目标结合达到可持续发展。此外,还注重提高公众参与度、加强政企结合,来推进规划措施的实施。这些综合计划的实施,在推动生态城市建设的同时,也促进了清洁能源、低碳建筑、节能车辆以及再回收产品生产等产业的新商机,提高企业自主创新能力。

(三)"欧洲绿色之都"——斯德哥尔摩

瑞典首都斯德哥尔摩总人口80.6万人(2017年),其已经完成城市化进程并进入后工业化的高度发达阶段,建设良好的人居环境是其建设生态城市的主要目标。该城市制定了《斯德哥尔摩2030愿景规划》,并由此制定了《斯德哥尔摩环境计划2012—2015》,从交通、化学物质、能源、土地及水体、垃圾和室内环境等六部分考量城市在环境领域的首要问题,也将各项目标进行细分和政策落实。在该计划的支持下,斯德哥尔摩通过不断提升绿地品质、执行资源循环再生政策和打造科技生态城市等措施,以"绿色、洁净"为目标打造城市环境核心竞争力,努力成为欧洲绿色之都。

一方面提升现有绿地的品质。尽管斯德哥尔摩市城市33%的面积为公园和绿地,超过40%的面积由公园、湖泊以及徒步道路构成,但其仍然在此基础上,专门制定"斯德哥尔摩公园计划",以提升现有绿地品质,为公众创建新的绿地和海滩。这些绿地不仅作为生态基础设施的一部分,同时也为动植物的栖息活动提供了重要的场所,如当地的橡树林为1500多种不同的野生动植物提供了生存空间。

另一方面,执行资源循环再生政策。斯德哥尔摩的循环再生政策主要体现在城市水资源和废弃物利用两方面。为保证水资源循环利用，斯德哥尔摩和周边一些地区统一采用高于欧盟标准的污水净化处理系统。污水处理过程中产生的气体、固体废弃物等经过再次处理成生物质可再生能源用于交通工具的燃料；产生的热能被搜集处理后用于城市集中供暖。在废弃物回收利用方面，斯德哥尔摩从公众、企业和政府等多角度提出要求。在公众层面，20 世纪 90 年代，市政府就致力于提升公众对废弃物回收的宣传教育，提高家庭废弃物回收比例并进行生物质可再生能源处理；在企业层面，提高餐馆和杂货店的废弃物回收比例，并对废弃物进行处理形成生物质燃料或用于城市供暖系统的热能；在政府层面，出台严格的法律制度，禁止废弃物掩埋处理，创新使用废弃物真空运输系统。

同时致力于打造科技生态城市。斯德哥尔摩通过利用各种高新技术来达到节能环保的目的，主要体现在智能化控制的交通系统和可再生能源管理和运营系统。智能化的基础设施建设依赖于互联网技术。20 世纪 90 年代，市政当局已经规划建设新型的、更具效率的通讯方式如光纤等，以达到节能的目的。目前，斯德哥尔摩已实现了有线和无线宽带的 100% 覆盖率。在交通方面，除提倡公共交通出行方式、修建完备的公共交通道路、提高公共交通的可达性等措施外，2007 年开始，斯德哥尔摩采用智能电子管理系统对工作日高峰时期进出市中心的瑞典牌照车辆征收"交通拥堵税"。征税过程完全电子化完成，这项措施使汽车交通量和废气排放量减少了 10%—15%。高科技也改变了能源使用和管理模式，斯德哥尔摩通过"斯德哥尔摩绿色 IT 战略"，建设城市集中供暖和制冷系统，并支持鼓励建设地源热泵等可再生能源系统。高科技的可再生能源互联网系统，使城市供电、供水和供暖得到最大效率的使用，同时达到了节能减排的绿色发展目标。

（四）"循环经济典范"——日本北九州

日本北九州市总人口 93.5 万人（2017 年），凭借其海陆要塞的地理位置和煤炭、石灰矿等资源优势，在 20 世纪 60 年代，北九州曾是日本重工业基地，这也为北九州带来严重的环境污染。北九州经历了从"灰色城市"到"绿色城市"的生态建设之路，成为循环经济建设的典范。

北九州利用工业产业积累的技术和人才、将"产业振兴"和"环境保护"两大政策结合起来，通过建设生态工业园解决环境污染问题。生态工业园区具体包括三个分区：实证研究区、综合环保联合企业群区和循环利用区，分析每个功能园区的作用如表 6-2。

表 6-2 北九州生态工业园区功能分区

分区	具体工作
实证研究区	在该区域内，企业、行政部门和大学通过密切协作，联合进行废弃物处理技术、再生利用技术的实证研究，从而成为环境保护相关技术的研发基地
综合环保联合企业群区	各个企业相互协作，开展环保产业企业化项目，从而使该区成为资源循环基地。区域内主要汇集了废塑料瓶、报废办公设备、报废汽车等大批废旧产品再循环处理厂。
循环利用区	该区旨在通过为中小循环企业提供贷款而将其集中在该区域进而整体升级为环保产业区。

北九州生态工业园囊括了各种细分品类的循环处理厂，如：荧光灯管、打印机颜料墨盒、医疗器具等废弃物处理厂。在此基础上，生态工业园区还设立了北九州学术研究城，为企业和政府开展循环经济提供技术、人才支持。北九州生态工业园促使传统重工业实现资源循环发展，从而减少废弃物排放，实现生态城市建设。

需要指出的是，以上列举的四个先进城市，除了新加坡的人口达到联合国对于"特大城市"的划分标准之外，其余三个城市从人口规模来看，连"大城市"都算不上。①而目前世界人口超过 2000 万的超大城市已有 10 座，我国人口超过 1000 万的超大城市已有 6 座（上海、北京、广州、深圳、天津、重庆）。那么这四个先进城市的生态建设经验，是否适用于人口规模超大的城市，特别是经济发展相对落后的发展中国家超大城市呢？答案是肯定的。

先进城市生态建设的诸多成功经验，如法治化、智能化、公众参与等，与其城市规模并无必然相关。同时，即使是城市规模更大的世界发达城市，如纽约、伦敦、东京，也有类似的成功经验。例如纽约市，就在 2007 年提出了城市改造/新区扩建的 "Pla NYC 2030" 规划，以可持续发展方式协助纽约应对气候变化挑战。②而有一些超大城市的生态建设，则并不是一开始就在城市整体范围内全面铺开，而是选取某些特定区域作为试点，如伦敦就选取爱丽芬城堡进行"城市改造"，规划为碳中和社区；选取万家利恩、皇家港口等区域，在新区扩建的同时规划新的能源和资源循环模式。③因此，先进城市的成功经验可以为我们提供一个类似于"理想类型"④的模

---

① 关于城市规模的划分，各国国情不同，划分也各不相同。联合国通常将 100 万人口以上的城市划定为特大城市。2014 年 11 月，中国国务院发布《关于调整城市规模划分标准的通知》中规定：（1）超大城市：城区常住人口 1000 万以上；（2）特大城市：城区常住人口 500 万至 1000 万；（3）大城市：城区常住人口 100 万至 500 万，其中 300 万以上 500 万以下的城市为Ⅰ型大城市，100 万以上 300 万以下的城市为Ⅱ型大城市；（4）中等城市：城区常住人口 50 万至 100 万；（5）小城市：城区常住人口 50 万以下，其中 20 万以上 50 万以下的城市为Ⅰ型小城市，20 万以下的城市为Ⅱ型小城市。

② 张若曦：《国际生态城市实践中的理念与方法——基于案例库构建与分析》，厦门大学出版社 2016 年版，第 55 页。

③ 同上书，第 47—49 页。

④ 理想类型（ideal type）是德国学者马克斯·韦伯提出的社会科学分析方法。理想类型，指的是在分析社会现象时，将多样性的观察结合而成的一种模式，是社会科学理论建构中一种方法论上必不可少的工具。韦伯认为，理想类型作为一种理论结构，是从一个时代某些特有的社会现象这种经验材料中概括和抽象出来的，但不涉及经验事实，乃一种认识手段，社会科学家不是从理想类型概念推演出社会现象，而是把理想类型作为分析具体社会事件的一种启发性的工具。

式，作为发展中国家的超大城市，可以分析借鉴并因地制宜予以吸收采纳，却不一定且不应该是完全复制。

目前，新加坡是公认的智慧城市建设水平全球排名第一的城市。为了学习借鉴新加坡智慧城市建设的先进经验，2019年10月15日，深圳市与新加坡通讯及新闻部在中新双边合作机制会议上签署了《关于深圳—新加坡智慧城市合作倡议的谅解备忘录》，由此，深圳市正式联手新加坡，在数字技术、数字经济、数字贸易、智慧港口、金融科技等领域加强务实合作，实现共同发展，致力于打造"越来越聪明""越来越美丽"的城市。向先进的生态城市学习，与先进的生态城市合作，是发展中国家生态城市建设的可行之路。

第三节　探索人与自然和谐共生的城市家园

现代城市生态建设是一个复杂的系统工程，其目标是根据生态学原理、循环经济和可持续发展等理论，应用现代科学技术手段建成经济、社会、生态三者协调发展，产业结构布局合理、自然生态保护良好、资源能源高效利用、社会秩序井然有序、人与自然和谐统一的现代化宜居城市。现代城市生态建设涉及诸多利益相关者，例如政府（包括各级政府及其官员与管理者）、社会（包括企业和社会组织等）、个人（建筑师、开发商、当前和未来的城市居民等）。从长远来看，所有利益相关者，都会从城市生态建设中获利，小到增加个人的便利性，大到促进全球可持续发展。但是由于现代城市生态建设自身的复杂性和长期性，同时也与传统城市建设的惯性和惰性相关，现代城市生态建设的实施路径还面临着诸多挑战。

为客观反映现代城市生态建设的状况和趋势，本节试图构建一个现代城市生态建设评价指标体系，在充分理解现代城市生态文明理论基础上结合科学的 DPSIR 指标体系构建方法，由上至下构建现代城市生态建设评价指标体系，用以客观评价现代城市生态建设水平，从而指引一条未来城市生态建设的更为科学、高效的实施路径，为构建人与自然和谐的城市家园寻求一条可行之路。

一、现代城市生态建设评价指标体系

（一）现代城市生态建设评价指标体系的理论依据

1. 从可持续发展到生态文明

联合国世界环境与发展委员会（WCED）在《我们共同的未来》中将可持续发展定义为"既满足当代人的需要又不危及后代满足其自身需要的能力"。虽然学界对于可持续发展的概念并未形成一致性意见，但是大部分学者赞同可持续发展是追求经济、社会与环境三大支柱在时间和空间范围内实现均衡发展的有机整体。因此可持续发展应该是公平的（在经济和社会支柱之间）、宜居的（生活质量）和可行的（经济发展不应降低生态系统的能力）（Tanguay et al.，2010）。在 WCED 的可持续发展定义的基础上，对可持续发展的追求主要概括为两类：强可持续性与弱可持续性。虽然两者在概念的界定上都是不影响后代的生活福祉，但其对可持续发展的需求不一致。弱可持续性要求在保证资本的总体存量基础上，允许自然资本、人力资本和经济资本的替代。我国经济发展初期就属于弱可持续性发展，在这种发展需求理念下，自然资本与其他资本没有区别（Gute，1996）。与弱可持续性相反，强可持续性严格地控制自然资源的消耗与生态环境的破坏，不允许环境资本、人力资本与经济资本的相互替代（Mori and Cristodoulou，2012）。

目前，我国提出的生态文明理念属于强可持续发展的重要内涵，强调在经济发展所带来的生态压力不应高于生态承载力，也就是指资源消费速度应低于资源再生速度；污染物的排放不应超过环境承载力；生态治理力度应大于环境破坏力度，避免走"先污染、后治理"的老路，强调生态环境资本的重要属性。

我国的生态文明建设强调经济、社会与生态资源环境间的和谐发展。中国共产党第十九届五中全会提出到2035年基本实现社会主义现代化远景目标之一，就是要"广泛形成绿色生产生活方式，碳排放达峰后稳中有降，生态环境根本好转，美丽中国建设目标基本实现"[1]，通过践行绿色生产生活方式来建设生态文明，且与碳排放达峰的进程和长期碳中和的目标紧密结合，这是可持续发展理论在我国的重要实践。

以此为依据，在现代城市生态建设评价指标体系构建上，我们以强可持续发展观为指导，既强调经济、生态环境与社会的协调发展，也要充分考虑生态承载力的有限性，突出生态环境的重要性，以实现人与自然和谐、平等全面发展为目标。

2. DPSIR 框架理论

驱动力（Driving force）—压力（Pressure）—状态（State）—影响（Impact）—反馈（Response）是由欧洲环境局（EEA）在经济合作与发展组织（OECD）提出的压力（Pressure）—状态（State）—响应（Response）框架上进行扩展，用以构建一个能够全面揭示人类经济活动、生态环境与社会间的交互影响的评价体系。

DPSIR 框架为研究生态环境问题提供了从起源到结果之间的因果链，为相关科学研究提供了可参考的理论框架。DPSIR 框架通常用于设计评估、选择指标并将结果传达给决策者以改善生态环境质量。在 DPSIR 分析中，人类活动驱动了经济发展的同时对生态环境系统造成了巨大压力，当压力积累到一定程度时就对生态环境状态

---

[1] 《中国共产党第十九届中央委员会第五次全体会议公报》，据中国共产党新闻网：http://cpc.people.com.cn/n1/2020/1029/c64094-31911510.html，2020年10月29日发布。

及质量造成改变。进一步，这些生态环境状态的改变将对人居环境造成影响，例如公共健康及社会发展水平。面对这些环境及社会问题需要政府、机构及民间组织及时采取应对措施，直接或间接地对DPSIR中各个方面进行响应。

从原始数据到信息再到指标，DPSIR的指标选取要遵循人类活动—生态环境改变—社会各界反馈这一因果链。驱动力（D）主要是指在人类追求经济与社会发展中所采取的行动，包括人口、社会经济等指标，例如人口增长、生产与消费的变化及人类生活方式的改变。人类社会通过生产、消费及生活方式的变化，对生态环境状态造成影响。压力（P）指标包括自然资源的利用及污染物的排放，例如能源与水资源的消费、工业"三废"排放等。状态（S）指标描述了某一地区生态环境的物理状态、生物环境和化学浓度等，如空气中的污染物浓度、生活噪音水平。影响（I）指标用以反映由于生态环境状况的改变，对环境和社会造成的影响，这些指标包括资源供应情况、人居环境情况等。反映（R）指标是政府及社会团体为防止生态环境恶化、社会不平等加剧，促进生产效率、环境质量、经济发展、生活质量改善等做出相应对策的能力，如绿色技术的发展、工业及生活污染物排放的处理、环境保护教育及立法等。

（二）现代城市生态建设评价指标体系的构成与目标设定

1. 现代城市生态建设评价指标体系的构成

现代城市生态建设评价指标体系以EEA提出的DPSIR框架为指导，构建生态驱动力—生态压力—生态状态—生态影响—生态反应五个子系统。具体指标如表6-3所示：

表 6-3　现代城市生态建设评价指标体系

一级指标	二级指标	三级指标
生态驱动力系统	经济发展	1. 经济增长速度（%）
		2. 人均 GDP（万元）
		3. 服务业增加值占地区总产值比重（%）
	城市发展	4. 人口城镇化（%）
		5. 土地城镇化（%）
生态压力系统	资源压力	6. 单位 GDP 水耗（万吨）
	环境压力	7. 单位工业总产值废水排放（万吨）
		8. 单位工业总产值二氧化硫排放（吨）
		9. 单位工业总产值工业烟尘排放（吨）
生态状态系统	空气质量	10. 空气中 SO_2 浓度（ppm）
		11. 空气中 NO_2 浓度（ppm）
		12. 空气中 PM2.5 浓度（微克每立方米）
	城市绿地	13. 建成区绿化率（%）
		14. 每万人城市绿地面积（公顷）
生态影响系统	宜居水平	15. 人均道路面积（万平方米）
		16. 城区人口密度（人/平方公里）
	公共服务水平	17. 城市登记失业人员失业率（%）
		18. 万人拥有床位数（张）
		19. 万人拥有教师数（人）
		20. 城市保险覆盖率（%）
		21. 卫生、社会保障和社会福利业从业人员占劳动力比重（%）
生态反应系统	污染控制	22. 城市污水集中处理率（%）
		23. 生活垃圾无害化处理率（%）
		24. 城市固体废弃物处理率（%）

续表

一级指标	二级指标	三级指标
生态反应系统	技术进步	25. R&D 占 GDP 比重（%）
		26. 人均公共汽车使用次数（次）
	生态教育	27. 财政性教育支出占 GDP 比重（%）
	制度保障	28. 是否出台《新能源汽车充电基础设施规划》

生态驱动力指城市经济快速发展、建成区迅速蔓延是增加生态环境系统压力，引起生态环境状态改变进而造成人居社会生活影响的驱动力。因此本部分主要选取经济发展与城市发展作为主要指标，其中包括经济增长、服务业发展水平、人口城镇化、土地城镇化等。

生态压力是指由城市化与经济发展对生态环境系统所造成的压力，主要包括资源压力与环境压力，资源压力主要是指水资源消耗，环境压力主要是指工业生产中的"三废"排放。

生态状态系统是指由生态压力引起的生态状态的变化，包括空气质量的恶化、城市绿地面积的减少、城市水质量的降低等。

生态影响系统是指城市发展伴随着环境压力与状态的改变，环境的变化也会给人居环境与生活质量带来影响。城市化水平的提高，给城市住宅、基础设施建设、政府公共服务水平带来前所未有的挑战，因此本部分主要包括城市居民宜居水平与城市公共服务水平。

生态反应系统主要是指政府、机构与居民对提高城市生态文明发展所做出的努力，具体包括政府环保行为、污染控制水平、科学技术进步、居民绿色生活方式、生态教育及制度保障。

在 DPSIR 框架下具体指标选择标准根据 2015 年联合国颁布的 17 个可持续发展目标（SDGs）、国际标准化组织 ISO37210 中 17 个可持续城市和社区城市标准，以及中国十三五、十四五规划纲要生态环境保护主要目标，结合城市层面生态文明特征科学地构建指标体系。

2.现代城市生态建设评价指标体系的目标设定

目标设定是建立城市生态建设评价体系的核心内容之一。在我们选取的指标中,有些已经有了国际、国内认定的成熟标准,有些指标尚未制定统一标准。参考宋勇昌及梁保平等学者的研究,笔者将现代城市生态建设目标区分成中期(2025年)及长期(2035年)目标,具体设定依据以下原则:(1)尽量采用国际及我国所规定的通用标准,如联合国可持续发展目标及我国十三五、十四五生态环境建设目标;(2)将国外生态建设水平较高的城市发展水平作为目标设定的基准;(3)参考国内各大城市发展水平,以各指标发展水平较高的城市作为基准。

根据以上原则,我们选取所有一级指标及主要三级指标进行目标设定,具体如表6-4所示:

表6-4 现代城市生态建设发展目标

一级指标	目标设定 中期目标(2025年)	目标设定 长期目标(2035年)	目标制定依据	三级指标	目标设定 中期目标(2025年)	目标设定 长期目标(2035年)	目标制定依据
生态驱动力系统	>80分	>90分	高于国内先进城市水平值(长期) 高于国内中上水平城市水平值(中期)	1.经济增长速度(%)	>5.4%	>5.4%	《中共中央关于制定国民经济和社会发展第十四个五年规划和二〇三五年远景目标的建议》
				2.人均GDP(万元)	增长>30%	翻一番	
				3.服务业增加值占地区总产值比重(%)	>55	>70	参照国外先进城市平均值
				4.人口城镇化(%)	>65	>75	参照国外先进城市平均值

续表

一级指标	目标设定 中期目标（2025年）	目标设定 长期目标（2035年）	目标制定依据	三级指标	目标设定 中期目标（2025年）	目标设定 长期目标（2035年）	目标制定依据
生态压力系统	>85分	>95分	高于国内先进城市水平值（长期）高于国内中上水平城市水平值（中期）	6. 单位GDP水耗（万吨）	降低>20%	降低>50%	参照国内先进城市水平值
				7. 单位工业总产值废水排放（万吨）	降低>20%	降低>50%	参照国内先进城市水平值
				8. 单位工业总产值二氧化硫排放（吨）	降低>20%	降低>50%	参照国内先进城市水平值
				9. 单位工业总产值工业烟尘排放（吨）	降低>20%	降低>50%	参照国内先进城市水平值
生态状态系统	>75分	>90分	高于国内先进城市水平值（长期）高于国内中上水平城市水平值（中期）	10. 空气中SO_2浓度（ppm）	空气质量优良天数>85%	空气质量优良天数100%	参照国内先进城市水平值
				11. 空气中NO_2浓度（ppm）			
				12. 空气中PM2.5浓度（微克每立方米）			
				13. 建成区绿化率（%）	>50	>60	参照国内先进城市水平值
				14. 每万人城市绿地面积（公顷）	>15	>25	参照国内先进城市水平值

续表

一级指标	目标设定 中期目标（2025年）	目标设定 长期目标（2035年）	目标制定依据	三级指标	目标设定 中期目标（2025年）	目标设定 长期目标（2035年）	目标制定依据
生态影响系统	>75分	>90分	高于国内先进城市水平值（长期） 高于国内中上水平城市水平值（中期）	15. 人均道路面积（万平方米）	增加>20%	翻一番	参照国内先进城市水平值
				16. 城区人口密度（人/平方公里）		3500	参考欧洲先进城市水平
				17. 城市登记失业人员失业率（%）	<3%	<2%	参照国内先进城市水平值
				18. 万人拥有床位数（张）		300-600	参照国外先进城市平均值
				20. 城市保险覆盖率（%）		100%	参照国内先进城市水平值
生态反应系统	>80分	>90分	高于国内先进城市水平值（长期） 高于国内中上水平城市水平值（中期）	22. 城市污水集中处理率（%）		100%	国际标准
				23. 生活垃圾无害化处理率（%）		100%	国际标准
				24. 城市固体废弃物处理率（%）		100%	国际标准

二、生态城市建设的评价方法与评价结果——以我国城市为例

(一)样本城市选择与数据来源

由于世界各国国情不同,城市之间的发展建设水平差异很大,为了便于数据采集和样本分析,本研究以我国的城市为样本进行分析。

根据国家统计局数据显示,截至2019年,中国共有663个设市城市,其中直辖市4个,地级市293个(不含港澳台地区)。由于人口和GDP是影响生态城市建设的重要因素,因此选用GDP与城市常住人口两个指标作为选取样本城市的指标,最终确定19个城市进行评价(见表6-5)。同时为了体现对比的动态性,选取2015年和2018年的数据进行分析。数据主要来自于《中国统计年鉴》《中国城市统计年鉴》以及各城市发布的统计年鉴及统计公报,一些年鉴上无法找到的数据则通过查找国家统计局官网、中国环境监测总站、美国NASA卫星数据或手动搜索城市政府网站等进行补充。

表6-5 本研究评价的19个中国城市

分类	数量	城市
GDP>20000,人口>1000	4	北京、上海、广州、深圳
15000<GDP<20000,人口>1000	3	天津、重庆、苏州
10000<GDP<15000,人口>500	6	成都、武汉、长沙、青岛、南京、杭州
GDP<10000,人口>500	6	沈阳、郑州、合肥、西安、佛山、东莞

注:GDP单位为亿元;人口为城市常住人口数量,单位为万人。
资料来源:中国城市统计年鉴(2018)。

（二）评价方法

本研究采取 Python3.7 编程进行数据处理。数据处理分为两个部分：首先，每个指标的量纲不同，原始数据无法加总或对比，因此需要进行无量纲化；其次，从四级指标汇总到三级指标和二级指标的过程当中，数据需要进行加权平均，其中权重的来自于熵值法计算得出。在对结果的进一步分析中，通过 K-Means 聚类算法对中国城市生态文明指数进行聚类分析。

① 指标数据的无量纲化。为了消除变量的量纲效应，并且将每个城市的得分控制在 60—100 之间，本文设定确保最低分为 60。具体方法为采取无量纲化公式（1）和公式（2）进行换算，即中国城市生态文明状态最差的城市处于及格线 60 分。

$$X_{ij}^* = \frac{X_{ij} - Min(X_{ij})}{Max(X_{ij}) - Min(X_{ij})} \times 40 + 60 \qquad (1)$$

$$X_{ij}^* = \frac{Max(X_{ij}) - X_{ij}}{Max(X_{ij}) - Min(X_{ij})} \times 40 + 60 \qquad (2)$$

公式中，X_{ij}^* 是第 i 个城市第 j 个指标的无量纲值，X_{ij} 是指第 i 个城市第 j 个指标的原始值，$Max(X_{ij})$ 是指标 X_{ij} 的最大值，$Min(X_{ij})$ 是指标 X_{ij} 的最小值。

需要指出的是，由于正向指标和负向指标数值代表的含义不同（正向指标数值越高越好，负向指标数值越低越好），因此，对于正负向指标我们用不同的算法进行数据标准化处理。正向指标采用公式 1，负向指标采用公式 2。

② 熵值法。熵值法是计算指标权重的经典算法之一，它是指用来判断某个指标的离散程度的数学方法。离散程度越大，即信息量越大，不确定性就越小，熵也就越小；信息量越小，不确定性越大，熵也越大。根据熵的特性，通过计算熵值来判断一个事件的随机性

及无序程度，也可以用熵值来判断某个指标的离散程度，指标的离散程度越大，该指标对综合评价的影响越大。

首先，数据为 $i \times j$ 的矩阵，其中 i 为城市数，j 为指标数。计算第 j 项指标下第 i 个城市所占特征比重，见如下公式：

$$P_{ij} = \frac{X_{ij}}{\sum_{i=1}^{n} X_{ij}} \quad (3)$$

其次，计算第 j 项指标的差异系数 G_j。不难看出，如果第 j 项指标的观测值越大，则差异系数 G_j 就越大，第 j 项指标也就越重要。

$$G_j = 1 - \frac{1}{\ln(n)} \times \sum_{i=1}^{n} P_{ij} \times \log(P_{ij}) \quad (4)$$

最后，确定第 j 项指标的权重系数 W_j。

$$W_j = \frac{G_j}{\sum_{i=1}^{n} G_j} \quad (5)$$

（三）我国城市生态建设的评价结果

基于前文构建的生态城市评价指标体系，可以计算出中国 19 个城市的生态城市建设指数。从表 6-6 可知，2018 年深圳、北京、南京、长沙、广州名列前五，2015 年前五名则分别为北京、深圳、广州、上海、西安，其中南京和长沙的名次上升十分显著，而上海和西安的生态文明得分均有所下降。2018 年的数据显示有 7 个城市的指数超过了 75 分，其中深圳超过了 80 分。与 2015 年的得分相比，深圳从第二名成功超过北京成为第一名。各个城市的生态建设指数可以通过生态驱动力指数、生态压力指数、生态状态指数、生态影响指数以及生态反应指数五个方面来解释。

表 6-6 中国 19 个城市生态建设指数及排名（2015、2018）

序号	城市	生态建设综合指数 2018	生态建设综合指数 2015	生态驱动力指数 2018	生态驱动力指数 2015	生态压力指数 2018	生态压力指数 2015	生态状态指数 2018	生态状态指数 2015	生态影响指数 2018	生态影响指数 2015	生态反应指数 2018	生态反应指数 2015
1	深圳	82.91	78.06	92.44	88.82	97.49	93.47	87.04	83.75	72.29	67.18	76.06	69.56
2	北京	78.22	79.24	78.10	78.65	89.98	94.33	80.25	73.60	77.39	70.17	75.19	90.93
3	南京	77.37	68.76	77.27	75.21	80.55	76.34	81.40	79.30	84.03	70.11	71.98	64.53
4	长沙	77.03	71.96	77.71	72.10	96.82	94.72	70.97	69.49	74.24	72.03	76.30	64.26
5	广州	76.79	76.54	79.84	80.50	82.14	89.55	84.08	82.81	75.44	77.01	72.91	66.02
6	青岛	76.22	72.26	71.45	69.97	96.44	94.18	72.05	72.93	75.56	70.98	76.14	66.34
7	上海	75.30	73.72	81.89	78.88	88.14	79.15	72.48	72.80	71.82	66.34	73.94	91.31
8	合肥	74.98	68.10	75.65	70.83	91.08	81.13	69.23	73.57	71.84	68.61	78.48	66.40
9	杭州	74.22	70.29	71.88	73.80	80.49	83.14	73.87	73.33	78.65	72.37	75.88	66.97
10	成都	73.95	72.74	72.18	68.24	94.41	90.60	67.32	68.85	73.69	67.33	73.67	83.69
11	东莞	73.67	71.17	80.72	76.79	71.85	75.84	86.33	86.20	76.31	74.39	64.31	63.34
12	苏州	73.41	73.26	73.28	72.38	80.12	88.60	66.90	68.40	76.85	68.44	79.86	84.14

续表

序号	城市	生态建设综合指数 2018	生态建设综合指数 2015	生态驱动力指数 2018	生态驱动力指数 2015	生态压力指数 2018	生态压力指数 2015	生态状态指数 2018	生态状态指数 2015	生态影响指数 2018	生态影响指数 2015	生态反应指数 2018	生态反应指数 2015
13	武汉	72.69	73.01	73.68	70.23	87.06	89.69	64.62	67.98	74.93	66.56	74.40	86.09
14	佛山	72.15	66.73	70.32	70.20	84.96	84.57	72.29	67.38	70.53	66.68	74.67	63.99
15	西安	71.86	73.61	70.33	68.56	93.36	86.08	63.74	72.53	72.18	74.42	71.98	82.25
16	郑州	71.25	66.70	80.86	72.49	91.01	85.65	61.62	62.26	69.07	69.59	67.43	61.90
17	沈阳	70.53	69.59	67.34	66.30	82.29	78.59	66.54	64.95	76.00	75.21	71.67	82.86
18	天津	68.69	72.86	67.91	72.52	82.43	92.10	62.65	65.40	68.37	75.36	75.04	72.24
19	重庆	64.08	63.06	60.00	61.74	60.00	73.41	70.56	72.46	76.97	68.34	64.48	63.93

图6-4直观地描述了中国19个城市2015年和2018年的生态建设指数得分变化情况。从两年各城市的得分情况来看，除部分城市外，2018年大多数城市的生态建设指数得分较2015年都有所提高。其中，南京涨幅最高，达8.61分；除南京外，合肥、佛山、长沙、深圳、郑州、青岛、杭州生态建设指数增幅也较为明显，分别提高6.88分、5.42分、5.07分、4.85分、4.55分、3.96分和3.93分。深圳增幅排名第二，表明深圳生态建设意识强，政策执行力度大。总体来看，我国城市生态建设效果显著，未来发展呈向好趋势。

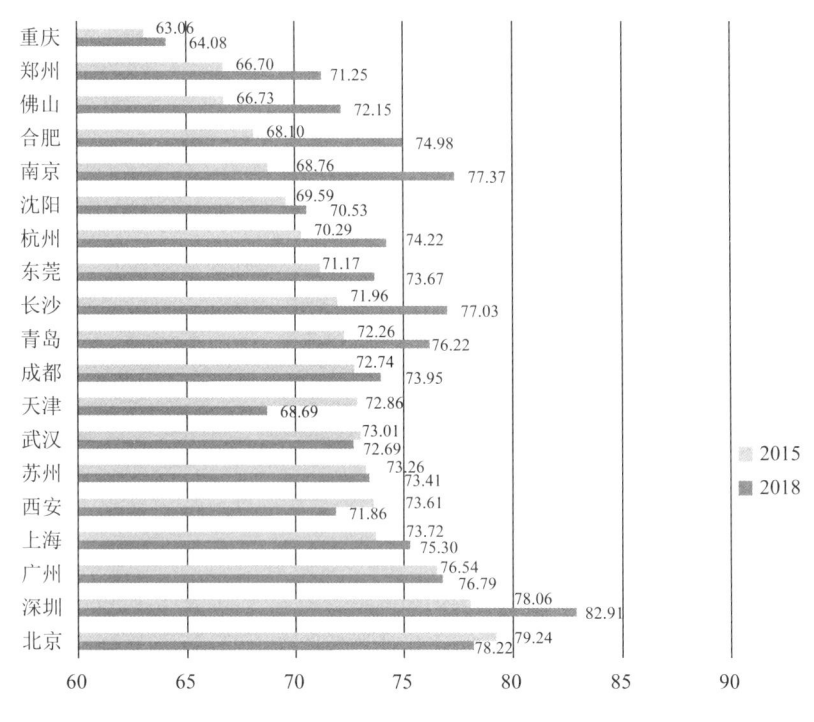

城市	2015	2018
重庆	63.06	64.08
郑州	66.70	71.25
佛山	66.73	72.15
合肥	68.10	74.98
南京	68.76	77.37
沈阳	69.59	70.53
杭州	70.29	74.22
东莞	71.17	73.67
长沙	71.96	77.03
青岛	72.26	76.22
成都	72.74	73.95
天津	68.69	72.86
武汉	73.01	72.69
苏州	73.26	73.41
西安	71.86	73.61
上海	73.72	75.30
广州	76.54	76.79
深圳	78.06	82.91
北京	78.22	79.24

图 6-4 中国 19 个城市生态建设指数排行榜（2015、2018）

本文通过 K-Means 聚类算法对中国城市生态建设指数进行聚类分析，从而划分三个梯队。结果见表 6-7 与表 6-8，第一梯队主要包括深圳、北京、广州、南京、长沙、青岛，与 2015 年排名梯队表相比，深圳、北京、广州仍然保持在第一梯队，说明第一梯队的深圳、北京、广州的生态建设水平与其他城市相比优势十分明显，南京、长沙、青岛的生态建设水平提升速度较快；第二梯队包括上海、成都等 11 个城市，与 2015 年相比，郑州、沈阳、合肥、佛山从第三梯队进入了第二梯队。这说明从 2015 年到 2018 年，更多城市的生态建设水平得到显著提升。2018 年与 2015 年相比，第一梯队中心值和第二梯队中心值均有所增长。总体看，中国城市生态建设水平仍处在不断上升阶段，第三梯队城市数量不断减少。

表 6-7　2018 年中国 19 个城市生态建设指数排名梯队

梯队	聚类中心值	城市	累计数量
第一梯队	78.09	深圳、北京、广州、南京、长沙、青岛	6
第二梯队	73.10	上海、成都、杭州、武汉、西安、苏州、郑州、东莞、沈阳、合肥、佛山	11
第三梯队	66.38	重庆、天津	2

表 6-8　2015 年中国 19 个城市生态建设指数排名梯队

梯队	聚类中心值	城市	累计数量
第一梯队	77.95	深圳、北京、广州	3
第二梯队	72.49	上海、成都、杭州、武汉、西安、天津、苏州、长沙、东莞、青岛	10
第三梯队	67.16	重庆、南京、郑州、沈阳、合肥、佛山	6

三、构建人与自然和谐的理想家园——现代城市生态建设的实施路径

结合上述现代城市生态建设评价指标体系的构建和我国城市生态建设水平和趋势的分析，同时参考借鉴世界生态城市治理的先进经验，我们可以总结出现代生态城市建设的几条可实施路径。

（一）建立"科技+生态"的生态科技支撑体系

生态建设首先是一个发展问题，目前全球面临的自然环境污染、"城市生态病"等问题，无不是工业发展、科技发达、物质财富空前增多带来的副作用。解铃还须系铃人，现代城市生态建设离不开雄厚的经济实力，离不开发达的科学技术。不难发现，目前生态建设水平位居前列的世界先进城市，无不是经济高度发达、科学技术强大的现代化城市。因经济发展而造成的自然环境污染、城市生态病，也只有充分发挥科技创新的驱动作用，才能为修复生态、建设美好

城市提供强有力的技术支撑。通过现代科技改革生产工艺、改进生产设备、提高燃烧效率、利用新能源等，可以节约资源、降低废气、废水排放或进行废气、废水治理，运用科技可以加强城市垃圾分类处理和废弃物回收再利用，等等。科技造福人类，科技改变生活，文明的发展离不开科技创新和科技进步。建设现代城市生态文明，必然离不开科技的融入和驱动，现代城市生态建设，呈现出智能化、智慧化的趋势。

我国作为世界第一大能源生产国和消费国，力争2030年前实现碳达峰，2060年前实现碳中和，这个目标压力是巨大的，尤以建筑领域首当其冲。根据中国建筑科学研究院建筑环境与节能研究院的研究结果，我国建筑行业碳排放约占总碳排放量的40%，是碳排放大户。若维持现有建筑节能政策标准与技术不变，建筑领域的碳达峰时间约在2038年左右，将对兑现"2060碳中和"目标构成巨大挑战。为此，我国积极发展绿色建筑，利用科学技术推动建筑行业减碳。作为"世界最高办公建筑"、粤港澳大湾区第一高楼的深圳平安金融中心（图6-5），就从设计、建设到后期运营维护，都将节能减排贯穿于建筑生命全过程，大到整栋大厦的"免费制冷"系统、"热回收系统"、低辐射率涂层一体化玻璃幕墙，小到超级双轿厢电梯垂直交通系统、再生能源驱动系统、窗帘太阳自适应控制系统、冰蓄冷空调系统、雨水及中水系统等，把绿色技术运用到极致，使得建筑总体在使用期间节能绩效显著，比起同等规模的传统建筑，能够节省高达46%的能耗。深圳平安金融中心作为500米以上首批获得LEED v4.1 O+M:EB（运营与维护：既有建筑）铂金级认证、中国绿色建筑三星级认证的建筑之一，也起到了带头示范的作用，为绿色建筑的打造树立了一个样本典范。如果没有科学技术的强力支持，这是不可想象的。①

张鹏摄

图 6-5　在深圳福田中心区高楼林立中独树一帜的
深圳平安金融中心大厦

诚然，科学技术是一把双刃剑。反观人类文明发展史，可以说是成也科技，败也科技。人类文明与科技发展紧密相关，正是人类不断地创造科技、应用科技，才得以创造出巨大的生产力和物质财富，尤其是工业文明的发展史更是科技理性一路高歌猛进的历史。然而，之所以说世界发达国家和地区的生态建设走的是一条"先污染、后治理"的道路，就是因为在发展初期，人类更多地把逐渐强大起来的科技运用于征服自然、改造自然并陶醉于因此而获得的物质财富，而忽略了把科技运用于保护环境、建设生态的结果。科技是一把双刃剑，但是剑指何处，全在人类自身。科学技术是第一生产力，我们是要重蹈"先污染、后治理"的覆辙，还是要利用科学

---

①《助力碳中和，大湾区地标深圳平安金融中心的绿色实践》，据中国经济观察网：http://www.eo-china.com.cn/news/202110/8625.html，发布日期 2021 年 10 月 19 日，访问日期 2022 年 6 月 8 日。

技术创新推动生产方式和发展方式的转型升级,实现"绿水青山就是金山银山",结论不言自明。

(二)建立"法治+生态"的生态制度保障体系

生态建设也是一个治理问题。国内外的经验都表明,城市生态重在建设,必须建立一套法律法规制度体系,为生态治理保驾护航。首先要有长远具体、科学合理的城市规划,把生态建设纳入城市整体规划进行统筹部署、因地制宜科学实施。先进城市的生态建设规划覆盖领域广,从基础设施、交通出行、绿色建筑、节能减排、居民参与度等多方面都进行细致的目标分解和指导。规划的制定充分适应当地的资源禀赋、经济发展水平、社会治理程度等。其次要建立完备的法律法规体系,使生态建设"法治化"。法律法规是强制型政策工具,从制度层面对社会公众具有刚性约束作用。西方先进生态城市所经历的"先污染、后治理"道路,基本上都是从法治化入手,以严格的生态保护法规扭转不断恶化的环境局面,达到环境治理的目标。

我国改革开放初期,由于治理的速度、强度远远落后于经济发展,环境一度遭到严重破坏,尤其是北方各大城市的生态环境极度恶化。党的十八大以来,中央加强顶层制度设计,把"生态文明建设"纳入五位一体总体布局,全面推进以人为本、全面协调可持续的科学发展。为此,国家制定了加强环境保护的各类法律法规近20部,实行最严格的生态保护制度。

在国家立法保障下,国内一些城市也加强了环境立法和环境保护。走在我国生态建设前列的深圳市,充分利用经济特区立法权优势,积极践行"绿水青山就是金山银山"理念,重视通过严密法治,为守护青山绿水蓝天提供刚性保障。2020年,制定《深圳经济特区绿色金融条例》《深圳经济特区排水条例》,修订《深圳经济特区环境噪声污染防治条例》《深圳市节约用水条例》;强化地方规章在生态环境保护中的作用，制定《深圳市建筑废弃物管理办法》，对《深圳市建设项目用水节水管理办法》《深圳市计划用水办法》《深圳市绿色建筑促进办法》等规章中部分条款做出修改，为打造安全高效、舒适宜居的生产生活和生态空间提供了良好的法律保障。2020年10月1日起施行《深圳经济特区生态环境公益诉讼规定》，这是全国首个生态环境公益诉讼地方立法，将大气、水环境、土壤、固体废物等污染以及破坏动植物生存环境、破坏海洋生态环境等七类案件纳入生态环境公益诉讼范围。2020年5月1日全面施行《深圳经济特区全面禁止食用野生动物条例》。2021年9月1日全面施行《深圳经济特区生态环境保护条例》，在生态保护和生态修复、污染防治、应对气候变化、碳排放达峰和碳中和、碳排放权交易等方面进行规定。深圳不仅在立法层面做出诸多努力，而且在司法、环境评价等方面也积极探索，例如实行专业审判强化生态环境保护，积极探索生态环境损害修复的损害赔偿改革，推动开展生态环境评价改革，推出生态服务价值核算系统等，全方位构建"法治＋生态"保障体系。

而北京市，则在2014年1月22日通过了《北京市大气污染防治条例》，垃圾分类立法目前也正在研究修改中。其他有地方立法权的各大城市也都加强了环境保护的立法和保护工作。正是在这些法律法规颁布后，环境保护和生态文明建设有法可依，有效提高了政府环境治理的效能，大多数城市的生态环境都有明显改善。

（三）建立"人文＋生态"的生态保护思想观念体系

生态建设还是一个思想观念和行为方式问题。城市是人类文明的标志，是经济、政治和社会生活的中心。城市生态建设一头连着城市发展，一头连着百姓民生，其目的就是为了构建一个人与自然和谐共生的理想家园，让市民生活更美好、更幸福。公众既是生态城市的受益者，也是生态城市的建设者。城市生态建设关系到每一个身居其中的市民，公众的思想观念和行为方式直接影响着城市生态建设的成效。世界先进城市的生态建设强调公众参与，市民广泛参与生态环境管理和建设是其共同的成功经验。公众参与度提高，将有力推动生态城市的建设。而要提高公众参与城市生态建设的积极性和主动性，必须从根本上转变人们的思想观念，培育市民的生态安全意识和环保意识，形成绿色低碳的良好生活方式。

鉴于居民消费是经济活动的终端，也是工业化生产的动力和二氧化碳等温室气体排放的根源，说到底一切能源消耗都是为了人生活得更舒适和美好，一切人类活动都涉及能源消费，因此消费端的碳减排和绿色转型日益成为生态建设的关注重点。在工业化、城镇化发展到一定阶段，消费者选择的主导作用逐渐凸显，有益于居民文化素质和生活质量提高的交通通信、教育文化娱乐服务和医疗保健等服务型消费比重上升迅速，能耗极差较大。因此，生态文明理念提倡理性、适度消费，从消费需求规模和消费需求结构两方面进行合理引导，避免非理性消费带来的消费污染。而根据消费习惯理论，消费习惯的形成受到其他消费者、现期收入、过去消费水平以及过去最高消费水平的影响，存在消费刚性。因此，一旦人们培养起公交出行、节约用电、适度消费等绿色低碳消费模式，便倾向于长期保持，从而使绿色低碳生活方式超越技术条件的限制，成为引领低碳时代消费价值取向的"新潮流"。推广绿色生活方式、培养绿色消费意识、在衣食住行各方面杜绝浪费都能从消费端拉动碳减排。有专家提出："在可预见的未来，城市居民能源消费将逐渐成为中国未来二氧化碳排放的主要增长来源，消费端的低碳减排刻不容缓。城市能源消费引起的二氧化碳排放量的增长，开始不断抵消技术进步和产业升级等因素带来的减排效应，只停留在工业生产领域已不能实现有效减排，挖掘居民消费所蕴含的低碳减排潜力也成为低碳经济领域的重要议题。"①因此，应把城市作为变革消费排放的重点，提倡绿色低碳消费方式刻不容缓。

工业文明立足于人类中心主义的思想基础，其发展模式使得人类对自然造成极大破坏，生态安全受到重大威胁，人类正在为此并且将继续为此付出沉重的代价，以偿还对自然界欠下的债。生态文明时代，必须彻底摒弃人类中心主义立场，回归人与自然的本真关系，用生态文明取代工业文明，才能实现人与自然的和谐共生。在城市发展中，必须全面贯彻生态文明理念，通过全方位教育普及和宣传推广，唤醒市民的生态安全意识，培育市民的生态安全观念，增强市民的生态责任感和使命感，激发市民主动参与城市生态文明建设，在日常生活中积极践行绿色生产方式和生活方式，为建设人与自然和谐共生的城市家园尽一份力。

---

① 庄贵阳:《碳中和目标引领下的消费责任与政策建议》,《人民论坛·学术前沿》2021年第14期。

第七章

韧性可靠的城市安全

人类进入农业社会后出现了资料剩余和社会分工，耕地、生产资料和剩余资料的安全成了聚落首要考虑的问题。由此，人类建造了城市，维护族群安全是城市的首要属性。在过去的几千年里，城市面临的危险随着城市文明发展阶段的迁移而不断变化，城市安全的内涵和范围随之不断延展，城市安全对城市文明的作用与地位随之不断提高。从城市建造早期的抵御自然、军事和疾病威胁，到现代城市的保障生态、经济与社会稳定，城市安全已经从单一的功能领域转变为对城市系统性缺陷的勘定、改善与解决，城市安全的本质也从对城市实体安全的保障上升到了对城市健康全面发展、城市居民幸福有序生活的保障。

第一节 城市安全与城市文明的关系

一、城市安全是城市文明发展的首要基础

人类文明的物质产物是财富产生、积累和分配，但其前提是财富能够得到空间上的保障和时间上的延续，这就是保护。社会实现

长治久安是人类自古就怀揣的梦想,安全是人类活动有效有序展开的根本前提。在战争频繁的古代,长期稳定对于平民百姓而言是一种奢望,实现人类社会的安全稳定是人类发展文明的一种期望。在前国家时期,城市是为了保护部落财富而诞生的高级聚落,究其本质,生产资料、劳动力都是一种财富。如何能有效发挥保护职能,就是塑造城市形态的首要基础。在这个阶段,城市安全的内涵是保护聚落的居民和财富,城市的形态设计也是围绕着最大化军事保护职能展开的。因此该阶段的城市汇集了人类军事防卫领域的理念成果,例如城墙的设计、内城与外城的设置,等等。通过防卫体系保护城市安全,城市文明才能避免来自敌人的军事威胁,获得宝贵的和平发展空间。

进入现代文明后,城市成为了现代人类社会的主要载体,世界超过一半的人口居住在城市中,城市在历史上第一次超过乡村,成为人类的主要活动场所。在发达国家,超过80%的总人口生活在城市,超过90%的经济产值产生于城市,城市承载着发达国家绝大多数的物质和精神财富。在发展中国家,城市化进程正高速推进,是发展中国家人民实现脱贫致富、走向现代化的关键舞台。因此对于现代城市来说,城市安全作为城市文明的基础要素显得更加突出。城市安全的保障水平基本可以被视为是人类社会总体安全的保障水平,对城市安全的保护,就是对人类社会的保护,对人类先进文化和最新生产力的保护,是对人类实现整体发展、全面进步的保护。随着各国治理体系现代化建设,安全都被上升到战略高度,中国也是如此。党的十九大指出,"人民美好生活需要日益广泛,不仅对物质文化生活提出了更高要求,而且在民主、法治、公平、正义、安全、环境等方面的要求日益增长",这反映了党和国家意识到了安全是新时代人民美好生活的内涵追求,而安全是最基础、最重要的公共物品,是一条不可逾越的红线。

二、城市安全为异质性城市文明的延展提供保护

城市在发展中衍生了共性和特性,共性体现在城市系统运转的基本逻辑上,比如世界各地的城市都依照着一定的模式和框架搭建起来,发挥着相似的基本功能;特性体现在每座城市积累下来的独特的异质性成果,是城市历代居民在特定内部和外部因素下实践的总和,构成了城市文明的异质性。由于异质性文明来自于城市居民长期的特定实践,因而也更能阐释城市的本质。市民的城市生活标准、社会认同、文化认同和市民身份认同都来自于异质性文明的定义。地理环境、交通区位等物质条件决定了什么地方会出现城市,但不能决定会生长出哪种异质性文明。每一种异质性文明都是人类文明多元化的具象表现,也都非常脆弱且难以再生。迦太基城是城市实体存续至今但城市文化已经彻底消亡的典型案例。迦太基城在布匿战争战败后被罗马人改造为罗马共和国非洲行省的经济和政治中心,但迦太基城的腓尼基文化早已被罗马人通过种族灭绝抹去了。由于迦太基的地理位置过于优越,至今建于此地的突尼斯城依旧是北非地区最大的城市之一,是突尼斯共和国的首都,但这是一座融合了基督教和阿拉伯文化的城市,连名字都不叫"迦太基"了。

正因为异质性城市文明的意义对城市居民来说变得越来越重要,维护城市异质性文明的延续逐渐成为城市军事安全的重要目标。城市更重视对敌人在文化层面可能造成的威胁进行估算,并采取能够保存城市文化的策略。例如奥斯曼帝国在西扩时并未取缔各地宗教而只是实行税制歧视,换来了帝国各地区的基本稳定。中国的明末清初年间,清廷宣布"剃发易服"政策后,江南城市迅速组织起更激进的反抗策略,促使清廷在后续部署中采取了文化怀柔方针。

三、城市安全是城市文明的构成要件

马克思认为人类文明是波浪式前进、螺旋式上升的，向前发展是总趋势，特定阶段的曲折不可避免。城市文明同样如此，其向前发展的动力来自城市内部生产方式的自发革新，同样也来自于克服曲折时所积累的经验和教训，尤其是如何跨越特定阶段的特定障碍很大程度决定了城市文明下一阶段的发展方向。曲折对城市文明而言是无法避免的，因为城市承载人类大部分文明活动，在享受文明积极面的同时也必须承受文明的消极面。城市肌理随着人类文明的生长而生长，城市文明参与主体逐渐增多，生产方式和生产关系趋于复杂，政治、经济、文化、社会等各领域图谱盘根错节，经济发展负外部性、外部因素的变化、机制层面的不合理等因素都推动了城市内部诸多问题的滋生和病灶的扩大。这些问题会慢性腐蚀城市，也会诱发急性突发事件打击城市。

以上城市文明面临的曲折中涉及侵扰城市安全的那部分负面问题的处理和解决属于城市安全范畴，从这个角度看，城市安全是通过克服曲折来推动城市文明的发展，因而本身就是城市文明的构成要件，是推动城市文明发展的关键因素。尤其是现代城市安全治理体系已经广泛扩展到城市各个领域，对经济发展负外部性的解决、对文明消极产物的抑制、对文明发展有害因素的祛除都被归入城市安全治理范畴，成为城市分析曲折、应对曲折、解决曲折的核心领域之一。城市安全治理体系在应对曲折时所积累的经验和有益性尝试都会为城市文明自我反思、自我优化提供宝贵财富，其所衍生出的制度成果和理念成果也将积极影响城市社会的运转方式和城市居民的生活方式，城市安全治理体系发现和解决问题的能力越强，城市克服曲折的能力也就越强，城市安全对城市文明的贡献也就越大。

第二节 城市安全的影响因素

一、城市安全面临的传统影响因素

自城市诞生以来,城市安全一直备受考验,其所面临的风险具有突发性和不确定性。这些风险系统性相对不强,但大多爆发突然,破坏性很广。全世界大部分古代城市都在灾难中经历过不同程度的摧残,能稳定延续至今的古代城市屈指可数,大多历经重建。总的来说,威胁城市安全的传统因素有以下几种。

(一)自然灾害

城市所面临的第一个传统威胁来自大自然,如前文所述,抵御自然威胁是人类建立城市的基础需求之一。威胁一是来自气候变化及自然灾害,比如降雨降雪、日夜温差、四季气候循环等自然气候现象,以及洪涝与干旱、冰雹与强风、酷热和寒冬等自然灾害;二是来自地理灾难,例如水土流失、泥石流、河流改道、山体崩塌、地震,等等;三是来自生物威胁,包括猛兽和危险性高的群居生物、有毒性的昆虫和植物等。除此之外,地球气候周期也存在着缓慢的变换更替,与之相关的不同时期的气候整体特征呈现出较大的变化。全球处于冰期和暖期的交替,每次交替对全年平均气温影响很大,并带来区域沙漠化和海岸线变动的影响,对人类活动影响很大。据气候学家发现,中国的汉朝、唐朝和明朝的兴与衰和气候周期存在极高的正相关性——昭宣之治和开元盛世都处于中国历史上的暖期,而两晋十六国和明末清初都处于中国历史上的冰期。

人类建立城市应对自然威胁的途径主要有以下几点:第一是通过建造更坚固的建筑遮风避雨,使人类躲避气候带来的威胁;第二是建造灌溉系统、自来水系统和水资源储蓄系统和风力系统，让自然气候服务于生产力发展和城市运转；第三是选择灾害威胁相对较少的区域建造城市，将人类的活动范围从危险的区域转移到更安全的城市空间；四是建造城防体系和分野明显的城区体系，将野外的危险生物摒除在城市外。在古代，大部分城市都能够提供不错的自然安全能力，但是面对突如其来的重大天灾时，古代城市脆弱性依然显而易见。比如欧洲维苏威火山突然喷发导致庞贝城被火山灰完全掩埋；中国北宋年间黄河改道导致华北地区出现大片黄泛区，沧州瀛洲等原先的大型城市都因洪水袭击而衰落；中国明初的冰期导致河套和陇西走廊沙漠化从而使该地区城市集体衰落。

（二）战争与动乱

和自然安全一样，军事安全是城市出现的基础需求。在城市还没诞生之前，部落战争的胜负往往在敌方军队攻到聚落前就决定了，聚落本身没有抵御能力，只能任人宰割。城市建立后，城防体系赐予了城市军事防御功能，重要的城市会建立起大型的城防设施，防止战争之中快速落入敌人之手。随着城防体系的进步，区域协同的城防网络等军事防御体系所提供的防御优势可以在无形中化解战争爆发。中世纪时期的瑞士联邦的成员是以城市为核心的加盟州，这些城市依靠阿尔卑斯山峦建立了坚不可摧的城堡群，依靠防御战优势从哈布斯堡家族中独立出来后，依靠城市防御体系走向了中立道路。除此之外，一些战略性城市可以凭借险要位置和高水平的城防体系左右一场战争的走向。例如，宋元战争时期，钓鱼城在蒙古人进攻下屹立不倒并导致蒙哥大汗战死，挽救南宋朝廷于危难间。军事安全对城市安全的重要性一直延续下来，只要城市形态一直存在，军事安全的关键地位都难以撼动。"二战"时期，苏联斯大林格勒和列宁格勒保卫战持续数年，消磨了上百万德军的有生力量，是世界反法西斯战争进程的重要转折点。现在，世界经济进一步高度集中于发达城市群，现代军事体系如何保护城市免遭现代新打击技术和理念的摧毁，一直是各国军事建设的核心内容。

（三）卫生与疾病

健康安全问题从古至今，一直是影响城市发展的关键因素。尤其在古代，建筑技术能力有限，城建规划理念还不成熟，很少规划专业性卫生设施，卫生条件简陋。古代医学水平落后，医疗能力差，城市对疾病的控制能力很低。古代科学知识薄弱，居民受教育程度普遍较低，人们对疾病的基本致病原理和路径缺乏了解，导致个人卫生习惯差。迷信传统和不作为的政府往往起推波助澜的作用，恶化社会的卫生状况。在古代，畜力起着重要作用。在大规模工程和运输体系中，畜力不可或缺，而工程修建工作和运输流通恰好集中于城市，因此人畜混居在城市非常普遍。这一切的问题在城市密度达到一定程度后，就使城市成为各类细菌与病毒的滋生点与传播点，传染病非常易于爆发且难以控制，造成的灾难又普遍较大，往往会影响到城市的根基，甚至国家的稳定。公元6世纪，起源于埃及的查士丁尼瘟疫至少卷走了东罗马帝国首都君士坦丁堡三分之一的人口，并彻底打断了查士丁尼大帝开创的帝国蒸蒸日上的发展势头。14世纪欧洲黑死病导致欧洲一半以上人口消失，城市人口更是耗损七成左右，险些毁灭欧洲城市文明。

更可怕的是，卫生安全问题还极易和其他安全问题相结合，或者由其他安全问题滋生，最典型的是军事安全和自然安全。战争过程中，来自外来士兵携带的、处理不及时尸体散发的、敌方故意投放的致病性物质很容易在城市引发大规模瘟疫。瘟疫伴随着战争导致的流民问题和食品短缺问题，使城市雪上加霜，历史上无数城市被这种双重打击摧毁。当自然问题爆发时，城市在进行非正常应对时更无法划拨足够的资源来维持卫生条件。一些传统赈灾方式注入开仓济民，也会增加民众感染不卫生粮食的风险，从而导致卫生灾难的频发。直到近代，现代医学的兴起深刻改变了人们对卫生的看法和对疾病的对抗能力，城市的卫生问题才得到根本性的好转。

（四）政治冲突

城市在相当长的一段时间里主要发挥着军事和政治功能，政治赋予了城市权力核心的意义，是人类政治活动的主要载体，政治冲突的舞台也自然被摆在了城市中，政变军变、国家内乱、朝堂党争、宫廷诡斗的发生或转折都在政治城市。政治冲突对城市的危害还体现在对城市社会的破坏，因为在现代政治体制未建立以前，政治权力是构建社会的基础，政治重构也就意味着社会重构，城市的政治特权阶层和其他社会阶层都可能卷入政治冲突。政治问题要素复杂，包括政治理念冲突、权力阶层冲突、地缘权力争夺，等等。政治问题爆发的缘由也难以防范，具有很强的随意性和突发性。这都导致了城市经常性陷入政治安全危机之中，世界上很多政治中心城市都是因政治冲突衰落。世界几大古文明，埃及、希腊、两河、中国和印度的传统政治中心城市无一例外都在历史长河的残酷政治斗争中衰落。两河流域的政治城市大多已经不复存在（乌鲁克、巴比伦、亚述等），古印度的政治中心城市华氏城已经荒芜，中国的政治中心也由北京和南京替换了传统的长安和洛阳。罗马军队屠杀耶路撒冷、叛唐节度使朱温火烧长安、日本战国时代烽火百年都是政治斗争严重威胁城市安全的典型案例。

近现代以来，总统制、议会制、君主立宪制等新型政治体系的出现和完善降低了政治冲突的突发性，改变了政治博弈的方式，政治层面和社会层面之间的联系也出现了一定程度的解构，因此政治问题对城市的威胁有所降低。不过，政治安全在现代开始通过新的形式表现出来，对城市制造了新的威胁，这在现代城市安全种类部分中进行进一步阐述。

二、城市安全面临的新影响因素

现代城市对传统威胁的防范能力相比古代城市有了本质性的增强，不过在面对重大天灾和自然灾害时，比如台风、龙卷风、冰雹等恶劣天气和地震、海啸等重大自然灾害时，现代城市依然非常脆弱，城市安全保障不足。除此之外，现代城市文明产生了多种危害城市安全的新型威胁，一些传统威胁也出现了新的表现形式。无论是哪种新威胁，相较古代城市面临的传统风险而言，新风险最主要的共性特征在于其系统性，具有很强的扩散性、连锁性和衍生性。这些特点体现在风险是由城市内的多元主体共同推动的，每种风险的爆发会产生级联效应，对城市各子系统造成连锁反应，导致城市复合体系陷入瘫痪。这些特点还体现于风险在现代城市之间的组织结构、经济关系和物理桥接构成的网络体系中实现向各区域、各国甚至全世界范围的传导。具体来说，现代城市的风险会实现地理维度、层级维度、功能维度和主体维度等四个维度的跨界。地理维度是指行政区域边界，层级维度是指行政层级边界，功能维度是指职能部门边界，主体维度是指公私领域边界。总的来说，新威胁主要来自以下几种因素。

（一）产业发展

在古代城市，经济对城市安全的影响大多是长周期的，和国家的兴衰大势正相关。由于古代可以转化为经济的要素禀赋类型较少，城市的富庶与否主要由区域的人口承载力和交通运输能力所定，因而城市经济格局是相对定态的。但是现代城市经济发展依赖的要素增多，经济发展态势具有很强的动态性，基于动态性所导致的负面效应也大大增加了，很容易冲击城市稳定。这其中，首当其冲的是产业发展因素。

现代城市的产业发展与城市化发展需要保持正向关联才能推动

城市化的健康发展。一般产业发展与城市化阶段主要呈以下基本路径：城市化发展初期，农业生产效率提升，农村内出现生产效率边际较低的剩余劳动力并开始进入城市。劳动密集型工业随之发展，城市集聚经济效应增强，推动更多农业人口进入城市转为非农劳动力。之后，劳动密集型工业向技术密集与资本密集型工业转型，单位生产效率提升，工业所需劳动力减少，去工业化进程开始。工业释放大量劳动力进入第三产业，城市主导产业形态由粗放式向集约式转变，由集聚型向星盘型转变，"逆城市化"现象出现，城市周边农村地区转为小城市或者卫星城。随着产业技术含量进一步上升，工业排放进一步减少，城市公共设施供给理念更新，信息社会生活方式形成，城市环境转好，生活质量上升，"再城市化"现象出现，郊区人口重新向城市中心集聚，城市结构不断优化。不过，如果产业发展阶段与城市发展阶段并未实现接轨，城市化进程会面临较大的困难，导致"过度城市化""半城市化"等负面现象。

"过度城市化"现象首先出现在拉美地区，是城市化进程先于产业发展阶段所导致的。一方面是大量农村剩余人口被迫进入城市，非正常的产业形式只能登台亮相。正常的城市化进程是城市的就业需求将农村人口转移进城市，如果需求不足，城市规模会控制在较低的水平。但"过度城市化"却使得城市人口流入先于工作机会创造，城市无法吸收流入的劳动力，其结果就是滋生灰色产业来吸收多余劳动力。这些灰色产业主要包括赌博、毒品、卖淫、走私、黑工厂等非法行业，并多在黑社会和腐败官员提供的保护伞的庇护下运行。灰色产业导致了社会治安的恶化和社会价值观的扭曲，还会侵蚀合法产业的发展空间；另一方面是城市如果无法走上工业化道路，长期的超前城市化的结果只能是城市社区"乡村化"。工业化道路所需要的关键要素禀赋，并不是所有城市都拥有。当处于超前城市化的城市长期无法进入工业化时，多余的劳动力生活在城市空间中，但实质上却只是"生活在城市里的农村人"，他们只能聚集在不符合城市文明规范的边缘社区，这就是城市"乡村化"现象。城市社区"乡村化"的主要形式是贫民窟，这在拉美城市随处可见。巴西里约热内卢的贫民窟规模浩大，内部存在着相对独立的自我运作机理，与城区在空间和精神上是完全撕裂的。城市"乡村化"社区是用有限资源养活庞大人口的畸形状态，里面的居民物质条件极度匮乏，权利没有保障。他们在农村已经没有了私有土地，又被城市排斥在外，他们躲在现代社会的阴影里，是城市快速发展下的恶性产物。在生存所迫下，乡村化社区极易和非法行为建立联系，和灰色产业关系紧密，对城市安全造成了巨大的负面影响。

"半城市化"现象则主要集中在东亚与南亚地区，原因是产业发展速度过快，城市化难以消化产业发展阶段阶梯式提升所导致的现象，也被称为"被动城市化"。[1]这里包含两个层次。第一个层次是当城市进入工业化初期时，城市短时间涌入大量移民，农村也积极转型为工业化村镇，形成了"村村是城镇，镇镇是农村"现象，继而出现城乡建设散乱、基础设施条件差、流动人口管理与社会治安管理出现"真空"等一系列社会问题。[2]同时，政府在扩张城市边界时往往选择粗暴地将城市近郊的农村区域并入城市建制，却未顾及当地居民是否有转为非农的意愿。这批被迫"入城"的农业人口很大概率会继续在城市空间内保持农村生活方式，阻碍城市相关建设。第二个层次是当城市产业从工业化初期快速向工业化后期转换时，产业升级带来了严重的结构性失业现象，大量中低技能劳动力失去工作后聚集在边缘社区从事传统产业。上述的工业化村镇、新城市

---

[1] 白永秀、王颂吉：《由"被动城市化"到"主动城市化"——兼论城乡经济社会一体化的演进》，《江西社会科学》2011年第2期。
[2] 刘盛和、陈田、蔡建明：《中国半城市化现象及其研究重点》，《地理学报》2004年第59卷增刊。

建制区域和边缘社区共同构成了"半城市区域",其特征是传统产业所支撑的经济系统是区域构成的根本,社会关系则由于公共物品、社会福利、城市管理资源供给严重不足而始终没有建构起来。这实际上形成了"社会关系嵌入经济系统"[①]的情况,社区经济系统是现代城市系统的一环,但社会关系并没有嵌入到现代城市系统中。居民对城市社会认同度低,未充分融入现代城市的物质、精神与社会生活中,并会因贫富差距和阶层分化影响出现社会心态失衡,威胁城市安全。

深圳是一座典型的曾经饱受"半城市化"困扰的城市。作为由一个海边小镇快速发展为现代化城市的过程中,深圳特区产业集聚、转型和转换快速迭代,而特区外却依旧保持着乡镇产业模式,承载着快速涌入的移民潮。直到深圳经济特区扩展至全市之前,特区外的市区的城市建设、公共服务、产业结构都远远落后于特区内市区,特区内外形成了截然不同的城市景观。"特区内欧洲,特区外非洲",这一现象延续了将近三十年。时至今日,深圳的宝安区、龙岗区、坪山区等原特区外的、距离市中心较远的市区依然处于较为落后的状态,居住在这些地区的市民对深圳较少认同感和归属感,抱着赚取短期利益的目的,获利后离开。于是,这些市区难以形成本地化市民阶层,为不良文化和负面价值观提供沃土,违法犯罪现象严重,多重社会问题滋生。

深圳"三和大神"

深圳龙华区景乐新村三和人才市场是一个主要提供低端工作的地方,当地物价低廉,遍布的城中村可以提供低廉的租房。龙华区是深圳原"关外地区",三和一带是成片的城中村区域。当地现代化发展水平低下,优质工作岗位极少。来自全国五湖四海的外地人

---

① 王春光:《农村流动人口的"半城市化"问题研究》,《社会学研究》2006年第5期。

为了梦想进入深圳，他们中的许多人由于家境贫寒，受教育程度低，专业知识和能力欠缺，只能选择来到三和，依靠简单的劳动获得很低的日结薪水，住在破旧的城中村里，将收入全部花在了网吧、网络赌博等消费场所。他们的口号是"工作一天玩三天"，不考虑长远发展，不考虑成立家庭，只考虑眼前得过且过。这些人在网络走红，被称为"三和大神"，获得全国广泛关注，引来了中国社会科学院的调研。日本 NHK 电视台也来此拍摄了纪录片《三和人才市场：中国日结 1500 日元的年轻人们》，将"三和大神"带出国门。"三和大神"是深圳现代化过程人性异化的产物，是中国城市"半城市化"的经典案例。

（二）环境与生态

和古代城市破坏环境的方式大多为开垦和开采过度不同，现代城市的工业化部门排放大量废水、废弃、废料，造成的工业污染问题非常严重，是现代城市面临的新型威胁。排放污染物会通过土壤、空气、水源等形式循环回人体，对人的健康造成极大的负面影响。工业化以来，各类癌症、白血病等以往罕见的重大疾病发病率持续升高，对城市居民生命健康和经济都造成了难以估计的损失。发生于英国、美国、日本、荷兰等工业化国家的 20 世纪世界十大环境公害事件是现代城市安全遭到污染问题严重打击的典型案例。

十大环境公害事件

马斯河谷烟雾事件，发生于比利时马斯河谷工业区。1930 年 12 月 1 日到 5 日，河谷上空出现强逆温层，烟尘无法扩散形成严重烟雾。一周内有 60 多人丧生，其中心脏病、肺病患者死亡率最高，许多牲畜死亡。

洛杉矶光化学烟雾事件，发生于美国洛杉矶市。该市汽油排放产生碳氢化合物在太阳紫外光线照射下引起化学反应，形成浅蓝色烟雾。1943 年、1955 年和 1970 年洛杉矶三度发生光化学烟雾事件，大量市民因五官中毒、呼吸衰竭而死，大部分市民产生不良症状。

多诺拉烟雾事件，发生于美国宾夕法尼亚州多诺拉城。1948年10月26日清晨，受反气旋和逆温控制，全城有害气体堆积形成严重烟雾，全城14000人中有6000人眼痛、喉咙痛、头痛胸闷、呕吐、腹泻，17人死亡。

伦敦烟雾事件，发生于英国伦敦。自1952年以来，伦敦发生过12次大规模烟雾事件。1952年12月的一次烟雾事件5天内造成4000人死亡，两个月内总计造成8000多人死亡。

水俣病事件，发生于日本熊本县水俣镇。此地一家氮肥公司排放的废水中含有汞，这些废水排入海湾后经过某些生物的转化，形成甲基汞。这些汞在海水、底泥和鱼类中富集，又经过食物链使人中毒。1956年，当地出现有发疯痉挛症状的不明病因病人，后来该病被称为水俣病。1991年，日本环境厅公布中毒病人仍有2248人，其中1004人死亡。

骨痛病事件，发生于日本富山县，当地铅锌矿在采矿和冶炼中排放废水，废水中的镉污染了河流和农田。导致当地人出现骨骼严重畸形、剧痛，身长缩短，骨脆易折等症状。

日本米糠油事件，发生于日本北九州一带。起初是含有多氯联苯的米糠油污染了鸡饲料导致了大量饲养鸡死亡。受污染的鸡肉流入市场导致人群出现眼皮发肿、手掌出汗、全身起红疙瘩、肝功能下降、全身肌肉疼痛、咳嗽不止等症状，导致约13000余人受害。

印度博帕尔事件，发生于印度博帕尔市。1984年12月3日，美国联合碳化公司农药厂因管理不当导致地下储罐内的甲基异氰酸脂爆炸外泄形成烟雾，以每小时5000米的速度袭击了博帕尔市区，导致近两万人死亡，20多万人受到影响，5万人失明，孕妇流产或产下死婴，受害面积达40平方公里。

切尔诺贝利核泄漏事件，发生于苏联切尔诺贝利。1986年4月

26 日，位于乌克兰基辅市郊的切尔诺贝利核电站 4 号反应堆爆炸起火导致大量放射性物质泄漏。西欧各国及世界大部分地区都测到了核电站泄漏出的放射性物质。该事件造成 31 人死亡，237 人受到严重放射性伤害，在接下来的 20 年内 3 万人可能因此患癌。核电站 7 公里内的树木全部死亡，此后半个世纪内，10 公里内不能耕作放牧，100 公里内不能生产牛奶。

剧毒物污染莱茵河事件，发生于欧洲莱茵河流域。1986 年 11 月 1 日，瑞士巴塞尔市桑多兹化工厂仓库失火，近 30 吨的硫化物、磷化物与含有水银的化工产品排入莱茵河，500 公里以内的河水及相邻地下水不能饮用，污染物将影响相关河域长达 20 年。

除了普通的环境污染问题以外，现代城市工业化的全面铺开触发了城市环境承载力不足的警报。对于历史较为悠久的国家而言，大部分大型现代城市由地理和气候宜居、交通地缘区位优越的古代城市转型而来，本身具有较强的环境承载力。然而到了近现代，由于技术条件许可与政府决策能力增强，基于国家战略或专精于某一功能的城市可以不顾当地地理环境与气候条件发展起来，改革开放以来西部大开发战略支撑下的西北非宜居地区城市带就因此诞生。全国城市工业化全面发展改善了全体国民的生活福祉，但环境承载力弱的城市承担经济任务往往意味着要付出更大的环境代价，对城市健康发展约束很大。根据国内学者研究，目前国内城市环境承载力接近上限的城市反而不是高度开发的东部沿海，而是中西部城市。

污染的另一个负面效应是对全球气候的改变。二氧化碳等工业废气进入大气会导致一系列的化学反应，最终引发全球变暖和反常气候。全球变暖会慢慢改变各地区的环境生态，破坏当地生态平衡和地貌特征，威胁农业生产，蚕食人类生活空间。全球变暖导致的城市热岛效应还会加剧城市的碳排放，不利于污染治理。近年来厄尔尼诺现象增多,世界各地常态气候规律被打破,是反常气候频发的特征。干旱和洪涝灾害并发,高温和严寒现象并存,使城市气候防范的既定模式失效,造成水灾、旱灾、高温、霜冻造成的损失加剧。同时,反常气候容易和当地污染相结合造成突发性污染事件,短期给城市造成巨大损失,例如有机物与气溶胶结合,配合反常的湿润和静风气候条件形成雾霾。

与污染问题一样,生态资源安全问题也是来自于人类的不科学索取。人类通过高强度活动和不恰当的资源利用方式破坏了土地资源、水资源和当地生物链完整性,对当地的生态造成了负面影响。不同于污染因素强调工业排放物对自然环境的破坏,生态因素强调生态循环的完整性和生态链条的完整性被人类活动破坏。前者是来自有害物质的威胁,后者是来自资源短缺的威胁。水资源短缺、水系调蓄能力降低、土地储备资源不足、化学能源储量下降、当地生物链遭到破坏或外来物种入侵等生态问题威胁了城市存在的物质基础。现代城市人口高度集聚,资源消耗也高度集中。城市群、城乡一体化的发展趋势又让城市物理形态在横向取得了极大扩展,城市区域内的土地、水、生物和化学能源承载力都遭到极大挑战,引发急性的资源短缺导致的供水中断、房价跳涨、限电限气等问题。不仅如此,现代城市相较以往更加热衷纵向开发,向地下索取建设自来水与供暖系统、停车场与交通体系的空间,给城市带来了"危楼效应",其所导致的"天坑"、建筑塌陷、地势下沉问题日益困扰现代城市。

（三）卫生体系

现代医学技术发展日新月异,卫生条件改善,基本健康常识深入人心,现代城市卫生状况比起古代有根本好转,但是,现代城市面临重大紧急卫生事件爆发所呈现的脆弱性依旧鲜明。首先在疾病传播能力上,现代疾病所受束缚反而更少。古代瘟疫受地理和气候等多方面因素的影响,并不易快速扩散[①],比如15世纪的鼠疫病毒花费了数年才从中亚地区传至欧洲大陆。现代城市人口集聚程度更高,囊括了全球一半人口,高密度城区让人与人的距离无限拉近。在经济全球化、世界分工体系完善和联通技术的成熟下,全世界城市之间的跨国交流也成为常态,这就使现代城市为传染病提供了完美的温床。新冠肺炎在两个月内就实现了全世界大流行,表现出现代传染病惊人的传播速度。除了易于暴发疾病大流行,现代城市还受现代伦理和道德标准的影响,饱受多类疾病困扰。在自由多元的现代语境下,社会对吸毒、性权利等话题更加包容,间接推动了血液传播疾病和性传播疾病的大面积爆发。近几十年来,性病、艾滋病、各类肝炎病毒肆虐全世界,已经成为重要的社会问题,这些病毒还会隐藏在正常的社交生活中,造成了人人自危的局面。

而当现代城市遭受突发性卫生事件时,需要付出大量体系性成本。一是疫情下极易发生医疗资源挤兑现象,过密的城市人口可以在短时间内将医疗资源消耗殆尽;二是经济活动停摆会带来剧烈负面效应,基于金融投资、全球贸易合作的城市产业需要畅通的贸易往来与扩张型的资金结构才能够维持稳定,因此任何程度的经济活动停摆都会对城市经济带来沉重打击;三是疫情可能较之古代更难获得全局的钳制,大多数中小城市没有足够的资源与组织能力来对抗疫情,而他们却无法在全球化的今天做到对外封闭保护自己;四是城市居民自身应对疫情的方法非常有限,因为出自城市教育与生活方式的城市居民已经丧失了躲入农村的行动柔性,严重的疫情可以让城市变为孤岛;五是城市生活需要多领域支撑,因此社会停摆将危及城市生活的可持续性。

[①] 余柏康、李峯:《欧洲历史上气候变化与鼠疫的关系》,《中国科学:地球科学》2018年第2期。

（四）社会群际关系冲突

价值观冲突是现代城市面临的一种全新威胁，是现代城市多元性所带来的一种副产物，这种副产物产生的根源是人类的社会类别化倾向被现代城市放大。人类很难把每个人都当作相互分离的单独个体来对待，社会类别化是用来简化世界的方式，人更善于按照一定的分类标准将人与人之间区分为内群和外群，这样独立个体之间的关系就变成了群际关系。不同群体之间倾向于互相"去合法化"，将外群划归到规范无法被认可或价值标准无法被接受的类别里，造成相互间难以认同的局面。同一个群体内的成员们会对社会身份、权利和利益方面具有一致的期盼，会在社会身份感知、剥夺感和威胁感方面能形成共情。当人处于群际关系思维方式时，会比处于独立个体关系思维方式更具有攻击性。[①]

古代城市由于民族结构和文化结构相对单一，城市社会结构也相对简单，因而群际关系也没那么复杂。但是现代城市进入后现代发展阶段后，基于多元性、非主体特征性等后现代性的城市发展理念大大推动了城市社会结构和文化结构的多元化，这就大大增强了现代城市人的社会类别化倾向。首先是不同地域、不同文化背景的移民齐聚城市，这些移民本身可以轻易根据特色鲜明的地域认同和种族认同形成身份认同上的社会类别化。现代城市的自由市场经济和追求个性解放的人文环境为多样活泼的社会百态搭建了舞台，多种价值观碰撞生成了思想各异的文化流派，这里可以是艺术流派，可以是消费理念，甚至可以是日常生活偏好，其中的鲜明案例是亚文化现象。亚文化是相对于主流文化的那些非主流的、局部的文化现象，由某一区域或某个集体所采用的特有观念和生活方式，本身就是和主流文化区分开的一种群体，代表的是城市在文化认同方面

[①] 党宝宝、高承海、杨阳、万明钢：《群际威胁：影响因素与减少策略》，《心理科学进展》2014年第4期。

出现的社会类别化现象。除了身份认同和文化认同外，出现了政治认同这一新的社会类别化。在古代，平民讨论和参与政治的自由受到严格约束，但现代城市却是公民参与现代国家公共政治生活的主要场所，形成独自的政治理念和政治诉求是市民履行公民义务的基本要求，这就使政治认同成了一种新的社会类别化领域。

涉及各个层面的社会类别化导致的社会群体分化的复杂化，已经对城市安全造成多种威胁，是现代城市安全需要应对的极为关键的领域。文化认同是导致群际关系冲突形式最轻微的领域，主要体现为群体之间对舆论制高点的争夺，网络暴力等现象大抵出现于此。在深圳这种本地人口占据较少份额的城市主要由全国各地移民组成，本地人和外地人没有在文化认同上形成鲜明冲突，但是在北京、上海这些有着较多本土居民的城市，这种文化冲突就较为明显了。身份认同和政治认同就要比文化认同严重得多。身份认同会体现在社会上种族之间、宗教之间的激烈冲突，往往被付诸暴力，引发恶行犯罪和群体性事件，甚至威胁社会稳定。比如在西方城市，白人和有色人种之间的冲突，以及基督教徒和穆斯林之间的冲突。2020年美国爆发的"黑命贵"事件就是源于白人警察对黑人嫌疑犯的歧视性举动造成的悲剧，这一运动传遍整个西方世界，西方城市陷入了长达数月的游行旋涡，不仅给社会造成了巨大的经济损失，还加剧了本已有所平抑的新冠疫情。法国巴黎的历史教师仅仅因为在课上展示了讽刺伊斯兰教的旧插图，就被当地穆斯林移民杀害，哪怕这位教师的展示毫无恶意。政治认同则多被分裂分子、政治异见分子所利用，或在国家领导人选举时被用于煽动民众，造成了社会政治理念共识的脆弱，进而成为政治运动和政治阴谋的源头。

在移民城市，身份认同和政治认同有时会发生重叠。移民在居住国支持母国的种族和宗教时，这种支持行为自然而然被赋予了向居住国政府提出特定政治诉求的性质，从而让居住国一方的政府陷入国际政治和外交纠纷。如果居住国一方的政府应对不当，不仅会影响自己的外交政策和外交声望，还会使自己的城市变为移民族群之间的战场。毫无疑问，这种涉及深刻种族和宗教仇恨的冲突会给城市带来极大的社会不安。最危险的情况是移民城市本身被移民视为外群，多发生在移民城市所在的国家和城市中移民的母国发生正面冲突时。这类移民对城市的主流族群或意识形态产生了敌意，可能采用极端的打击手段。反恐战争爆发以来，西方城市遭受了多次恐怖袭击，由城市公民策划的恐怖袭击造成的伤害往往最大，因为他们非常了解当地情况，且当地警方难以防范。

（五）人口失调

从历史上看，人口的变迁周期较长，人口积累是徐徐渐进的，且由城市就业环境自发调节。但是从16世纪开始，由于殖民经济促进了工商业的繁荣，欧洲贵族开始在农村地区掀起圈地运动，同时城市和国王的联盟又削弱了封建依附关系和宗教势力，大量农民和受宗教慈善庇护的人们被迫背井离乡进入城市，从而引发了人类历史上城市人口第一次失调的出现。当时城市尚未开始工业化，大量人口涌入城市后变为流浪汉。流浪汉只能通过偷窃、抢劫、凶杀等犯罪手段维持生计，走投无路时揭竿而起反抗贵族、国王和城市既得利益者，将城市拉入战火中。16世纪英国林肯郡和诺福克郡的农民起义就是由进城的无业游民挑起的反抗运动。

工业化时代创造了大量工作岗位，缓解了人口失调风险。欧洲、北美、南美、东亚在该阶段都经历了城市人口的爆炸性增长，经历过一系列社会问题，如今状况开始稳定。但是东南亚、南亚和非洲城市人口快速集聚才刚刚开始，生育难度和新生儿死亡率显著下降，乡村人口蜂拥进城，出生率快速攀升并长期维持高位。更关键的是，这些地区的城市规模扩大并非是由工业化和产业结构升级所推动的，而是在当地政府鼓励下，当地多子是福的传统观念和早婚早育的婚姻习俗，以及性关系混乱导致的未婚先育等因素的结果。这使上述地区城市的人口失调风险大幅度提高，人口集聚程度很容易超出城市所能承受的范围。当城市产业发展无法支撑人口规模时，家庭生活水平下降、公共服务资源紧缺、未成年人教育失位、年轻人高失业率等社会问题就会相继出现。知识水平低又精力旺盛的失业年轻人会成为社会的不稳定因素，就如16世纪的英国城市那般，一方面导致偷盗、抢劫等违法犯罪行为高发，另一方面爆发政治运动和群体性事件。这些问题又容易被极端势力利用，成为滋养恐怖主义的温床。现在内部冲突严重、恐怖主义盛行的国家大多数都是高生育率国家，高失业率的年轻人在这其中发挥了重大的推动作用。

（六）新型科技

科技是近现代人类精神和伦理解放的产物，是人类为创造更美好的生存和发展空间而创造的工具，是人的本质力量的演进和强化，是人类理性的外在表现。人类利用科技揭示规律和真理，实现了生产力的本质飞跃。科技打破了陈旧规则和观念，促进了新的经济形态，重塑了社会的运行逻辑，实现了城市形态的根本转化，是现代城市的重要基础。但是，一些现代城市特有的负面问题也持续发酵，科技是重要的工具，也带来了严峻的威胁。

科技带来的最大挑战是在社会伦理层面形成的对人类的威胁。科技作为一种理性工具，是一种工具理性，本质上关心的是手段和目的。工具理性以"效率"和"进步"为尺度，认可的"发展"是物质性和目的性的发展。这和人实现"发展"的尺度是不同的。人的"发展"是要求物质层面和精神层面共同发展，人在主体性、创造性以及价值观体系上实现进步的重要性不仅不亚于物质发展，还往往是物质发展的前提条件。从历史角度看，人类的每一次重大飞跃都是人的精神价值体系进步所推动的，比如"诸子百家"与统一中国的关系、希腊哲学与希腊化时代的关系，以及文艺复兴与近现代文明的关系，无不如此。科技对人的异化作用正是体现在对人精神价值的摧残和诋毁，使物质凌驾于精神之上。科技通过高效工作将工具理性渗入了人的精神世界，对人的价值体系产生了影响。人开始丧失主体性和创造性，自我扼杀精神需求，将自己异化为工具和手段，把别人当作剥夺和掠取的对象。人类的文化、艺术、伦理、哲学活动让步给了对功利的追逐，拜金主义、享乐主义、消费主义、利己主义、实用主义充斥着社会。人们对目标捷径的过度追求和对利益的理性角逐又加速了社会内卷化的形成，竞争和对抗弥漫在社会关系中。

科技作为一种高效理性的工具，如果被应用于错误的目的，造成的危害也更大，且防范成本很高。第一，科技作为一种工具，本身不具有善恶是非的划分，其所产出的效果要看使用者的意愿，这明显加大了执法领域对科技领域公平正义的维护难度；第二，由于非稳定性实验是科技进步的必然要求，科技相关的公共突发事件会因主体的不稳定性释放出极强的负外部性，例如核电站泄漏、化学实验室爆炸，等等；第三，科技一直在向前发展，每前进一步都是对原有成果的颠覆，这使科技相关的违法犯罪行为充满着不确定性和未知性，执法领域往往处于后知后觉的境地；第四，科技发展是一个动态的积累过程，每发展到一个阶段，都会因阶段性的量变积累引发阶段性的质变，因此社会很难及时地判定一项科技的发展是否合理或必要，这也是为什么现代社会由科技衍生的诸多不合理现象总能形成气候。

当下现代城市面临的科技安全问题已经非常严峻，主要表现形式有信息安全、网络安全、科技金融安全，以及依托科技手段展开的恐怖主义行动等。信息安全是指信息交流频繁的现代社会对个人信息隐私的侵犯手段多种多样，已经严重影响对个人信息合法权益的保护。信息泄露会导致个人信息滥用、个人名誉受损，以及应对依靠信息窃取实施违法犯罪行为的脆弱性等问题；网络安全是指在依托于互联网平台和技术展开的违法犯罪行为和负面信息传播，例如网络诈骗与敲诈勒索、网络非法交易平台、传播不健康文化（邪教传播、自杀诱导、PUA 线上培训等）的线上交流网站，等等；科技金融安全是指通过金融科技手段实施金融违法犯罪，或者金融科技的发展趋向有违金融产业自律和伦理原则，具有对社会的破坏性；依托于科技手段的恐怖主义行动是指运用互联网、人工智能、物联网、大数据等新科技策划和实施恐怖行动，科技赋予了恐怖组织更强的隐秘性、针对性和破坏性，危害极大。

深圳作为全国电子信息科技产业发展的核心城市，也是全国科技犯罪活动较为猖獗的地方。近年来，黑客行动频频出现于深圳大中型网络平台，影响高科技企业的正常运营。例如，2016 年 3 月，某信息技术有限公司的一款生活 APP 网络平台遭到黑客侵入，公司通信协议遭到篡改，产生 9000 多笔话费非法充值，导致公司损失高达 264 万元人民币。又如，黑客针对某公司自主研发的网络 PC 端游戏开发游戏外挂，为玩家提供一系列非法功能，严重影响了该游戏的正常秩序和普通玩家的服务体验，造成玩家大量流失，给游戏公司造成了沉重的经济损失。近年来，深圳警方严厉打击黑客犯罪。2016 年，深圳警方抓获 110 名"网络黑客"，整改网络漏洞 1900 余个。

第三节 城市安全的保障途径

通过对城市安全的威胁因素分析的总结，现代城市安全面临着自然、卫生、污染、生态、社会、人口等方面的挑战，形成了空气污染、水污染、土地污染、资源和能源短缺、公共物品短缺、工作和居住环境恶劣、社会治安混乱、群体性事件、政治运动、恐怖袭击、重大自然灾害、紧急卫生事件等具体威胁形式。在保障城市安全上，人类一直没有停下探索的脚步，保障体系随着对城市问题研究的深入，在科学技术进步和治理能力现代化过程中逐步扩展完善。

一、现代城市安全理念的创新与发展

古代城市缺乏健全的安全体系，平时贵族阶层和宗教机构作为慈善主体提供一定的救济，面临重大灾难时政府牵头负责灾后赈济和重建工作。[①] 工业化初期，城市快速工业化导致了一系列城市病，工作、居住和活动环境显著恶化，公共卫生状况和治安状况变得糟糕，甚至在西方激起了关于"城市是否是人类文明的理性产物""城市是否应该继续存在"等问题的大讨论。在种种问题愈加尖锐的背景下，人类需要急迫采取针对性手段来缓和这些问题，城市规划与市政管理、公共服务供给和社会保障体系成为了解决现代城市安全问题的出发点，也标志着城市安全正式成为一个专业领域。

现代城市规划和市政管理以治理城市病为核心目标，以病理分析为构想城市规划和治理方法的基础，通过建筑学和规划应用以及功能分区规划等理念指导城市科学的空间布局。公共服务供给是指城市管理者将住房、基础设施建设和污染治理等负外部性较强的领域纳入管理范畴，对各领域实现公共服务专业化供给。政府大致设立住房、治安、安保、消防、污染治理、能源、交通、健康卫生、教育、经济规划、城区规划相关部门，持续推动城市公共服务体系的完善。社会保障体系则为城市居民基本生存权利提供制度荫庇，率先由德国采用。19世纪末，德国颁布了疾病、工伤、养老三项社会保障项目，确立了保险费用均摊、工伤个人不缴费等原则，为现代社会保障制度提供了基础框架。通过城市规划与市政管理、公共

---

① 丁建定：《中世纪后期英国的民间慈善救济》，《学习与实践》2010年第9期。

服务供给和社会保障体系，城市治理的先行者在城市安全方面取得了显著的成效。然而，以上三种工具日益难以应付最近二三十年来现代城市安全所面临的新威胁。城市安全领域的探索开始从问题导向朝着生态导向转变，从城市系统层面出发，以生态发展的眼光处理城市安全问题成了新的趋势。

（一）韧性城市理念

1. 韧性城市的概念

韧性城市是一种引入生态视角看城市安全问题的新理念[①]，其前提是城市系统将长期处于不安全状态。韧性城市中的"韧性"概念来自生态学意义的弹性，指"生态系统受到扰动后恢复到稳定状态的能力"。韧性是一项系统能力，类似于一个弹力球从被挤压到自我复原的过程，包括开发、保护、释放和更新四个阶段。在开发阶段，系统内各要素之间关系较为松散。当系统开始遭受外部压力时，系统开始增强要素连通性以发挥保护作用。当系统遭到严重挤压时，系统内各要素通过一定的连通逻辑共同发挥作用进行承压，直到压力开始下降时进入释放状态，各要素重建原始关系恢复到松散状态。[②] 这个过程展现了系统的抗压与恢复能力。20世纪下半叶，生态的韧性概念逐渐被应用于社会经济领域，以整体理解生态、社会与经济系统的发展。后来，学者们提出作为一种复杂的人类社会系统，城市本身也是一种生态系统，会如同其他生态系统一样，无时无刻面临来自外部的、无法确定的风险。城市所面临的内部风险也需要被理解为系统风险，需要从系统层面出发来解除。由此，学者将韧性概念引入城市安全研究领域，以适应性循环等系统视角看待

[①] "韧性城市"最初表述为"弹性城市"，后来国内城市研究界在城市安全领域较多采用"韧性城市"的叫法，因而本书采用此种叫法。

[②] C.S.Holling，"Understanding the Complexity of Economic, Ecological and Social Systems"，Ecosystems, Vol.4, 2001, pp.390–405.

风险的防范和化解。

韧性城市的具体概念是指城市能够消化和吸收一系列结构和过程变化重组，依然能保持原有主要特征、结构和关键功能的能力。城市所能够吸收与化解变化的能力与程度越强，其韧性也就越大。通过加强城市的韧性程度，城市防范和治理风险的能力阈值将得到提高。既然韧性是一种系统性能力，提高城市韧性就需要深入到城市建设的方方面面。城市的韧性主要由城市生态韧性、城市工程韧性、城市组织韧性、城市社会韧性和城市经济韧性组成。城市生态韧性是指城市对气候变化和城市化过程中所面临的自然栖息地碎片化、物种构成同质化、能量流和营养循环终端所导致的生态系统脆弱性问题的承载和解决能力；[1] 城市工程韧性是指城市减灾技术及基础设施面对灾难的应对和恢复能力，包括交通、供水供电、医疗卫生等基础设施的保障能力；城市组织韧性是指当地政府的管治能力，特别是在面对灾难时所展现出的组织、管理、规划和行动能力；城市社会韧性是指不同社会群体对风险因素的响应和恢复能力，不同的人口结构和社会状况显著影响社会韧性的强弱；城市经济韧性体现在经济多样性、就业水平以及应对灾难的经济系统运行能力，通过灵活的经济活动避免潜在损失，并在危难中和危难后保持城市活力的能力。[2] 在应对风险并恢复的过程也是城市从外部干扰中总结学习并增强自身能力的过程，这种能力来自基于韧性城市理念所搭建的完整体系所具有的自组织和自适应能力。

2. 韧性城市建设的主要特征及实践案例

韧性城市建设贯穿城市的各个领域，各政府部门和社会团体、

---

[1] 蔡建明、郭华、汪德根：《国外弹性城市研究述评》，《地理科学进展》2012年第10期。

[2] 黄晓军、黄馨：《弹性城市及其规划框架初探》，《城市规划》2015年第2期。

各社会力量和利益攸关方需要协同合作，将城市安全体系以一种碎片化的方式合理嵌入到城市运转系统中。总体归纳，韧性城市建设主要有以下特征：第一，物质因素是基础。城市工程韧性是城市韧性的首要前提，基础设施系统建设采取冗余配置，留有充裕的设施空间和运转能力用以对抗外部冲击，使城市在强烈干扰下依然保有水、电、医疗卫生、燃料供应、食品和水的供应等关键性公共服务的供给能力，防止极端事件对城市产生强烈的多米诺骨牌危害效应。第二，社会因素是核心。在面临重大干扰时城市如何保障个体和人群是城市安全领域的核心问题，同样，城市社会韧性是核心韧性，决定了城市个体与人群面临灾难的抗压能力和恢复能力。城市社会韧性建设一部分来源于城市在对各领域保障体系、灾难预警机制和紧急应对策略的长期建设与完善，通过相关技能培训和社区功能演练，个体和社区可以在灾难发生时采取相应举措。城市社会韧性另一部分来源于总体教育水平和社会群际关系，较高的教育水平和良好的社会群际关系能增强个体和群体之间的社会凝聚力和组织性，提升城市应急反应效率。如果城市社会分化严重，社会韧性将大大降低。第三，产业体系是支撑。城市经济韧性来自于产业结构、充足的资金和稳定的就业。具有韧性的产业结构一要实现多样化，提高经济体系承压能力；二要推进与城市安全相关的技术与产业革新，例如发展新能源产业；三要能支撑特殊状况下的城市基本运转，需要保持一定的制造部门。[1]第四，政府的战略规划和制度安排是保障。归根结底，城市系统内各要素的串联需要在制度上实现支撑和保障，只有政府能和社会各界同时展开谈判和协调。政府必须坚持多元治理理念，构建跨区、跨层级、跨部门的统筹协调机制，实现多元治

---

[1] 李彤玥、牛品一、顾朝林：《弹性城市研究框架综述》，《城市规划学刊》2014年第5期。

理主体之间的有效联动机制。[①]

近年来,韧性城市建设已有实践案例。美国新奥尔良凡尔赛社区遭受"卡特里娜"飓风袭击后,城市当局是通过推进社团组织功能的发挥来实现社区恢复。社区健康部门为灾民提供健康和生计培训,牧师主持社区弥撒活动,各部门功能的发挥将社区紧密结合在一起,使整个社区快速从灾难中恢复过来。英国伦敦早在2001年以来就开始建立相关环境部门、企业、社区、非政府组织、媒体等多领域协调合作参与机制,又通过立法确定了第一类责任人(消防部门、环境署、卫生系统等)和第二类责任人(各个基础设施部门)之间应对突发事件的信息共享和合作,使城市遭遇危险时城市生态可以整体调动起来,各司其职,传送防范和修复能力。

(二)海绵城市理念

1.海绵城市的概念

海绵城市理念和韧性城市一样,是基于生态视角的城市安全新理念。如果说韧性城市强调的是城市社会生态系统的治理,那么海绵城市强调的就是城市自然生态系统的治理。海绵城市理念脱胎于生态城市理念,近年来逐渐发展壮大成为应对城市风险的重要手段。生态城市概念起步于联合国1971年提出的"人与生物圈"计划确立的生态城市规划五项原则,分别为生态保护战略、生态基础建设、居民生活标准、文化历史保护、自然融入城市等。生态城市是生态工程、社会工程、经济工程的统一,要求城市规划与建设遵循经济高效、居民满意、生态良性循环原则,是一种城市系统规划和建设逻辑,是对未来城市形态构建的一种尝试。海绵城市承载生态城市对生态和谐性的要求,可以化为一种短期切实可行的治理方式和手段,直接作用于城市所面临的生态风险、污染风险和人口失调风险。

[①] 唐皇凤、王锐:《韧性城市建设:我国城市公共安全治理现代化的优选之路》,《内蒙古社会科学》(汉文版)2019年第1期。

2. 海绵城市的理论内涵

海绵城市理念将城市比作一块海绵,最开始是在人口层面得到阐述,指城市如同海绵一样具有强大的伸缩性和吸附性,可以被大量人口吸附。后来,海绵城市被应用于生态治理,将水治理作为串联生态治理的核心要素,通过水系统自然修复实现整个城市生态的修复。海绵城市理念认为,城市应该是一种"人适应水"的景观,通过建立"水适应性景观"来达到城市和水系统的和谐共处。以往城市对水体的治理方式是"水适应人",通过工程性措施对水体系统进行强制分割和约束,例如水力发电、堤坝系统、缩湖造地、填海造陆等。海绵城市理念认为这种通过"灰色建筑"试图驯服水资源及整个生态资源的做法不可持续,土地生命体系自身具有完整而复杂的生态系统服务功能,城市的土地本身具有雨洪调蓄、水源涵养、污染净化等功能,巩固强化土地自身的生态系统才是实现城市生态治理、防范生态风险和污染风险的有效途径。

基于海绵城市理念的生态治理模式,是对城市有限土地面积和布局展开生态维护层面的考量,在某些关键的局部位置和空间建设以景观为载体的水生态基础设施,发挥补全土地自身生态运行机制的作用,使土地自身实现雨洪调蓄、水源涵养、污染净化、栖息地修复、地下水回补等功能。主要的水生态基础设施包括生态防洪技术、生态系统服务仿生修复技术指导的生态湿地链建设、雨洪公园、河流生物廊道,等等。[①]

(三)智慧城市安全理念

智慧城市概念兴起于 21 世纪初,起初并非是一个城市安全理念,而是一种依托数字技术的城市管理新理念,是以新兴信息技术为基础,以谋求经济、社会、环境的全面可持续发展为基本方向,

---

① 俞孔坚、李迪华、袁弘、傅微、乔青、王思思:《"海绵城市"理论与实践》,《城市规划》2015 年第 6 期。

以信息技术和人的智慧为重要手段,通过充分整合城市各类资源推进城市的创新运作,进而实现城市核心资源的优化配置以及城市运行发展全面优化的城市。① 然而,安全方面一直是智慧城市的重要关切点,同时也是智慧城市的重要前提。智慧城市根据数字技术和数字管理模式实现城市功能的数字化表达,必须基于数字系统的安全性和稳定性。尤其是随着5G、大数据、物联网、智能制造等新型技术以及随之衍生的新型交叉产业形态的发展,数字互联网技术在城市发展和建设中所参与的广度与深度进一步加深,如何在保障新兴技术广泛应用的同时又使其服务于城市安全成了重要的现实问题。总的来说,智慧城市安全体系应该旨在面对三大风险:第一是智能技术所引发的风险,包括国家与个体面临信息泄露、新型科技犯罪、技术潜藏的难以预料的管理风险;第二是因数字鸿沟形成的风险,是指在数字时代下,城市各阶层、各群体、各代人之间所接触的信息之间出现了严重的不对称,这种不对称已经成为导致阶层固化、群际冲突、社会分化的重要推动力;第三是智能互通特性所带来的风险,由于城市的管理和互联互通日益依赖数字技术,数字技术体系的不稳定会引发可怕的多米诺骨牌效应,灾难随着快捷的信息通道快速扩展开来。②

近年来,学界开始推进智慧城市安全体系的构建,一是强调安全技术的应用与开发,二是强调将智慧技术应用于城市综合管理。前者是针对信息泄露风险和黑客攻击等新型技术犯罪,后者是以新型技术构建城市市政、公共服务、社会管理、产业发展等诸多领域的新型管理模式,并以此为平台实现对以上领域安全的保护,力图消除智能互联带来的风险。这包括智慧交通、智慧节能、智慧政务、

---

① 张振刚、张小娟:《智慧城市研究述评与展望》,《管理现代化》2013年第6期。
② 廖丹子:《无边界安全共同体——探智慧城市公共安全维护新路向》,《城市规划》2014年第11期。

智慧社区、智慧公共安全、智慧环保、智慧食品药品安全，等等。

二、现代城市安全保障新途径

（一）构建跨界治理理念和模式

如前文所述，自然、军事、卫生、政治风险等传统城市安全表现出的是突发性、破坏性和不确定性，而现代城市的经济、污染、生态、社会群际关系冲突、人口、科技等风险则凸显了系统性、扩展性、连锁性和衍生性。这一特征随着城市社会进入21世纪显得愈发明显，因为全球城市之间的网络协调强度日益升高，城市现代性特征也日益明晰。当城市公共安全问题爆发时，单一区域的、单一层级的、单一职能的政府部门和专业机构已经无法实施有效应对，构建跨界治理体系成为必须。

1. 树立城市安全跨境治理理念

改变近现代西方在现代早期确立的专业化、分散化、小型化政府体系构建传统，使政府治理理念由专业治理向跨境治理转变。政府在城市安全领域应该作为多元主体治理的促进者，在跨界网络体系中发挥着引导和协调的关键作用。首先，政府秉持长期规划和系统应对的治理思路，将城市安全和风险评估与城市整体发展结合起来进行系统性的评估；其次，在规划和风险应对系统建构时，政府要将政府各职能、层级部门和公众、企事业单位、社会团体、非政府组织等城市各个子系统视为一个整体，在平等合作、权力共享、责权协作的要求下寻求城市安全系统的规划建设；同时，政府要重视包括舒缓、准备、响应、恢复的城市安全风险的全过程应对模式建设，而避免过于偏袒其中的某一环节，尤其是应急响应环节由于成效快、政府部门参与度高而容易被过度重视，这会影响全过程的城市风险应对全过程。

2. 建立政府体系协调机制

政府体系协调机制构建需要完成两个跨界，第一个跨界是城市内存在综合协调部门，能在社会各界共同参与安全治理中发挥着核心的协调职能。实现多元主体参与的跨境治理的前提是存在一个高效的管理和协调主体为多方参与和合作提供责权分配、合作、优化和整合。城市应急管理部门是应对城市安全突发事件的专业化部门，在长期的安全治理工作中积累了深厚的专业知识和经验，并与城市安全治理所涉及的各利益相关方有着良好的沟通基础，非常适合转型为协调部门。因此，应实现应急管理部门由专业化应急部门为应急工作综合协调部门，提升和扩大应急管理部门在安全治理全过程的中的层级地位、管理权限和职能范畴，赋予其综合管控、全局协调的法定权利与义务。在转型过程中，要加强城市各应急部门体系的整合，比如防汛抗旱、抗震救灾、消防救援、安全生产、森林草原防火、减灾等部门之间实现责权整合。

政府体系协调机制需要完成的第二个跨界是行政区域之间的跨境，要通过建立城市安全治理的区域合作体系，实现政府之间的城市安全治理协调工作。一是建立区域性安全治理协调机构，具有跨越行政区界限的综合协调能力；二是围绕各行政区的安全治理综合协调部门之间的沟通合作建立区域间协调机制。各行政区域的应急管理部门之间形成常态化的联络、协调、合作机制，一方面对跨区域的重大突发事件形成快速有效的联合治理，一方面在其他区域对遭受重大灾害的区域提供及时援助；三是建立常态化的城市安全治理区域议事机制，参与方包括区域性安全治理综合协调机构、各行政区域政府、各行政区公共治理协调部门、区域内安全治理领域的专家和学者等，就区域安全治理的机制安排、统筹规划、资源共享、潜在风险评估等领域达成共识。[①]

（二）构建指导城市安全体系布局的风险评估体系

1. 灾害源头评估

虽然城市面临的风险具有不确定性，但对城市可能面临的灾难源头进行评估，指导城市安全体系规划，对城市预防具有可预期性的风险具有重大意义。运用地理学、人口学，基于既往防灾经验和历史灾难记录，采纳物联网、大数据等新科技工具，对城市可能面对的灾难爆发主源地进行评估、测量和确定，并对可能源头区域和问题进行重点的预防安排和问题疏导。具有源头评估可行性的领域主要有地质灾害高危区、气候灾害周期规律、以往灾难承载力较差的区域等。

2. 脆弱性评估

脆弱性评估是生态视角治理城市安全问题的关键一步，主要分析城市系统各领域的承压能力。通过脆弱性评估确定城市在发展域扩张过程中形成的易损区域、易损设施以及可能导致风险发生的脆弱子体系，包括基础设施的老化与匮乏问题、城市交通和能源系统的漏洞、旧城区规划和改造的不合理问题、城市建设中留下的施工隐患和生态问题、社会存在的群际关系紧张问题、经济结构单一，等等。通过脆弱性分析，城市管理者可以对城市各个领域的承压能力形成大致了解，从而在城市安全生态系统的建设中有所侧重。

3. 定期的自适应性评估

城市安全生态体系建设是一项长期工程，需要根据城市发展不断调整、更新和转换，这就需要定期的自适应性评估来指导安全体系的长期实践。自适应性评估是对城市系统的承压与恢复能力进行全面的评估，包括系统的整体表现、子体系的表现和子体系之间的

[①] 张玉磊：《城市公共安全的跨界治理：属性特征、治理困境与模式构建》，《湘潭大学学报》（哲学社会科学版）2020年第6期。

关联程度。通过自适应性评估，对城市的区域建设、资源分布、生态状况、产业链条、社会稳定性等方面的韧性程度变化形成系统性梳理，再根据评估结果确定下一阶段城市安全生态体系的调整规划。

（三）构建多主体、多维度的公共事件应对体系

1. 推动和完善城市基础设施体系的规划和建设

城市韧性基础设施为公共事件应对提供物质支撑，因而必须实现设施体系的整体强健。通过前文所说的脆弱性评估，以城市生命线系统、防灾设施系统、环境保护系统和科教文卫服务性设施等四大核心系统展开，确定并围绕基础设施体系内存在的设施供应不足、资源错配、设施供应体系不科学等问题展开城市韧性基础设施的更新、完善和推进。城市规划层面需要展开超前性脆弱性分析，把韧性基础设施体系布局融入城市整个建设周期中。在城市空间布局上，需要对关键性的韧性基础设施进行冗余配置、超前规划、空间预留，以实现新规划区域的韧性基础设施水平能够跟上区域的发展并具有应对灾难的能力。不仅要加强常规性避险基础设施，还要推进绿色空间和大面积避险空间的建设。绿色空间主要包括绿地、公园和城市生态景观，大面积避险空间则是通过广场、体育场、学校校园等形式布局。

2. 构建多重维度的组织制度

韧性城市理念要求政府改变传统以政府部门及其相关机构承担绝大多数相关职能的紧急情况应对和防灾减灾理念，摒弃"单兵作战"方针，向政府、社会、公众等多重维度下的多元主体参与的、政府和社会层面协同合作的韧性组织制度转型。首先，政府在体制上赋予市场力量、社会各方、公众、新闻媒体参与公共安全治理的空间、职能和义务，全社会具有共同参与公共紧急事件的有效路径和机制激励，形成"强制约束，公民参与"格局。其次，政府要不断推动完善多元主体复合型治理体系的组织建设和资源配置。例如，加强志愿者体系建设，广泛招募具有志愿精神和公共服务领域工作经验的志愿者，提升各志愿者部门运作的专业化和规范化。推动新闻媒体界的公共紧急情况应对培训，支持新闻媒体界制作和推广公共紧急情况方面的科普类节目，加强社会媒体的职业素质和公共道德。保障民意沟通和民主监督的渠道畅通、推行公民防灾教育，提高全社会应对紧急公共事件的能力和素质。再次，确立社会各主体协同应对公共问题的具体模式、措施和义务，确保各部门、各领域在遭遇重大突发性公共事件时能够快速进入相应角色，发挥相应职能。主要方式是通过立法手段和培训演练手段。立法手段是通过法律层面确定各领域在城市处于公共事件紧急应对时所需应尽的义务规定，以及各部门协同配合所需的各类权限。同时要推动可能涉及公共事件应对的其他法律的及时更新，比如紧急避险等相关法律。培训演练手段是通过平时对具有协同配合义务的部门和主体展开公共紧急事件应对的培训教育，并不定期展开相关演练。不仅如此，政府需要推动教育体系对公共事件应对开设和组织辅导课程和相关演练，逐步在全社会建立紧急应对和防灾减灾意识。

3. 培育城市社区之间的韧性关系

城市社会对公共事件实现系统性应对和处理，依靠公共事件应对体系和相关协同配合的根本是实现城市社会和文化的修复，因而城市公共事件应对的根本基础就是城市社会本身具有了韧性，文化和社会属性对城市赋予的特质和认同难以被打碎和分割，城市社会关系网络共同形成的利益、责任等共同意识坚不可摧。城市治理的最基本单元是社区，社区承载着公共生活衍生出的公共感情，社区关系的强韧一定程度就代表了城市的强韧。现代化社会发展加速了社区"熟人社会"的解构，社区关系逐渐被分割，每个人作为个体的独立性前所未有地加深了，而共同意识却淡薄了。政府需要重建现代城市的社区文化，通过新型技术和文化形式，让个体重新联结起来。例如，通过互联网工具，以社交软件为载体推动诸如社区QQ群、微信公众号等新型交流平台，让互联网成为新的"大院"。将每个社区当作一个分系统来推进，每个社区和周边的社区党群机构、救援团队、志愿组织、卫生健康机构、宗教信仰组织构成一个小系统，形成一个邻里关系载体，将社会韧性组织融入居民的日常生活中。这样，日常社区关系所孵育的共同文化、共同理念、共同认知、共同信仰关系更能充分调动整个韧性系统在面对紧急情况时的应急功能，并且能在应急过程中提供强有力的社会和文化修复，让城市始终保持凝聚。

（四）建设基于生态途径的生态和污染风险防范和治理

基于生态途径实现风险防范和治理的主导思路是建设引导和加强城市生态资源通过自身生态系统功能的工程和设施，实现生态系统结构和功能的调理和增强，实现对城市生态风险和污染风险的控制和治理。在水体和土地相关治理领域，政府以低影响开发理念为设计思想，建设绿色雨水基础设施和水敏感性城市设计，将城市水资源的"快排"模式转换为"海绵"模式以确保雨洪安全、水体安全、生态安全和水资源供应安全。

1. 设置城市建设约束，保护城市生态存量

城市的生态资源保持一定的存量，才能为通过设施引导实现生态途径的生态污染治理模式提供承载。因此，政府充分意识到了对生态环境的一定程度的保护才能使化解生态危机和污染事件于无形成为可能。一方面，政府根据城市生态资源现实状况确定保护力度，为城市开发设定红线，根据城市自然资源的分布特征，在对生态资源存量具有重大影响的关键区域设置禁建区或开发的严格约束标准。尤其对稀缺性、难以修复性的生态自然景观严加保护，可通过设置生态公园的形式实现禁建区的功能性和周围设施的配套性，实现禁建区与城市生态的融合，在保护生态的同时改善城市宜居程度；另一方面，在城市存量开发过程中重视对城市所在区域生态循环网络系统的保护，尤其是当地生物迁移通道等关键生态功能，采取生态亲和的碎片化城市规划方式，实现城市各板块连接方式与生态循环网络之间互融共生，保护当地生态核心功能的完整运转。

2. 建设基于水资源垂直运用效能的蓄水和排水设施

水资源垂直运用效能强调降水通过渗、储、排等多种途径转化为供给当地使用的水资源储备，转化效率越高，垂直运用效能就越大。城市传统的降水处理是通过下水管道将大部分降水直接排出，只有小部分降水落入水库转化为可利用的水资源，从而导致了城市水资源的严重短缺和洪涝期排洪压力的加大。"海绵"城市理念要求现代城市将重点放在建设降水垂直运用效能系统，让大多数降水实现储存。在大部分城建区域，建设基于水资源垂直运用效能的关键是改变蓄水和排水设施的运作系统。第一，建设多点开花的、分散的、小规模的蓄水设施，对暴雨来袭实现径流控制，对城市分散的污染水量快速储纳，减少污染物的扩散；第二，建设渗水性优良的城市绿化带，增强城市表面的渗水能力，让更多降水直接渗入土壤，改善土地活性，增加地下水储量；第三，在全市普及"绿色房屋"设施，在有条件的建筑上设置雨水储备设施；第四，根据城市供水压力布局和修建蓄水池体系，并建造管网系统将全市的房屋雨水储备设施和蓄水池相连接，形成统一的雨水储备系统，实现降水资源和污染物的减排。

3. 建设基于水资源垂直运用效能的大型生态工程

通过建设大型低干涉性的生态工程实现水资源大规模的就地集蓄，保障降水资源更高效率转化为城市有效供水，推动生态系统自我修复、地下水回补、生态降污、当地生态链修复的实现，主要措施为建设湿地系统和雨洪公园等大型生态景观系统。第一，根据城市自然地势选择天然蓄水性强的地区，依托城市自然河流走向布局多样的湿地系统建设。低洼地可以就势建设湖泊公园形式的中小型湿地系统，形成天然储水池加强水资源集蓄，依托湖泊周围的湿地体系实现生态链修复，并为周围城区居民提供优良的休憩场所。第二，在沿河区域建设串联河流的大型湿地生态系统，修建网状河道结构下的主河流、多支流、分散湖泊形成的大型生态网络。河道引导更多水资源通过自然流动进入湿地系统，实现大型水体储蓄和地下水回补，同时发挥对流入水体的自然降污处理，加强地下水体安全。大型湿地是大面积的、基于自循环供养的、植被繁茂且生态优美的绿地，能提供比湖泊型湿地更强的生态修复功能。第三，建立连接多点小型蓄水设施和大型生态景观的污水处理系统，将快速储纳的污水和超过生态景观天然降污能力的那部分污染物导入污水处理系统，实现城市排放污染物的整体治理和快速治理。[1]

深圳海绵城市建设

深圳管辖面积小，山地多，平原少，为了保证城区容量，在开发建设过程中采取了开山、填海等生态不友好措施。如今，深圳是全国开发密度最高的城市之一，实现了100%城市化的同时，深圳土地生态承载力面临巨大挑战。为了加强生态承载力，修复生态破损，深圳市成立海绵城市建设工作领导小组，由副市长担任组长，专门负责深圳海绵城市建设管理体制建设、海绵城市相关立法和海绵城市工程改造推进等工作，通过搭建统筹协调平台、规划体系融合建构、完善标准技术体系等手段，联合企业、非政府组织、技术联盟单位共同推动海绵城市建设。现阶段，深圳主要对学校、公园、河流展开了海绵功能改造。学校是海绵功能的"点"，主要通过设置雨水花园、绿色楼顶、过道和停车场透水铺装、雨水回收和截污设施实现雨水的一定回收；公园是辐射周边社区的"点"，将公园

---

[1] 吴丹洁、詹圣泽、李友华、涂满章、郑建阳、郭英远、彭海阳：《中国特色海绵城市的新兴趋势与实践研究》，《中国软科学》2016年第1期。

作为微型水文生态系统建设，打造生态缓冲带、渗滤减排、雨水回用循环系统和截污过流净化雨水控制系统等；河流是辐射城市各个区域的"面"，围绕河流流域打造生态综合治理系统，如河道防洪、水质改善、堤岸覆绿、水源补水等大型海绵系统，使各河流成为深圳城市之肺。通过"点—面"打造，深圳已经走在了全国海绵城市建设的前沿。

（五）构建智慧城市安全管理体系

1. 确立融合一体化的智慧城市安全体系建设准则

首先在决策环节中，确立以人为本、公众参与、数字惠民为原则的智慧城市安全准则，强调智慧城市的技术应用应以人的全面发展为根本出发点，以满足市民需求和市场需求为重要参考，实现城市安全体系建设在决策环节就将技术框定在服务城市市民的范围内，降低技术的滥用与误用。在组织层面建设扁平结构的智慧城市管理机构，实现智慧城市参与主体与城市管理者之间的水平组织结构。建立行业和技术专家委员会，对参与智慧城市建设的申请主体进行资格评议和技术审核，指导智慧城市安全体系的规划工作。在智慧技术规划与建设环节加强社会公众参与，加强城市公众对智慧城市体系、功能和相关信息的理解和掌握，降低信息社会的数字鸿沟。在扁平化组织构建下，推动智慧城市体系实现主体平等、自由参与、运转灵活、信息即时的组织特征。在智慧城市体系运作过程中推动一体化发展，从功能分割和信息分离的状态归为信息全面排放与共享的运行模式，实现智慧城市各子体系的相互联结和深层融合。公共安全、教育、医疗、卫生、交通、市政服务等多个领域实现信息共享。同时，各子领域的安全机构和技术部门也共同融合为整体的安全体系，各部门相互信息相通、共同协作，实现对智慧城市风险的快速捕捉和跨部门协同处理。

2. 建设信息主导的智慧城市安全管理系统

智慧城市体系为城市系统信息化提供了技术可能，城市各子系统与系统之间的逻辑关系和运转情况可以通过可视信息呈现出来，从而使智慧城市安全管理系统可围绕信息为核心进行构建。信息主导的智慧城市安全管理系统是从智慧城市各领域切入，设计如何通过安全情报的广泛应用，实现城市安全的智能化和精准化。首先建设大数据体系，涵盖危险源数据、治安信息、城市生命线数据、城市脆弱性信息、舆情跟踪数据、地理与空间信息等领域，通过数据处理与分析技术实现以上领域信息的储存、融合、挖掘、耦合分析和关联分析，根据城市安全体系的目标将信息转化为安全情报信息提供给城市管理决策层。城市各领域的信息还可以引入风险评估预警模型，通过实时监控、计算实现实时预警，实现对城市所发生风险的快速响应。城市信息管理者设立安全信息数据共享平台，为政府部门、企业、事业单位、社会团体等多社会治理主体构建子信息库提供技术和资源支持。各子信息库和城市总信息库实现网络联动，对城市各层面风险进行全面评估、分析、监控和预警。除此之外，信息库可为城市设立安全健康档案，为城市生态的健康程度、承压能力和恢复能力的分析提供信息支持和模型测算，以此提高城市管理者风险评估等工作的效率和精准度。

第八章

未来城市与文明发展

全球化背景下城市的现代化，其本质是"人"的现代化。当今世界面临"百年未有之大变局"，贸易保护主义、民粹主义等甚嚣尘上，同时带来了公共产品的短缺等重大危机。以中国为代表的新兴市场国家和发展中国家群体性崛起，也影响着人们对国家乃至城市实力和影响力的认知。2020年，新冠疫情逐步席卷全球，中国的部分城市在对一轮又一轮散发性疫情的控制等方面展现出了举世瞩目的城市治理能力。由此，也更加深刻地回答了"后疫情时代城市的'文明'与'现代性'应如何体现"的问题。未来城市将继续担负共同抵御潜在治理困境的历史使命——城市作为新一代可持续发展解决方案的平台和领导力量，业已进入国际舞台，未来城市将成为全球文明发展中的重要领导力量。

第一节 全球化变革下的城市

一、全球化兴起与发展变革

城市化伴随着技术的巨大进步，近代城市化更是和工业化进程紧密联系，但是城市的发展归根结底依赖的是其中的活力人群，城市的现代化本质上是"人"的现代化。当然，"人"的进步发展不是未来城市发展的唯一样貌，但是围绕个体或者群体的进步从而实现全要素的发展进步是未来城市发展的逻辑起点。正如爱德华·格莱泽所讲的那样，"人类共同努力所产生的力量是文明取得成功的核心理由，也是城市存在的主要理由"，"真正的城市是由居民而不是混凝土组成"。[①] 建立在对于城市的"人本化"认识基础之上，我们不难发现，无论是从古老的两河流域逐渐发端的城市文明，还是在古老的东方崛起的封建城市，抑或是近现代工业化带动的城市发展，战后新一轮全球化的城市崛起，"人"都在其中发挥最重要的作用。

究竟什么是"全球化"，并没有准确定义。"全球化"作为一个经济过程表现为经济活动通过生产、贸易、金融和资本的跨国网络，以空前的广度、强度和流动速度向全球扩张。从经济运行的结果来看，让世界经济空前紧密地联系在一起，进而在文化、社会层面产生一些附加效应。全球化是与世界历史和世界体系的产生有着紧密联系的，人们普遍认为，真正意义上的全球化进程是"二战"之后逐步开启的。"二战"后，随着全球化的不断深入，世界各个民族文化互鉴，彼此交融，但是也存在各种文明之间、民族性与世界性之间的相互冲击，深刻影响着各国的文化价值选择。全球化对于主权国家最大的影响在于，国家要求平等参与国际政治和经济事务，迫切需要适应新的游戏规则，甚至改变游戏规则。

"经济全球化"是20世纪80年代开始西方媒体关注的热点问题，经济全球化的基础在于社会生产力和现代科学技术的飞速发展，它是一个自然的历史进程；与此同时，它也有几个基本动因：市场的作用范围在全球扩大；以西方和亚洲新兴工业化国家与地区为基地

---

① 〔美〕爱德华·格莱泽：《城市的胜利》，刘润泉译，上海社会科学院出版社2012年版，第15页。

的跨国公司加速扩张；信息技术的进步促使全球经济循环中的交易成本急剧下降。追求"全球化"和"世界性"本就是资本的固有属性。马克思主义认为，经济全球化从其历史形态来看本就是资本主义世界市场的形成过程，而且已经走过了旧有的历史阶段：商业资本全球化和借贷资本全球化；"二战"后开始的第三次全球化浪潮，其特点是以跨国公司为中心的产业资本全球化，形成直接的资本投资市场，并进一步带动商业资本和借贷市场全球化。[①]因此，现代资本主义的技术创新与世界市场的扩大互为因果，成为推动经济全球化的主要力量。

随着电子科技、计算机信息的革命和跨国经济活动的迅速发展，企业资本家们利用国家之间的差异及科技的发达，选择最有利的地点，零散化其生产流程，有利地利用差异化的劳动成本、环境规范、税制优惠、政治因素等条件来扩大其影响力和利润，使过去以民族国家的领土界线为范围的商业经贸与金融投资等活动逐渐被世界性的跨国组织网络组合起来，大幅度地避开了国家和国际的规范架构，此种在国际以技术革命、资金流动、跨国贸易、产业分工为特色的全球化潮流，已俨然穿透了管制严格的各国边界，明显地影响到了各个政府的国家政策与经济发展。[②]总体而言，关于全球化的理论探讨反映了一种共识：在经济和技术力量的推动下，世界正在被塑造成一个共同分享的社会空间，在全球，一个地区的发展能够对另一个地方的个人或社群的生活机会产生深远影响。"全球化既不是单一的状态也不是线性的过程，最好把它看作一个涉及政治、军事、经济、文化、移民以及环境等各种领域的活动和交往高度分化的现象。

---

① 周光召：《经济全球化理论研究新趋势》，《领导决策信息》2000年第24期。
② 萧衡钟：《全球化理论与国家角色》，第六届珞珈国是论坛会议论文，武汉，2012。

每一个领域都涉及不同的关系和活动模式。"[1]

事实上，向全球化进程的迈进，其历史更早，伴随着整个西方世界开始崛起并逐步占据国际舞台引领位置，这其实已经开始为全球化进程进行基础要素储备。17世纪，西方世界（以欧洲大陆为代表）经过三十余年的战争后，通过威斯特伐利亚合约的签订形成了威斯特伐利亚体系。这一体系也被认为是世界近代史的开端。城邦之间的交往有了"主权国家"的意识和概念，进而国家之间的交往有了既定的规则，从而出现了全新的国家间规则范式——国际法（通常以格老秀斯所著《战争与和平法》为其发展起点）。

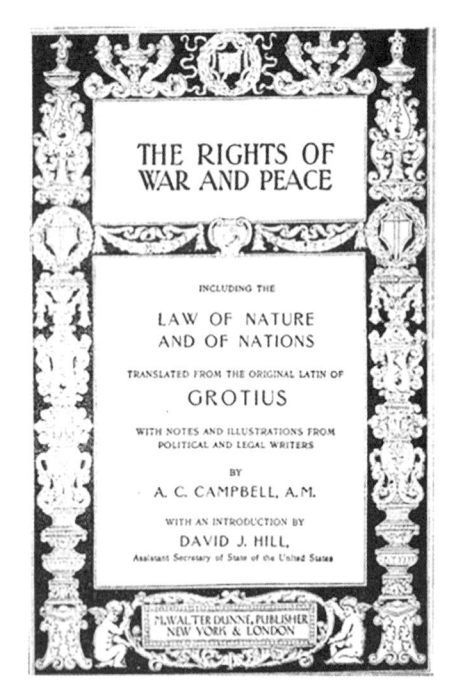

图8-1　《战争与和平法》封面图[2]

---

[1]〔英〕戴维·赫尔德：《全球大变革——三种全球化理论的分析与比较》，杨雪冬编译，《马克思主义与现实》2000年第1期。
[2] Hugo Grotius, *The Rights of War and Peace*, translated by Archibald Colin Campbell, M. Walter Dunne Publishing, 1901.

再向前追溯一个世纪，正是由于16世纪的地理大发现，增强了西方世界对于全球的理解和认识，这个过程一直持续到"二战"前。在此期间伴随着资本主义、殖民主义的迅速扩张，西方世界成为一个有机整体，然而这并不是真正意义上的全球化，而是西方中心论之下的全世界相对紧密的联系状态。一些学者对于马克思主义理论中的全球化进行阐述："马克思认为资本主义是一种世界体制，资产阶级通过世界市场的开发，将生产和消费都统一成世界性的，全球化实质就是把全球经济合并成为资本主义经济……为了给过剩资本和商品寻找出路和市场，资本家推动了世界的联系和交往。"[1] 18世纪以前，世界各地之间的各种联系非常少，资本主义世界体系产生以后，出于对资本积累的需要，便开始出现了向全球的地理扩张和经济掠夺；到19世纪末，西欧殖民体系已在全球建立，从而完成了近代世界体系向全球的扩展过程。在资本的推动下，全球交通网络建成，使得贸易和移民日益广泛，在19世纪50年代到70年代的25年中，仅仅从中国输入美国的劳工就高达11万人。

随着科学技术的不断进步，世界经济逐步发展，"世界经济"已经出现，但是其发展是不平衡的。在经济生活国际化加速发展和资本"民族化"不断推进的大背景下，一些国家变成"世界城市"，另一些国家则变成"世界农村"，造成这种状况的主要原因是国际分工及殖民主义发展。"二战"后，随着殖民主义在全球的崩溃，大批原殖民地国家纷纷独立并走上了独立自主的道路。[2] 因此，真正意义上的全球化开启于"二战"后。早在20世纪60年代初，就有科学家预言，现代电子传媒的发展可能会让世界变成一个"地球村"，尤其是20世纪70年代后，"由于美国主导的布雷顿森林体系、马歇

---

[1] 刘汶：《全球化与近代资本主义——论马克思的全球化理论》，《传承》2011年第1期。
[2] 〔俄〕尼·布哈林：《世界经济和帝国主义》，中国社会科学出版社1983年版，转引自黄光耀《论全球化理论的演进》，《山东工商学院学报》2013年第3期。

尔计划等'经济重振'计划逐步瓦解，进而导致美国放弃固定汇率，推动美元与黄金脱钩，与石油挂钩，各个国家政策的自由化与民营化成为世界主要潮流，资本突破了国家主权的疆界，并逐渐寻求多种机会，使国际环境出现资本流动、跨国生产、并购等重大改变"[1]。全球议题的普遍化扩大了国际环境因素的影响范围，各国纷纷受到全球化浪潮的冲击后，全球化的进程受到各界的重视。新的"全球化"理论将整个人类视为有机整体，几乎抛弃了意识形态的因素，从人类的共同利益和未来发展出发，关注世界发展的基本现实和趋势。制造业的变迁很好说明了全球化进程。20世纪后半叶，美国制造业就业人数约为1800万，到了2008年金融危机前后，这一数据锐减五分之一。[2]因此，制造业很长一段时间在西方被弱化，这一趋势在底特律这个城市的兴衰中说明了问题。而与此同时，以中国为代表的东方城市，制造业成为它们崛起的重要标志，"1990年，中国制造业产出在全球制造业产出中所占的比例是3%，而到了2016年，已经达到25%左右"[3]。

联合国前秘书长加利曾经宣布"世界进入全球化时代"。德国研究者乌尔里希·贝克在其著作《什么是全球化》中系统分析了全球化的表现形式，试图用一种特征归纳的方法去表述，但也并未给出一个可以统一的定义。全球化的表现形式主要包含"地域的扩张、频繁的国际贸易、金融资本的全球网络以及跨国公司；信息革命以及通俗技术的持续发展；对民主（可能只是空头支票）和人权的普遍追求；源于全球文化产业的意向流；世界多极政治主要是全球化

---

[1] 萧衡钟：《全球化理论与国家角色》，第六届珞珈国是论坛会议论文，武汉，2012。

[2] J.R.Pierce, & P.K.Schott, "The Surprisingly Swift Decline of U.S. Manufacturing Employment", Federal Reserve Board, Washington DC, 2014.

[3] Will Knight, "China Is Building a Robot Army of Model Workers," *MIT Technology Review*, April 26, 2016, accessed May 31, 2022, https://www.technologyreview.com/2016/04/26/108608/china-is-building-a-robot-army-of-model-workers/.

组织（联合国、NGO 和跨国公司）的广泛出现；贫穷问题；全球性环境问题；跨地区的文化冲突等"①。关于"全球化"的定义，有学者认为是指"商品与资本透过贸易与投资的快速扩张，私有化的过程与开放，货币的商品化与跨国公司的国际分工体系之现象"，即"认为商品与要素的流动有助于全球经济产出以及提高资源配置之效率，而透过生产技术革新、跨国商品贸易、国际资本流动、产业信息网络、社会文化交流等途径的规模增加与广泛传播，使得全球高速融合为一体，导致了世界各国经济活动与发展上日渐紧密、契合的相互依赖关系，这是一种跨越洲际或区域行为、交流、互动网络与权力运作的过程，增加了远距离活动之交流与全球意识之凝聚"。②

二、战后国际秩序与城市崛起

战后国际秩序对世界和平与发展产生了深远影响，尤其是促进了一大批新兴城市的崛起。近代以来，西方主导的国际体系有一个共同特点，就是其并非表面上所呈现的均势与平等，而是先将整个世界一分为二：一边是作为殖民强权的主权国家，另一边是被认为不具备主权地位的殖民地、保护领、托管地、势力范围等弱势民族。

经过战争的巨大损耗，英法等老牌殖民主义列强的实力显著下降，德日等法西斯战败国受到严厉惩罚和约束。为了防止殖民地争夺引发战争，也为了回应世界人民的进步愿望，由世界各国共同认可的《联合国宪章》贯穿着主权平等原则，"国家不论大小、强弱，

---

① 转引自王宁主编《全球化与文化：西方与中国》，北京大学出版社2002年版，第238页；李世涛：《全球化理论的批判性视角——詹姆逊的全球化研究及其启示》，《马克思主义美学研究》2011年第2期。

② 蔡博文：《经济全球化：新重商主义的面具》，第二届中山学术与社会科学学术研讨会会议论文，高雄，2005。转引自萧衡钟《全球化理论与国家角色》，第六届珞珈国是论坛会议论文，武汉，2012。

一律主权平等"成为最根本的国际秩序基石。与此前的国际秩序相比，弱小国家不再被西方列强视作可以任意处置的"主权例外"，其首要标志即是被赋予联合国会员国地位。作为对"主权平等"原则的补充，"集体安全""大国协商"等原则也成为战后国际秩序规范的重要内容。联合国成立是战后国际秩序形成的最重要标志，其逻辑出发点是即便不存在一个"世界政府"，只要能够把国际机制设计好，世界事务也和国内事务一样是可以管理和协调的。保罗·肯尼迪认为，"联合国的建立者创建了一个新的世界秩序"，其包容性与1815年之后甚至1919年之后都不同，"因为此时所有大国都参与了进来"。联合国体现了民族国家理念和多边主义原则的"世界政府"理想，反映出世界上绝大多数国家和人民求和平、谋发展的强烈愿望，从人类社会发展的角度看，无疑具有历史的进步性。继国际联盟之后，联合国成为第二个全球性集体安全保障体系。实行集体安全是为了威慑侵略行为，使任何有意发动侵略战争的国家忌惮于其他国家的集体反制。联合国是集体安全机制的核心，区域和次区域组织在解决本地区问题时可在其授权之下发挥作用。

保持大国之间的协商一致，是战后国际秩序的重要规范。战后，反法西斯同盟中的五大国被公认为做出了更突出的历史贡献、具有更强大的客观实力，因而也被赋予了更重要的国际责任。联合国安理会实行五个常任理事国"一票否决制"，其初衷是为了保证大国协商一致、避免矛盾冲突，因此更多意味着责任，而非特殊的权利。在此背景下，在变局中能够为全球提供极为稀缺的公共产品，成为战后国际格局形成的基础原因。基于此，美国为首的西方世界成为主导力量，而主要由战胜国建立的战后国际秩序，仍然存在大国强权政治的烙印。

与此同时，该秩序也为一个全新时代的来临打下了较好的外部环境基础。它第一次将苏联和美英两种不同社会制度国家之间的和平共处原则正式纳入了国际关系，成为战后国际秩序的有机组成部分，这就在总体上制约了美、苏在产生任何争端时的行为方式，即双方不能以战争手段，而要用和平手段协商谈判来解决。因此，在"二战"后东西方紧张对峙，局部战争始终不断的情况下，冷战中的两个主要角色美国和苏联之间从未发生过直接的军事冲突，这便形成了冷战的最基本特征：它既是战争，又是和平，从而使世界维持了整体的和平状态。

战后的和平状态及联合国所带来的多边国际治理格局催生了更多的跨国组织，而大量的国际组织需要国际城市作为"牵头人"。不难看出，战后大量的国际组织总部均位于西方城市（如下表）。

表 8-1　战后主要国际组织及总部所在城市一览表（非区域性组织）

国际组织名称	总部所在地（城市）	成立时间
世界银行（WB）	华盛顿	1944 年 7 月
国际航空运输协会（IATA）	蒙特利尔	1945 年 4 月
联合国（UN）	纽约	1945 年 10 月
联合国粮农组织（FAO）	罗马	1945 年 10 月
联合国儿童基金会（UNICEF）	纽约	1945 年 11 月
联合国教科文组织（UNESCO）	巴黎	1945 年 11 月
国际货币基金组织（IMF）	华盛顿	1945 年 12 月
国际标准化组织（ISO）	日内瓦	1947 年 2 月
国际民航组织（ICAO）	蒙特利尔	1947 年 4 月
国际海事组织（IMO）	伦敦	1948 年 3 月
世界卫生组织（WHO）	日内瓦	1948 年 4 月
北大西洋公约组织（NATO）	布鲁塞尔	1949 年 4 月
世界气象组织（WMO）	日内瓦	1950 年 3 月
国际移民组织（IOM）	日内瓦	1951 年 12 月

续表

国际组织名称	总部所在地（城市）	成立时间
国际金融公司（IFC）	华盛顿	1956 年 7 月
国际原子能机构（IAEA）	维也纳	1957 年 7 月
石油输出国组织（OPEC）	维也纳	1960 年 9 月
国际开发协会（IDA）	华盛顿	1960 年 9 月
大赦国际（AI）	伦敦	1961 年 7 月
经济合作与发展组织（OECD）	巴黎	1961 年 9 月
国际投资争端解决中心（ICSID）	华盛顿	1966 年 10 月
联合国工业发展组织（UNIDO）	维也纳	1966 年 11 月
世界知识产权组织（WIPO）	日内瓦	1967 年 7 月
国际贸易中心（ITC）	日内瓦	1968 年 1 月
亚太经合组织（APEC）	新加坡	1989 年 11 月
世界贸易组织（WTO）	日内瓦	1995 年 1 月
禁止化学武器组织（OPCW）	海牙	1997 年 4 月
互联网名称与数字地址分配机构（ICANN）	洛杉矶	1998 年 9 月

美国城市更是在其中起到决定性作用，纽约作为联合国总部所在地，占据了国际组织总部的半壁江山。战后，美国为全世界提供了最为奇缺的公共产品——安全体系，因此吸引了大量的海外移民。纽约在"二战"后出现了第二次兴盛。一是大量的移民成为城市的新建设者，为城市带来巨大动力；二是因为欧洲资本外溢，为海外殖民地带来大量跨国跨地区投资，极大活跃了美国经济；三是技术伴随着高层次移民一起集聚美国，催生了新一轮科技革命的爆发。纽约作为一个港口城市，早期即吸引了大量来自于英国本土和其他欧洲大陆的居民，尽管城市发展之初就充斥着贫富差距、医疗卫生

环境不尽如人意等城市问题，但是作为一个新兴移民城市，纽约的"人"的流动性极强。与英国条框限制的君主立宪制度下的社会以及阶层意识相对比较固化的欧洲大陆城市相比，这一片"新大陆"可以说毫无历史包袱，五湖四海的新移民在新的土地上展现了前所未有的干事创业热情，而且事实证明，他们的努力往往不会白费，换来的是颇有流动性的社会阶层的提升——纽约一度成为奋斗者的天堂。

与此同时，借助较为稳定的国际安全秩序，同时在经济全球化和市场一体化的作用下，商品、劳动力和原材料在全球自由流动的速度和频率都在加快，同时出现了产业集聚和分散两种现象。发达国家将加工制造业转移到发展中国家，服务业则在发达国家的城市中占据主导性地位，以服务业为主的后工业经济在全球产业链中起到了至关重要的作用。[1]纽约作为国际大都市和世界金融中心，战前原本就有着发达的工业体系，这一基础反而为战后的"去工业化"积累了条件，也是其后工业经济形成的主要标志和特征。伴随这一趋势，纽约的工厂数量开始减少，大量工人失业，传统工业让位于新兴产业；战后科技革命使得许多采用传统生产方式的企业失去了竞争力，也导致制造业部门劳动力不断减少。从根本上说，经济全球化是纽约"去工业化"的重要影响因素。纽约的工业企业逐渐成了全球产业链中的一个重要环节，因此，许多企业被纳入到全球市场竞争的大环境中来。[2]

三、百年未有之"大变局"

米歇尔·渥克（Michele Wucker）在她举世闻名的《灰犀牛》一

---

[1] 石光宇：《二战后美国纽约后工业经济探研》，《求是学刊》2018年第5期。
[2] 石光宇、孙群郎：《美国去工业化与后工业经济的形成》，《辽宁大学学报》2013年第3期。

书中提出，人们往往把大量时间和精力用在那些会对心理和情感造成冲击但发生概率极低的"黑天鹅"事件上，因此没能注意到那些发生概率极高、应该提早预防的"灰犀牛"。在每一次、每一组"黑天鹅"事件的背后，都隐藏着一个巨大的"灰犀牛"。[①] 危机和变局就在眼前，为什么我们选择视而不见？

当今，国际格局和国际体系正在发生深刻调整，全球治理体系正在发生深刻变革，国际力量对比正在发生近代以来最具革命性的变化。新一轮科技革命和产业变革正在重塑世界；新兴市场国家和发展中国家国际影响力不断增强，国际力量对比更趋均衡；全球治理的话语权越来越向发展中国家倾斜，全球治理体系越来越向着更加公正合理的方向发展；世界文明多样性更加彰显，世界各国开放包容、多元互鉴成为主基调。早在 1996 年美国学者亨廷顿出版的《文明冲突和世界秩序重建》一书就提出了"文明冲突论"。[②] 冷战后的世界，冲突的基本根源不再是意识形态，而是文化方面的差异，主宰全球的将是"文明的冲突"。2002 年，美国知名学者查尔斯·库普乾（Charles Kupchan）发表了《西方的终结》。当时正值美国反恐战争逐步扩大，"文明冲突"的预言似被应验之时，但库普乾却认为，"9·11"恐怖袭击只是刺破了冷战结束和西方胜利所带来的安全感，对美国的霸权没有任何影响。随着时间的推移和世界格局的不断变化，越来越多的学者意识到，世界格局的巨大变化正在到来。库普乾 2004 年在《美国时代的终结：美国外交政策与 21 世纪的地缘政治》一文中曾预言，美国时代的终结不仅是美国优势地位的终结和向多个权力中心世界的回归，而且与工业时代的终结和数字时

[①]〔美〕米歇尔·渥克：《灰犀牛——如何应对大概率危机》，王丽云译，中信出版集团 2017 年版，第 198—199 页。

[②]〔美〕塞缪尔·亨廷顿：《文明冲突和世界秩序重建》，周琪、刘绯、张立平、王圆译，新华出版社 2002 年版，第 19—28 页。

代的开启同步。[1] 2008年，法里德·扎卡利亚（Fareed Zakaria）在《后美国世界：大国崛起的经济新秩序时代》一书中再次提出，过去五百年来世界发生了三次结构性的权力转移，即西方世界的崛起，美国的崛起和当下正在发生的"他者的崛起"，世界正在步入"后美国世界"和"后西方世界"。[2]

非西方的崛起，特别是非西方大国的崛起，改变了近代以来西方与非西方力量对比，其中尤以中国的崛起影响巨大。伊曼纽尔·沃勒斯坦（Immanuel Wallerstein）提出"世界体系"结构正发生历史性变化，中心国家增多，规模扩大，边缘规模缩小、分化，一批新兴国家进入到中心中来。原来意义上的世界体系正在趋于解体，正在转换成一种更为复杂的分工体系，整个世界正在按照"超级版图"组合起来，而许多发展中国家的城市群已经成为全球供应链的重要节点。

与此同时，特朗普政府"美国至上"的理念和行动加剧了与其盟国的分离，推动了国际关系多极化的发展。拜登在2020年总统大选中获胜，他面对的是一个已经被特朗普政府严重破坏的世界，一个美国主导权难以"修复"的世界。而特朗普的作为，使美国将面对一个"没有长期以来一直支持美国利益的机构、联盟和善意的世界，一个将美国排除在外的新秩序形成了"。[3]

近年来，世界进入一个变化频繁、复杂分化甚至有些失序的时代，难以确定的变化与动荡成为常态，它由金融危机及效应延宕所催生，对其演变与结局的预判仍可能难有定数。从美欧日等发达国家到一些新兴和发展中国家，都不同程度地面临着经济失速、社会

---

[1] 〔美〕查尔斯·库普乾：《美国时代的终结：美国外交政策与21世纪的地缘政治》，潘忠岐译，上海人民出版社2004年版，第77—98页。
[2] 〔美〕扎卡利亚：《后美国世界：大国崛起的经济新秩序时代》，赵广成、林民旺译，中信出版社2009年版，第118—234页。
[3] 同上。

失范、制度失灵、内外失调等难题。这个"变""乱"交织的世界，应乱中求治、乱中求序，在历经系统性转型后构建起更为公正合理的国际新秩序。

"当今世界正处于百年未有之大变局。"[①] 习近平总书记这一重大论断，深刻揭示了世界新的时代特征。近年来，中国综合国力发展之快、世界影响之大同样百年未有。百年未有之大变局下，伴生着百年未有之不确定性。

一是贸易保护主义。总体来说，当前的国际秩序既保留了"二战"后国际秩序的基本要素，同时，也受到冷战结束和全球化进程的深刻影响。后冷战时代的国际秩序，是典型的自由主义国际秩序。这一秩序稳定的条件，是由美国单极霸权权力体系下的"霸权和平"。美国与其西方盟友所推行的自由国际主义，即美国对国际事务保持积极的介入和干预。国际制度和规则虽然保持了强烈的"西方中心主义"，但多边主义的议事规则开始兴起，全球性问题越来越需要各国的共同参与和国际合作。多边主义基础上的全球治理成为越来越多国家推进国际事务共同应对与行动的战略性追求。2008年全球金融危机之后，美国实力的相对衰弱开始出现，新兴经济体的群体性崛起以及中国的持续发展，开始不断加剧美国对于自身霸权地位的忧虑。与此同时，美国国内由于制造业持续外包导致的制造业只占 GDP 的 11.2%，而金融和金融服务业占据 GDP 的 80%，导致了大量白领工作岗位的流失。从冷战结束到 2018 年，美国的 GDP 翻了一番，但国内贫富差距日益扩大，中下层低收入人群不断膨胀。在这几个因素的共同影响下，2016 年 11 月，在美国大选中主张"美国优先"、缩小美国的国际义务和责任、重回国家中心主义竞争战略的特朗普当选美国总统。

[①] 该论断首次于 2017 年 12 月 28 日由习近平总书记接见驻外使节时提出，其后于 2018 年 6 月在中央外事工作会议中再度提及。

特朗普执政后,"美国优先"便成为其制定内外政策的基本遵循,受此影响,特朗普政府在对待贸易、同盟、国际法、多边机制、气候变化等问题上均呈现出一系列颠覆美国自由主义外交传统的变化,美国已然沦为大国权力竞争的积极推动者、多边国际制度的主要冲击者、自由主义理念的最大破坏者。特朗普政府以维护国家安全为由强化对华贸易保护政策,挑起中美贸易摩擦;随后,美国外国投资委员会通过最新改革法案以限制中国对美直接投资的快速增长,使用国内贸易法条款不断对来自中国的商品征税加码,扩大关税范围,导致中美经贸摩擦不断升级;全面打压、遏制"中国制造2025"支持的高科技行业,中美贸易战由贸易领域延伸至高科技产业领域,两国在知识产权保护层面的对抗日渐形成。在此基础上,美联储持续收紧货币政策、制造世界动荡以恶化中国外贸和外资投资环境,在此情况下,与中国金融市场的对外扩大开放叠加,放大了中国金融风险。此外,美国不断渲染"一带一路"倡议是中国扩大影响力、谋求地区(乃至世界)霸权的战略安排,污蔑"一带一路"建设项目是中国制造的"债务陷阱"、会损害沿线国家的主权和安全,制造"中国威胁论",破坏人类命运共同体的世界共识基础。

二是民粹主义。"美国对国际和平与繁荣所负有的'领导责任',领导维护现有国际制度框架符合美国的国家利益",即所谓自由主义外交路线,是"二战"后历届美国政府基本的对外政策取向。但是维持霸权领导,并让他国通过机制化的途径分享美国所提供的公共产品,往往伴随着巨大的成本,当主导国承担成本的比例超过一定限度时,"国内民众的成本"便会对国家的对外行为产生影响。[①]

---

① James D. Fearon, "Domestic Political Audiences and the Escalation of International Disputes", American Political Science Review, Vol.88, 1994, p. 577; Kenneth A. Schultz, "Looking for Audience Costs", Journal of Conflict Resolution, Vol.45, 2001, p.32.

在美国，保守主义同样有深厚的土壤，2008年金融危机爆发至今，白人工人对奥巴马政府致力于国际合作，积极重塑美国在经济、安全等领域的制度领导权与规则制定权等外交政策的不满情绪不断累积，美国国内出现了较为强烈的"内顾化"倾向，认为美国应从领导世界的责任中解脱出来，将更多的政治经济资源向国内事务倾斜。美国的"盟友"也表现出民粹主义特点——英国"脱欧"，从2016年开始的这一事件持续了三年之久后终于尘埃落定，直接挑战了近70年来致力于一体化的欧洲多边机制。由伦敦经济政策研究中心协调运作的独立项目"全球贸易预警"发布的数据显示，自2008年以来，全球已经出台将近6000项保护主义措施，导致"全球贸易失调"[①]。这些干预措施多样，既包括产品本地化控制的强化，例如越来越多的产品更加依赖于本地的原料和劳动力等要素，而不是像前述全球化高峰时刻跨国公司对于全球要素的整体配置。

三是公共产品短缺。长期以来，美国作为霸权国，也是世界唯一的超级大国，一直是全球公共产品的主要提供者。其通过主导建立联合国、北约（NATO）、IMF、WB、WTO等全球性政治、军事、经济组织，以及北美自由贸易区、美洲国家组织等大量的功能性地区组织，构建了一张以其为中心的巨大制度网络，推行符合美国利益的整体秩序。同时，美国也通过提供公共产品来获得其他国家对其霸权和领导地位合法性的认同。但是2008年金融危机使美国经济受挫，"美国衰落论"一度成为国际舆论的主流。在此情形下，美国继续提供全球公共产品的能力和意愿都大大降低。欧盟、日本等发达国家也或多或少受到金融危机的冲击，开始更多地关注自身利益。美国外交政策甚至逐渐从传统的多边主义开始转向诸边和地区主义，如其推动的跨太平洋伙伴关系协定（Trans-Pacific

---

① Simon J. Evenett, "The Global Trade Disorder: The 16th GTA Report," (2014), aceessed May 31, 2022, https://www.globaltradealert.org/reports/24.

Partnership Agreement，TPP）和跨大西洋贸易与投资伙伴关系协定（Transatlantic Trade and Investment Partnership，TTIP）等。新兴经济体尽管在金融危机中表现不俗，出现群体性崛起的态势，并建立了金砖国家组织（BRICS），但由于力量仍显不足且存在内部分歧，尚不能取代美国成为公共产品的主要提供者。

今天的世界呈现这样的图景：国际金融危机对西方自由主义秩序造成严重冲击；经济格局"南升北降"，全球化进程遭遇逆流；新技术、新产业革命催生发展理念和发展模式深刻变化。与此同时，恐怖主义威胁未除，地区冲突战火难熄，大国博弈驶进未知水域。凡此种种，都在向世界人民表明，当年全球局势正处在关键转折的十字路口。尽管这种种现象不能直接宣告全球化的衰落，但是至少给我们提供了另外可能的一种思考空间：全球化仍在进行，但是有一种力量在客观上对它产生某种障碍，这给未来全球城市的发展趋势带来某种不确定性。前述全球化导致的制造业的变化已经悄然发生着一些改变：发达国家的一些城市试图将生产基地和供应链逐渐迁回国内，由于自动化和智能化的普及，劳动力成本优势已经不再凸显，而反之国际政治浪潮的不确定性却加剧了人们对于跨国合作不确定性的判断。

第二节 "大变局"下的城市文明

一、城市文明的发展趋势

"大变局"对全球化造成了障碍，也在一定程度上催生了全球治理新模式。一方面，传统的全球治理模式在危机面前显得力不从心，难以走出困境；另一方面，权力转移与权力扩散导致具有全球和地区影响力的行为体越来越多，这推动了全球治理理念和模式的竞争。

从城市发展历程来看，其形成和发展是多种因素综合作用的结果。地理区位、科技革命、文化教育等是影响城市兴衰的重要因素。城市在不同的发展阶段呈现出不同的规律特征。在前工业化阶段，大多数城市都位于农业较为发达、靠近水源的地区；城市的出现首先是满足政治和军事需要，并延伸出生产和交换活动，城市是先有城再有"市"；城市居住空间的等级分异明显。在工业化阶段，城市随着工业化生产的需要，开始集聚一大批专业技术人员，拥有更高的组织、生产和创新能力；城市职能趋于多样化，开始成为制造业基地，成为政治、经济、文化、贸易、科技、教育等中心；城市功能分工更为明显，各个片区更加明确；城市彼此之间的经济往来更为密切，世界城市体系逐步形成。在后工业化阶段，城市成为第三产业中心；主导型产业开始转向金融、信息、通信、广告等服务业；城市工业布局逐渐向郊外转移；城市功能多元化，城市的服务范围也从区域扩展到全世界；随着城市的对于多种资源要素集聚能力不断增强，超大城市开始出现。

可见，城市的发展是一个自我重构与不断跃升的过程。20世纪以来，在新科技革命与新产业革命影响下，城市发展环境出现新变化，如全球化与信息化进一步推动城市深度开放交流，跨国公司的活动在国际中心城市间建立起严格的中央控制体系和网络服务体系。与此同时，城市的功能特征、空间结构、经济社会等呈现出新的特征，一种新型和高级形态的城市即全球城市逐渐形成和发展。[1]近年来，一些超大城市由于超强的对于全球资源的聚集能力，逐步向全球城市演进。

全球城市的形成是世界经济发展的必然产物，是全球化、信息

---

[1] 肖林、周国平：《卓越的全球城市：不确定未来中的战略与治理》，格致出版社、上海人民出版社2017年版，第17页。

化、新国际劳动分工共同作用的结果，它作为世界城市网络中的主要节点城市，拥有发达的高端服务业，集聚着大量的资源要素和国际功能性机构，全球城市之间形成复杂的网络体系，其对全球资源要素流量的控制力决定着全球城市的国际地位。伴随着信息技术革命和经济全球化的深入推进，全球城市和全球城市体系均呈现出新的发展趋势。全球城市创新引领功能日渐强化，成为具有全球影响力的科技创新中心；经济功能更为综合多样，服务经济、新型制造、创新创意、要素配置等功能交织共存；社会文化更为和谐包容，文化多样，更加注重利益相关者多元化的诉求；空间格局向多中心转变，多核模式成为全球城市建设的必然趋势；超大城市成为全球竞争的空间载体。"有越来越多的城市进入全球生产链以及金融、贸易、创新的网络体系中，中等层级世界城市数量增加；全球城市体系向'生产—创新'双重网络转变，节点城市将更多通过产业、制度、文化等多层次创新保持国际引领和控制地位；全球城市网络体系趋于扁平化，不同网络节点的城市发生扁平式的联系；全球城市间力量对比区域格局将向亚太等新兴区域倾斜；复合型全球城市的等级地位将不断提升。"[1]

二、新兴力量对城市文明和秩序的修正

全球性问题的复杂化、多样性、领导力缺乏以及体制缺陷等使得传统的以美国为首的西方国家主导的正式国际组织治理模式出现严重的"治理赤字"。鉴于在全球层面各国围绕国际制度的竞合、协调，难以在短时间内取得根本性突破，越来越多的国家倾向于在本国所在地区探索推进国际制度改革。地区正成为考验新兴经济体力量投射限度、制度建设能力的主要舞台，新兴经济体与以美国为

---

[1] 肖林、周国平：《卓越的全球城市：不确定未来中的战略与治理》，格致出版社、上海人民出版社 2017 年版，第 1—22 页。

代表的发达国家在地区层面的制度博弈将日趋激烈。[①]习近平主席提出构建人类命运共同体这一时代倡议,回应了"建设一个什么样的世界,如何建设这个世界"这一人类社会永恒的命题。

具体来说,目前以中国为代表的众多新兴国家在探索加速地区合作制度建设的过程中,更多采取"替代式外交"的方式,国际制度领域的博弈总体烈度可控。如针对基础设施资金缺口巨大这一地区经贸合作中的薄弱环节,中国推动"一带一路"建设,发起成立亚洲基础设施投资银行(AIIB),在积极探索为地区国家提供发展类公共产品的同时,寻求通过制度化的方式,不断发挥自身在"地区世界"中的影响力,且在这一过程中积极倡导开放包容、合作共赢。

美国学者约瑟夫·奈(Joseph Nye)认为,21世纪权力结构正发生两大变化:一是国家之间权力的转移,正在从西方转移到东方;二是权力的扩散,正在从国家向非国家行为体扩散。[②]国际权力结构发生的变化使得"全球领导力严重匮乏",但却创造了一个更加多元化的国际秩序。在传统的治理模式陷入困境时,国际社会出现了全球治理的新理念和新模式。传统的以正式国际组织为代表的全球治理模式是发达国家主导建立的。在这些机制的创立阶段,西方的精英和公众认为其具有普世性,西方世界在冷战中的"胜利"使他们更加确信这一点。因此,国际规范的变迁和制度的变化也都体现了发达国家利益需求的变化。近来,新兴经济体群体性崛起引起了国际权力结构的变化。美国与其他西方国家主导权面临的潜在挑战并非仅是全球权力的重新分配,而是另一种更微妙的变化,即由中国和其他崛起国家塑造的全球治理新模式。"西方不再是全球化

[①] 〔加拿大〕阿米塔·阿查亚:《美国世界秩序的终结》,上海人民出版社2017年版,第136—137页。

[②] Joseph S. Nye, Jr., "Power Shifts in the 21st Century", *The Montréal Review*, 2012.

的主导，多个权力中心以及它们所代表的相互竞争的模式将在更加公平的舞台上进行角逐。有效的全球治理需要求同存异，以求平等分配权力以及增强意识形态的多样性。"① 随着国家综合实力的上升，新兴经济体希望获得与之相应的权力地位，希望拥有更多的话语权，参与规则制定，在全球治理中体现自身的利益和价值。与此同时，虽然不愿分享世界的主导权，但以欧美为首的发达国家无力单独解决日益严峻的全球性问题，也希望与新兴经济体分担治理责任。因此，全球治理出现了新的发展模式，如发达国家与新兴经济体平等协商的二十国集团（G20）、新兴经济体内部协调的金砖国家组织等非正式的新型制度安排。

三、后疫情时代：治理能力决定城市力量

"大变局"造成全球性问题的普遍性、公共性、多样化、动态化、尖锐性和超越意识形态的特征。在经济领域，贸易、金融和投资体系都面临着规则重构的问题；在安全领域，核扩散问题和恐怖主义问题亟待解决；在发展领域，贫困问题、难民问题、环境和气候变化问题等影响着全球的发展与稳定。在传统治理模式下，国家和政府间组织是主要的"治理者"。如今，一个国家或国家联盟很难独立解决日益复杂多样的全球性问题，传统的制度安排在全球治理问题上也显得捉襟见肘，已有的规则和制度并不能完全解决这些全球问题，而是需要提供更多新的公共产品。目前还没有一个国家或国家联盟能够承担领导世界共同应对全球挑战的任务，领导力缺失成为传统的由美国主导的多边治理模式面临的首要问题。"民族主

---

① Charles A. Kupchan, "America's Place in the New World," *New York Times*, April 7, 2012, accessed December 10, 2020, http://www.nytimes.com/2012/04/08/opinion/sunday/americas-place-in-the-new-world.html?pagewanted=all&_r=0.

义的广泛兴起和高扬，进一步加剧了全球治理的困难。"[①] 随着国际力量对比的变化加速推进，以中国为代表的新兴市场国家和发展中国家群体性崛起，从根本上改变了自工业革命以来西方国家在国际政治经济格局中长期占据主导地位的局面，国际力量对比更趋平衡，呈现"东升西降"的态势，这是百年未有之大变局最大的变化。国际力量的对比，不仅表现为综合国力的对比、国际影响力的对比，也表现为人们对国家乃至城市实力和影响力的认知的对比。旧全球治理模式已经出现难以解决的困境，而全球城市在全球的领导力将在新的全球治理格局下发挥越来越重要的作用。

2020年，一场突如其来的新冠疫情渐次席卷全球，影响遍及世界各个地区和国家，对人类社会产生了全方位的重要影响。新冠疫情不仅仅是一次公共卫生危机，也不仅是一场局部的危机，它诱发了一场全球性、系统性的政治经济社会危机。新冠疫情发生之前，尽管国际权力结构已经在发生巨大的变动，但给人们的感觉是这种变动仍然处于一个量变的阶段。新冠疫情的发生，大大加速了国际力量对比向质变的临界点推进。2020年3月，世界卫生组织宣布新型冠状病毒肺炎进入全球大流行状态，这意味着疫情已经出现全球或极广泛区域的传播。面对风险的全球性，仅仅着眼于部分群体和局部地区的地方性风险规避路径已经失效，所有风险规避和转嫁之路都已堵塞。[②]

一方面，应对疫情成为一场综合国力和国家治理能力的竞赛、国际公共产品供给能力和国际领导力的竞赛。作为原有国际体系中的领导力量，美欧国家在全球疫情应对中的国际领导力明显下降，

[①] 朱立群：《全球治理：现状与趋势》，载朱立群、富里奥·塞鲁蒂、卢静主编《全球治理：挑战与趋势》，社会科学文献出版社2014年版。

[②] 张成岗：《灾害情境下的风险治理：问题、挑战及趋向——关于后疫情时代社会治理的探索》，《武汉大学学报》（哲学社会科学版）2020年第5期。

公共产品供给的能力和意愿也双双下降。而中国不仅高举人类命运共同体的理念，倡导国际合作、承担国际责任，还以强大的生产能力和供给能力向其他国家和国际社会提供了大量的抗疫物资、医疗救治防控经验及技术标准，向很多国家派出援外医疗队，体现了不断增强的国际公共产品供给能力和初步的国际领导力。另一方面，新冠疫情加剧了权力结构的变革，将会不可避免地对现存地缘政治格局和联盟体系带来冲击。尤其是国际体系中的中等国家和小国，将有可能重新考虑其依赖或倾向的大国，而原有大国对失去权力和势力范围的焦虑将进一步上升。疫情发生后，一些中小国家向国际体系中原有的大国或大国集团寻求帮助遭拒，面对大国自利倾向和自私行为的加剧，有关中小国家转而向中国寻求帮助，得到中国的积极回应。特朗普政府的单边主义和民粹倾向在疫情应对上变本加厉，甚至对盟国欧洲国家也同样表现出自利倾向。尽管美欧联盟的基础尚存，但它们在全球治理领域的分歧进一步扩大。欧盟在最初的应对中手足无措，甚至没有回应意大利等国的救助要求，不少成员国各自为政，进一步加剧了"再国家化"的倾向。如若大国的自利倾向和自私行为在疫情之后仍然得不到纠正，将严重削弱其联盟体系的基础，而新兴大国的成功经验和奉献精神将会吸引更多国家的认同、支持，甚至跟随。

  面对焦灼的疫情，中国的部分城市在对疫情的控制中展现了举世瞩目的能力，也引发人们的思考：后疫情时代的城市文明性和现代性应如何体现？正如一些学者所言，现代性是建立秩序的过程，其中隐含着风险不确定性悖论。[①] 疫情是全球城市治理的一个拐点。在此背景下，传统城市治理迎来了更为严峻的挑战，传统上被认为颇具领导力的全球城市在此轮疫情中并未体现出应有的治理领导力。

[①] 张成岗：《灾害情境下的风险治理：问题、挑战及趋向——关于后疫情时代社会治理的探索》，《武汉大学学报》（哲学社会科学版）2020年第5期。

以传统的秩序建立者美国为例，美国在疫情防控中暴露的治理缺陷尤为明显。传统意义上对于"文明"的界定，尤其是对于个体自由近乎绝对的推崇和倡导反而成了疫情之下城市治理的掣肘——"不自由，毋宁死"，这也是疫情给美国带来高死亡率的重要原因。"而禁足令、宵禁等非常规治理机制，也是响应者寥寥。相比来看，中国城市的'禁足令'有一套完善的治理网络能够保障实施。"[①]以上海市为例，早在2020年4月，上海就出台了《关于完善重大疫情防控体制机制及安全公共卫生应急管理体系的若干意见》，建立了一整套从早期发现、隔离、迅速诊断、疾控追踪的快速应急体系。以北京、上海、深圳等为代表的超大型城市已经在实践中建立起一套定位明确、平治结合的应急医疗救治体系，形成由"市级定点医院—市级诊治中心—区域诊治中心—区级诊治中心—社区卫生服务中心等其他医疗机构"构成的应急医疗体系。

突如其来的疫情是一面三棱镜。透过疫情，不难看到未来城市文明面临的新的挑战和新的契机。一方面是来自自然的挑战，这个挑战多取决于人为因素，气候变化、不可再生资源的枯竭等，而新冠病毒肆虐，本质上也是城市发展带来的必然结果——自然的力量不可避免反噬人类。从历史上看，病毒的大肆流行恰恰与城市化息息相关，城市化，甚至是更高强度的城市化在所难免，如果这个假设是一定的，那么有效应对病毒等公共危机就不可避免地成为衡量未来城市文明的必然要素，也是考验城市治理能力的刚性指标。另一方面，我们还面临着来自城市自身发展过程中的挑战。全球化带来繁荣和新的城市文明之余，确实给城市带来一些问题，如果处理不好，便造成巨大的治理压力。笔者在撰写这个部分初稿之际，美国的亚特兰大正在爆发大规模针对亚裔人群的种族冲突。全球化带

---

① 吴晓林：《疫情防控中的城市治理》，《决策与信息》2021年第2期。

来的美国城市的贫富差距不断扩大，直接催生了更加严重的民粹主义和极端的种族仇恨，而美国的城市治理显然并未为迎接这一全球化带来的城市治理困境做好足够的准备，才让形势愈发严峻。

与此同时，大危机之中蕴藏着大的机遇。如前所述，以此次疫情暴发和防控为契机，未来城市将积淀更多治理经验，也会在城市中催生出城市文明新的认同感。一方面，当遭遇危机时，文明应以什么为前提和基准？中国从武汉封城开始，就本着人道主义的精神，把普通民众的生命安全放在所有价值中的第一位。封城带来的经济损失不可估量，但是，在"生命权"这项基本人权面前，经济利益并未成为包括武汉在内的中国城市封城和"停摆"的顾虑。因此，这再一次印证了笔者反复提及的观点，对人的关注应是未来构成一个城市文明性的基本要义。另一方面，城市规模不断扩大，超大型城市将会集中和垄断更多资源，虹吸更多人才。那么就应考虑城市可持续发展及周边城市发展的平衡问题，城市规模不断扩大所带来的日益增加的安全治理要求，以及城市国际化与本土化之间的平衡等——一方面要国际化，另一方面要照顾本地需求。同样是以新冠肺炎疫情为例，全球化带来产业分工，导致无法在本国迅速组织基本抗疫物资生产线，早期很大程度上延误了英美等发达国家和地区的抗疫时机。

第三节　未来城市及其文明领导力

一、城市日益成为全球文明的领导力量

城市既是人的聚居空间，更是人的交往空间，不仅是物理意义上的固定空间，也是心理学意义上的交流空间。20世纪是人类城市

化进展最快的世纪,也是城市文明扩散的世纪。据统计,截至20世纪末,世界的城市化率已经达到50%,即人类的一半已经生活在城市。

城市在引领人类文明发展进步的过程中,需要不断地探索和畅想。今天,城市正日益成为人类最主要的生存与发展空间,未来城市应该更关注城市文明的扩散和辐射效应。人类关注城市精神建构的问题,这表明城市文明进入"后建设"时期,尤其需要重视发展的质量。城市精神凝聚了一座城市的历史传统、精神积淀、社会风气、价值观念以及市民素质诸多要素,它是一个城市的灵魂,是市民文明素养和道德理想的综合反映。城市精神既是城市人意志品格与文化特色的精确提炼,也是市民生活信念与人生境界的高度升华。有了城市精神的引领,就更有利于城市未来的健康发展。

正是因为城市在人类文明发展中的巨大作用,世界各国近年来均逐渐开始重视城市在世界文明发展中的领导作用。世界自然基金会(WWF)在城市发展报告中特别指出,城市正逐渐走向世界舞台。2004年5月,世界城市和地方政府联合组织(简称"UCLG")成立,它由世界城市协会联合会、地方政府国际联盟和世界大都市协会合并而成,旨在共同探讨解决全球化和城市化带来的挑战等问题,是目前最大的世界城市和地方政府国际组织。经全国对外友协报外交部批准,全国对外友协与上海、天津、广州、湖南等城市及地方政府作为创始会员加入该联盟,由全国对外友协统一管理和协调我国城市参与活动。UCLG会员涵盖了全世界一半以上的人口,会员包括一百多个国家的地方政府和一千多个城市,与联合国、联合国各机构及其他相关国际组织都有良好的沟通机制,已经成为全球城市管理、地方政府国际交流和经验分享的主要信息来源。

如前述，在传统全球治理体系下，国家是全球行为的主体，特别是在涉及主权问题方面，只有国家拥有最为强势的领导力。传统全球治理模式面临着行动缓慢、国家间难以达成共识的弊病。因此，在新兴全球治理体系下，城市在世界文明中的领导力发挥逐渐得到重视。城市具有国家层面所没有的优势。

一方面，城市有相对集中快速高效的领导力和组织能力。通过与执行团队和区域领导合作，城市管理者可以集中声望和政治力量，重点关注当地问题，严格控制预算和加强行政管理。城市的管理者已经推动了城市的巨大变革，其角色在城市自我更新和发展过程中尤为重要，他们并不一味等待外部的改变，而是具有改变城市的主动性。典型的城市领导者目前在拉美地区已经直接开始干预城市的治理——巴西的库里提巴和哥伦比亚的麦德林和波哥大，这些城市管理者利用规模、空间设计和基础设施等对城市进行变革。此外，城市管理者通过聚集和任命优秀人才，调动各个部门资源，吸引和维持市民的广泛参与，汇集更多有效的力量来改变和影响城市。城市成为最强有力的和最具行动力的机构。

联合国教科文组织创意城市网络（UCCN）创立于2004年，致力于促进将创意视为可持续发展战略因素的城市之间的合作。目前，该网络由246个城市参与构成，共同肩负着同一使命：使创意和文化产业成为地区发展战略的核心，并且积极开展国际合作。创意城市网络涉及七个创意领域：手工艺与民间艺术、媒体艺术、电影、设计、美食、文学和音乐。2008年深圳加入UCCN，2008年11月被命名为教科文组织设计之都，是中国首个入选"设计之都"的城市，也是全球第六个"设计之都"。联合国教科文组织认为："由于深圳本地政府的大力支持，深圳在设计产业方面拥有巩固的地位。它鲜活的平面设计和工业设计部门，快速发展的数字内容和在线互动设计，以及采用先进技术和环保方案的包装设计，均享有特别的声誉。"作为创新之城、设计之都、志愿者之城,也是一座青年之城,深圳与联合国开发计划署、联合国人口基金会、联合国工业发展组织、联合国南南合作办公室、联合国青年特使办公室等国际机构在青年发展与创新方面,都建立了紧密的联系。2017 年,"第一届国际青年大会"在深圳开幕,联合国工业发展组织代表、剑桥大学、麻省理工学院及哈佛大学等全球知名高等学府的青年博士代表、国际创客青年代表及各领域杰出青年代表参加了大会。联合国工业发展组织(ITPO 项目)与深圳市青年创业促进会就青年创业工作达成共识,国际青年大会永久落户深圳。2019 年,联合国南南合作办公室和深圳青年联合会,在非洲联盟委员会和秘书长青年事务办公室的共同支持下制定和启动了"全球南方青年企业家万人计划"(YES)。

另一方面,城市可以突破国家间意识形态的界限,开展更为深层次的城市治理层面的合作。城市在全球文明中共同但有区别的责任可以作为发达国家和发展中国家城市合作的工具,城市和国家政府可以实现共享的可持续发展领导力。同时,城市也是世界舞台上南北伙伴关系的载体。城市不仅准备好承担领导角色,而且能充分考虑和利用发达国家和发展中国家城市之间的差异。无论经济和文化环境差异多大,规模相近的城市可以就治理和发展进行持续的交流。例如,大部分发达国家城市或多或少都已经在卫生系统、运输或废物处理系统的建设和运营等城市规划相关领域有较为成熟的技术实践,这些技术和实践可以与发展中国家的城市合作伙伴分享。此外,城市合作伙伴关系还寻求实现协同效应。城市可以有效地与选定的对口城市建立双边的合作伙伴关系,在空间规划、基础设施、社会经济和城市治理领域开展合作。一种形式的伙伴关系是结构化的互利互惠:发达国家向发展中国家提供资金支持,而发展中国家向发达国家回馈以对等的价值,如市场准入、劳动力外包、商业和文化利益。城市之间合作的另一种潜在形式可能是分散式的产业发展模式。同一技术或者产品可以在全球不同城市的市场进行测试，那么在全面生产时就可以利用预先建立的市场和销售渠道，例如，测试阶段多样化的部署环境将有助于屋顶光伏或智能电网技术在销售阶段迅速扩展到整个市场。除了市政公共部门，城市还拥有各种参与方，一些技术解决方案在较短时间内就可以促进南北合作，从而产生巨大的潜在影响。

哈佛大学杰出教授、肯尼迪政府学院教授约瑟夫·奈教授认为：21世纪有两大权力转移。一是权力从西向东转移，这意味着权力从欧洲和大西洋沿岸转移到太平洋沿岸和亚洲；而另外一层则是权力从政府转移到非政府和跨国组织。[①] 他认为这是由技术和经济变化驱动的，不是经济，而是生态全球化驱动使然，如抗疫和气候变化等跨国界的议题，没有一个政府可以单独解决，而必须与其他政府合作。这是"共享"的权力，而不是"超越"的权力，没有一个国家能够单独解决这些问题。随着全球化深入发展，世界各国城市正在国际组织舞台上扮演着日益活跃的角色，参与国际组织的水平也成为衡量一个城市对外交往能力与国际影响力的重要标准。[②] 国际组织机构与城市国际地位紧密关联，弗里德曼将"国际性机构的集中度"纳入世界城市的评价标准之一。他认为：主要金融中心、跨国公司总部、国际性机构的集中度、商务服务部门的快速增长、重要制造业中心、主要的交通枢纽、人口规模以及其后增加的人口迁移目的地等标准成为衡量现代城市集中控制和指挥世界经济战略性功能的主要指标。[③] 拥有国际组织的数量和参与国际事务的水平作为国际大

[①] 全球化智库：《专家认为中美合作可增强双方软实力》，《参考消息》2021年5月10日第13版。

[②] 尹涛主编：《广州城市国际化发展报告（2020）》，社会科学文献出版社2020年版。

[③] J.Friedmann, "The World City Hypothesis", Development and Change, Vol.17, 2008, pp.69-73.

都市必不可少的评判指标，这已是一个基本共识。[①]因此，城市应从世情、国情、市情出发，走出符合实际、独具特色的城市国际交往道路，为丰富中国特色大国外交的内容与内涵提供基本支撑。在国际组织的多边交往平台上多渠道、多角度对外阐释中国理念，发出中国倡议，传递中国经验，为新时代中国特色大国外交提供生动鲜活的城市案例，向世界立体彰显当代中国城市的国际领导力。在推动可持续发展行动的进程中，新的共享领导力的形式正在出现。这种形式在以往国家间的合作几乎是不可能的。现在，城市作为新一代可持续发展解决方案的平台和领导力量，逐渐开始进入国际舞台，并日益发挥出重要作用。城市，已经在成为全球文明发展中的重要领导力量。

二、未来城市是抵御治理困境的引领者

列宁曾说："城市是政治、经济和人民的精神生活的中心，是前进的主要动力。"然而，前联合国秘书长潘基文曾经指出："工业文明的大城市如今变成了不可持续发展的关键原因。大城市是全球气候变暖的主要原因。大城市正在进一步加剧不平等。过高的生活费正在剥夺年轻人的梦想。过高的居住成本，使年轻而有创造力的人才无法在城市生活。大城市使人生变得荒废，上下班使得宝贵的时间都浪费在路上。在大城市，工业文明的无限竞争，使人类的灵魂也正在死去。"[②]可见，潘基文眼中的"大城市"正在创造文明、引领文明，却也正在带来前所未有的困境。

城市发展给人类带来的好处不容置疑，但城市发展中面临着许

---

① 霍尔（1996）将是否为"重要的政府间和非政府间国际组织所在地"作为评判世界城市的基础性指标，以泰勒（2000）为代表的全球化及世界城市网络研究组（GaWC）学者认为世界城市应该是最重要的国际政府组织和非政府组织聚集地等。

② 《潘基文：为可持续发展的世界创造新文明城市》，《中国青年报》2018年11月7日。

多困境和难题，也需要人类认真地思索。而城市在产生治理困境、解决治理困境的过程中，不可避免地成为抵御困境的引领者——"所谓超越工业文明、创造新文明，就是指跨越'伟大而又致命的大城市'"①。

第一，城市增长的最终目标是什么？过往的全球化进程是与经济加速增长及社会和个人消费增长息息相关的。尤其是在全球化进程中，以我国城市为代表的大规模发展很大程度上改善了全球贫困的问题，促进了高水平的增长。近年来，我国又通过全国范围内的减贫战略不断地让资源和财富在社会进行二次分配，旨在解决绝对贫困。但是不可否认，绝对贫困在全世界范围来看，仍是一个难以解决的难题，福利分配远未平均。因此，我们会思考：未来城市成功与否的标准在哪里？是否仍以增长规模作为唯一标准？未来城市将会把更多注意力放在可持续的增长、均衡的增长以及惠及全人类的增长，绿色发展、生态议程也将很大可能成为城市间交往的重要话题。而也有学者预言："一味扩大消费的时代终将过去，连'消费社会'这个概念都将不复存在。"②在快速城市化的背景下，资源的过度开采、物种的灭绝、水资源遭遇污染、温室气体过度排放和垃圾污染环境等，向人类发展提出挑战。环境威胁及其成因并不是均匀分布的，城市中的环境威胁比其他任何地方都要严重和复杂。例如，私家车的兴起可以促进人口流动或经济发展，但在城市中，汽车的增长是一件好坏参半的事情。在很多城市，汽车导致的问题为城市发展蒙上了一层阴影。以化石燃料为基础的公路运输贡献了近一半的全球石油消费，这反过来又意味着：城市发展被锁定在用昂贵而低效的交通基础设施来驱动经济发展，基本耕地减少，重要的生态和绿地被挤占，高昂的社会成本造成城市巨大的

---

① 《潘基文：为可持续发展的世界创造新文明城市》，《中国青年报》2018年11月7日。
② 安德烈·科尔图诺夫：《全球化2.0将是什么样？》，《参考消息》2021年3月26日。

运营压力……

生态文明时代，必须彻底摒弃人类中心主义立场，回归人与自然的本真关系，用生态文明取代工业文明，才能实现人与自然的和谐共生。其实，城市既是污染的制造者，也是污染的最终解决者。城市的未来发展要建立在敢于面对今日挑战的基础上。比如，有人提出城市低碳领导力问题，为人们展示了未来城市的发展目标是要逐步实现低碳化，这很有启迪意义。

第二，城市发展的可持续路径是什么？技术的进步是否可以解决所有问题？技术能否替代人从而产生不可逆转的"技术中心主义"？我国超大城市的风险结构在短短三十多年的时间里就呈现出了全球化与本土化以及不同社会阶段特征相互叠加的高度复杂性。而伴随着新一轮科技产业革命的影响深入到城市发展运行的各个层面，伴随"全球城市"发展战略实施步伐的加快，与流动性、开放性相联系的各类社会风险也将不断涌现。我们正在步入高度依赖技术的社会，生物层、物理层、技术层有可能融合成为三位一体。无处不在的数据和算法正在催生人工智能驱动的新经济和社会发展形式，隐藏着隐私泄露、性别歧视、个体安全等多种风险。技术甚至会引发深层次的伦理问题。人类曾经试图用基因序列改变遗传基因，长此以往，若不加以监管和干预，将会对传统的生育、遗传等概念造成颠覆式的改变——这些改变无疑会对城市治理造成根本性影响，众多的人口、密集的社会活动和复杂的权利分享让城市成为技术与伦理博弈的"角斗场"。联合国经合组织（OECD）报告指出，未来经合组织国家将面临严重的新兴系统风险。正如基辛格针对人工智能的兴起所讲的，人们在哲学、伦理、法律、制度、理智等各方面都还没做好准备，因为人工智能等技术变革正在冲击既有的世界秩序，我们却无法完全预料这些技术的影响，而且这些技术可能最终会导致我们的世界所依赖的各种机器为数据和算法所驱动且不受伦理或哲学规范约束。在此背景下，城市治理应本着"科技向善"的理念，确保新技术朝着更加有利于人类和人类社会的方向发展。人性意味着深度和价值，要追求人性，维护人类价值和自我实现，避免技术发展和应用突破人类伦理底线。

第三，城市治理的公平与秩序价值如何实现？过往的全球化进程伴随的是资本主义世界对自由主义价值的追求。然而，城市的秩序与公正价值往往在对绝对自由主义的追逐下变得难以实现，尤其是面对大流行病、分配不公、贫富悬殊等重大问题时，个体自由最大化往往需要让渡权益给更多的公共利益。正如法国卢梭所言，人生而自由，却无往不在枷锁之中度过。所谓的"枷锁"，不过是为了多数人利益实现最大化的必要约束，这个"约束"通过公正的、科学制定的法律规则，以及能够公允不偏私执行规则的执法者、司法者适用规则，以及全体社会成员建立对于公正与秩序的信仰，从而最终建立的。而在不同的国别之间，"秩序和公正"又有更为广泛的含义，例如，不同城市所产生的代表本国、本区域的多元文化应受到充分的尊重而不是排挤。城市治理中在一定边界内同时维护传统与个性，将是对全球治理的有效补充。

第四，城市治理如何适应大数据时代的特殊要求？大数据是晚近出现的新概念，是人们在大规模数据基础上获得新的认知、创造新的价值的源泉；大数据还是改变市场、组织机构，以及政府与公民关系的方法。可以说，大数据开启了一次重大的时代转型，转型成功与否很重要的一点就是对其运用的是否充分有效。大数据的科学价值和社会价值主要表现在两个方面：一是，大数据可以转化为经济利益；二是，大数据可以撼动人类生活的每个细节。英国人维克托·迈尔-舍恩伯格曾说过，"世界的本质是数据，大数据将开启一次重大的历史转型，而大数据发展的核心动力来源于人类测量、记录和分析世界的渴望"[1]。如今,一个大规模生产、分享和应用数据的时代正在来临,"大数据的真实价值就像是漂浮在海洋中的冰山,第一眼只能看到冰山一角,绝大部分隐藏在冰山表面之下"[2]。而利用技术不断探索城市治理和城市文明的更高水平,则是人类用技术挖掘冰山的重要实践。近年来,大数据技术带动下的海量数据和强大的计算能力使人类的工作、生活、交往与数据息息相关,城市的背景被巨大的物联网覆盖和记录,而云计算的广泛应用为群体智能的发展提供了强大的技术支撑。在社会发展和信息技术的双层推动下,城市的存在实体和虚拟数据发生了强烈的化学反应,为现代化城市的治理带来了新的理念,新的契机,新的技术,在提升城市治理水平,推动互联互通、优化城市服务体验,促进生态系统,保护环境卫生,缓解交通压力,防治意外灾难等方面有着重要的促进作用。

然而,数字治理时代在为我们描画了一幅美好蓝图的同时,也给我们带来前所未有的挑战。"让数据主宰一切"具有重大隐忧,"我们时刻暴露在第三只眼之下,亚马逊监视着我们的购物习惯,谷歌监视着我们的网络浏览习惯,微博更是什么都知道,不仅窃听了我们心中的'他',还有我们的社交关系网"[3]。因此,如何正确使用数据,创造一个什么样的数字治理规则体系,显得尤为重要。深圳建设社会主义先行示范区,探索数字治理,形成可以复制借鉴的模式是题中应有之义。一方面,可以借助深圳信息产业发展优势,推动社会治理手段、治理模式、治理理念创新;另一方面,处于粤港澳大湾区"一国两制三法域"的特殊场景中,深圳还应积极回应

---

[1] 〔英〕维克托·迈尔−舍恩伯格:《大数据时代》,盛阳燕、周涛译,浙江人民出版社2013年版,第2—3页。
[2] 同上。
[3] 〔英〕维克托·迈尔−舍恩伯格:《大数据时代》,盛阳燕、周涛译,浙江人民出版社2013年版,第193页。

全球治理体系中数字治理之困,尤其是涉及跨境数字治理、信息流通等复杂问题,为整个粤港澳大湾区的跨境数字治理提出了更高要求。具体而言,深圳特区目前已出台数据相关立法,但是难以解决日益复杂的粤港澳大湾区跨境法律难题。下一步,应在《数据安全法》的框架下创制数据跨境流动规则,明晰数据资源整合的规则,以及政务大数据、企业数据与网络运营商的社会数据三者的边界与使用规范等。同时,通过立法或是规范性文件等规范数据开放的力度与广度,建立并优化数据共享机制,最大限度地抑制数据的部门所有、单位所有,使可以共享的数据资源在更大范围内共享。

三、建设富有创造力的"未来城市"引领新型城市文明

当前,纽约、伦敦、东京等全球城市都已经提出了面向未来发展的战略目标。纽约提出建设"一个富强公正的纽约";伦敦提出建设"一个顶级全球城市";东京提出建设"世界一流大都市,即能为居民提供最大幸福的城市"。上海提出建设"一个具有强大创新力、辐射力和可持续发展能力,追求以创新和绿色为主线的可持续发展和竞争能力,具备引领世界文化潮流的能力"的城市。倪鹏飞博士等学者在近期由中国社科院和联合国人居署联合推出的《全球竞争力年度报告(2020—2021)——全球城市价值链:穿透人类文明的时空》中,提出几个富有建设性的结论:城市要素竞争力核心在于年轻且高素质人口;环境质量是城市面临的共性挑战;开放程度是决定营商软环境竞争力的关键;亚洲城市可持续竞争力全面提升;城市发展质量是环境韧性竞争力的决定性因素等。[1]

随着城市正日益成为人类生存与发展的主要空间,城市文明的实质可以说是为人类提供了一个更广泛、更开放的交往空间。在这

---

[1] 倪鹏飞等:《全球城市价值链:穿透人类文明的时空》,《全球城市竞争力年度报告:2020—2021》,社会科学文献出版社2020年版。

个过程中，必须关注城市中的人，要使城市的发展为人自身的发展服务。

未来城市应该在更具创造力的场景下引领新型文明。

一是，未来城市能为人提供更多发展机遇，功能更为多样化。全球要素在此密集流动，资源高效配置；在全球经济、金融、贸易、文化等多个领域具有战略影响力，成为重要战略节点；集聚多元人才、发展机会多样；高度发达、高度国际化、辐射半径拓展至全球的综合服务功能充分彰显，产业丰富，企业活力显现。

二是，未来城市具有创新力和竞争力，能够应对更多潜在危机挑战。城市将形成整套科技创新体系：占据创新科技前沿，技术创新充满活力，自主创新和原始研发能力强，进而推动科技创新与经济、社会、城市发展深度融合；高端服务业云集，高新制造环节引领力强，制造服务功能高度融合的产业格局建成；城市发展弹性强、韧性足，竞争力强，成为最具活力经济体。

三是，未来城市是舒适便捷、和谐安全的宜居城市。以满足人的基本需求及人的全面发展为基本出发点，营造舒适、便捷的城市基础设施；通过提升城市公共服务水平，不断打造让人充满幸福感和归属感的城市氛围；成为注重民众生活品质、满足人对于安全舒适的诉求、以人为本的城市典范。

四是，未来城市应环境优美、生态平衡、绿水青山。不断改善城市自然环境，保障洁净健康水资源供给，环境和空气质量持续改善，形成环境友好型的可持续发展之城。

五是，未来城市将有多种文化集聚、包容和谐。城市乃是多元文化思想的交流地，丰富多样的文化产品在此集聚，时尚前沿的创意文化交汇。

六是，未来城市将充分彰显公平秩序，营造包容共享城市氛围。形成包容性公共政策体系和谐互动的社会构架，实现规则善达、政府阳光透明、司法公平公正、全社会倡导法治和规则之治的良性治理。

七是,未来城市也应建立起符合自身发展的对外传播话语体系,借助城市使得国家更好融入全球治理体系。"推进城市故事和城市声音的全球化表达、区域化表达、分众化表达,即应注重打造特色名片,对城市进行清晰定位,构建受众与地方强烈的情感联系,成功打造城市品牌的竞争优势。"[1] "城市在讲中国故事方面可以大有作为,中国城市理应做中国故事的书写者、中国故事的讲述者、传播渠道的运用者、中国传播平台的打造者、外国人讲中国故事的引导者。"[2]

因此,未来城市将是具有文化亲和力、生活吸引力、社会感召力的城市。通过创新城市治理,让生活在城市里的民众过上更幸福、更有尊严的生活,进而把国家治理模式融入全球体系改革中。

---

[1] 陈向阳:《首届"中国城市国际传播论坛"侧记:借助城市塑造中国形象大有可为》,《参考消息》2021年12月16日第8版。

[2] 同上。

后 记

在中华文明数千年的璀璨历史中，城市始终居于不可替代的重要地位，即使在漫长的农业社会，城市也始终发挥着政治、文化中心和战略军事咽喉的作用。不过，中国真正城市化的时代则是开启于新中国成立以后中国共产党领导的中国工业化、现代化的历史进程。"改革开放是决定当代中国命运的关键一招。"从1980年设立的深圳、珠海、汕头、厦门四个经济特区，到陆续对外开放的沿海城市，中国拉开了新一轮城市化建设的高潮。此后四十年城市化进程高歌猛进，1980年全国城镇人口为19 140万人，2020年为90 199万人，城镇化率达到63.89%，四十年间中国城镇人口增加7.1亿；2020年全国城市数量达到687个，其中排名前24个大城市GDP之和占全国经济比重达到38.3%，城市对于我国经济的拉动作用越来越突出。

中国高速城市化的进程，创造了中华民族数千年发展史上的奇迹，短短四十年间7亿人口离开农村进入城市，这也是人类发展史上的壮举，是对全球现代化和文明进程的巨大贡献。在这个伟大进程中，最生动最精彩的样板莫过于深圳。1980年，深圳经济特区成立之时地区生产总值仅2.7亿元，2021年深圳地区生产总值超过3万亿元；40多年前深圳只是一个三十多万人口的边陲农业县，2020年常住人口达到1756万。

应该说高速城市化对中国现代城市建设和治理积累了宝贵的经验，北京、上海、广州、深圳等一线超大城市，在城市经济、社会、文化、生态、安全等各个领域进行了大量卓有成效的探索，一方面对标国际先进城市，另一方面结合中国特色和地方实际坚持创新，城市建设和治理理论也得到丰富和完善。当然也有一些教训，比如盲目扩张、急功近利、经济至上、环境恶化，等等。

如何面对扑面而来的城市时代？到底应该树立什么样的城市发展观？如何才能让城市真正成为亿万市民新的理想家园，让城市文明社会真正成为人类美好生活的现实？这些问题至今仍是摆在城市管理者面前的一道严肃的必答题，探索没有止境，任重而道远。

面对百年未有之大变局，面对中华民族伟大复兴的第二个百年奋斗目标，面对如火如荼又充满期待的中国城市文明建设美好图景，社会科学工作者责无旁贷。为此，深圳市社会科学院努力尝试对现代城市文明的理论和实践进行创新探索，经过一年多的反复讨论、数易其稿，课题组终于在2021年底拿出初步成果，就是这本呈现在读者面前的《城市文明论》。本书各章节执笔者均为深圳市社科院中青年研究人员，其中第一章和第七章由城市研究所陈庭翰博士执笔，第三章由经济研究所所长董晓远博士执笔，第二章和第八章由经济研究所吴燕妮博士执笔，第四章由文化研究所杨立青博士执笔，第五章由社会研究所倪晓锋博士执笔，第六章由《深圳社会科学》编辑部主任刘婉华博士联合深圳大学生态文明与绿色发展研究院田启波教授等执笔。课题负责人吴定海博士撰写《绪论》，阐述课题组对"文明"和"城市文明"等理论问题的理解，以作为全书各章节的主线或统领。此外，还要特别感谢海天出版社副社长魏甫华先生，他在提纲讨论过程中给予了我们专业的意见建议。

在新的伟大时代，深圳要建设城市文明典范，成为全球城市标杆，研究讨论现代城市文明话题，既是一个紧迫性的任务，又是一个充满挑战的理论与实践课题。我们深知力量和水平有限，仍然愿意尝试，目的是抛砖引玉，希望更多专家学者参与城市文明话题的讨论，共同建构中国特色的城市文明理论体系，为中华文明伟大复兴，为诠释人类文明新形态做出不懈努力。

图书在版编目(CIP)数据

城市文明论 / 吴定海等著. — 北京：商务印书馆，2022
ISBN 978-7-100-21276-2

Ⅰ. ①城… Ⅱ. ①吴… Ⅲ. ①城市发展战略—研究 Ⅳ. ①F291.1

中国版本图书馆CIP数据核字(2022)第100831号

权利保留，侵权必究。

城市文明论

吴定海 等 著

商 务 印 书 馆 出 版
(北京王府井大街36号 邮政编码100710)
商 务 印 书 馆 发 行
艺堂印刷（天津）有限公司印刷
ISBN 978-7-100-21276-2

2022年7月第1版 开本710×1000 1/16
2022年7月第1次印刷 印张 22½
定价：118.00元